蘭州大學文庫

A LIBRARY OF LANZHOU UNIVERSITY

兰州大学史学理论及史学史研究所

屈直敏　赵梅春　主编

四库研究丛书

《四库全书总目》史部研究

郭合芹　著

蘭州大學出版社

LANZHOU UNIVERSITY PRESS

图书在版编目（CIP）数据

《四库全书总目》史部研究 / 郭合芹著. -- 兰州 : 兰州大学出版社, 2015.12
（四库研究丛书）
ISBN 978-7-311-04387-2

Ⅰ. ①四… Ⅱ. ①郭… Ⅲ. ①《四库全书总目》一研究 Ⅳ. ①Z838

中国版本图书馆CIP数据核字(2015)第011517号

策划编辑 王永强
责任编辑 李 丽
封面设计 郇 海

书 名 《四库全书总目》史部研究
作 者 郭合芹 著
出版发行 兰州大学出版社 （地址：兰州市天水南路222号 730000）
电 话 0931-8912613(总编办公室) 0931-8617156(营销中心)
0931-8914298(读者服务部)
网 址 http://www.onbook.com.cn
电子信箱 press@lzu.edu.cn
印 刷 甘肃兴方正彩色数码快印有限公司
开 本 710 mm×1020 mm 1/16
印 张 12.75
字 数 232千
版 次 2016年9月第1版
印 次 2016年9月第1次印刷
书 号 ISBN 978-7-311-04387-2
定 价 38.00元

前　言

《四库全书》是清代乾隆年间编纂的一部丛书，汇集了清代乾隆以前的主要文化典籍，堪称"千古巨制，文化渊薮"，在我国学术文化史上具有很重要的地位。该丛书共收录书籍 3 461 种，79 309 卷；存目书籍 6 793 种，93 551 卷。①《四库全书》编纂完成后，为了利于长期保存，供皇帝和士子们阅读，共抄写七部，分别庋藏于北京故宫文渊阁、北京圆明园文源阁、承德文津阁、沈阳文溯阁、镇江文宗阁、扬州文汇阁、杭州文澜阁。后因战乱，遭到毁损，其中文源阁本毁于 1860 年英法联军入侵北京，文宗阁、文汇阁本在太平天国战争中被毁，文澜阁本于 1861 年太平军第二次攻占杭州时散损。历经劫难的《四库全书》，现仅存文渊阁本、文津阁本、文溯阁本以及半部文澜阁本，文津阁本现藏于国家图书馆，文渊阁本现藏台北故宫博物院，文溯阁本现藏甘肃省图书馆九州台文溯阁《四库全书》藏书馆。在纂修《四库全书》的过程中，还产生了《四库全书荟要》《四库全书总目》《四库全书考证》《禁毁书目》等相关典籍，并派生出了《武英殿聚珍版丛书》《摛藻堂四库全书》《四库存目》《四库未收》《四库禁毁》《续修四库全书》等多种丛书，在我国学术文化史上也有极其重要的地位和价值。

《四库全书》自问世以来，便以它独有的魅力，备受学界关注。近 200 年来的《四库全书》的研究，取得了较为丰硕的成果，大致可分为乾嘉至光宣年间、民国年间、1949 年至今三个阶段②，研究领域主要包括纂修与流传、档案辑录与整理、《总目》研究、版本目录研究、文化价值及意义的研究、续修与影印及电子版

①《四库全书总目》出版说明，中华书局 1965 年。

②周积明：《"四库学"：历史与思考》，载《清史研究》2000 年第 3 期，第 50－62 页。

开发等诸多方面。[①] 特别是20世纪90年代以来，先后成立了一系列关于《四库全书》研究的学术机构，如1993年成立的"海南大学《四库全书》研究中心"，1999年天津图书馆成立的"四库文献中心"，2003年首都师范大学成立的"《四库全书》学术研究中心"，2005年成立的"甘肃省四库全书研究会"和武汉大学"四库学研究所"等[②]，为《四库全书》研究提供了新的发展契机。随着《四库全书》研究的兴盛，《四库全书》研究上升到了建立学科的高度，"四库学""四库总目学""四库全书学""四库区域文化学"逐渐被提出。

近200年来，虽然《四库全书》研究的成就显著，但仍有诸多领域，学者们鲜有涉及，如四库学的文化研究仍然是四库学中最薄弱的部分，因而如何站在世界文化发展的高度，去审视《四库全书》在中国乃至世界文化中的作用和地位，是学界应进一步深入研究的内容。四库学的研究范围、纂修者的个体和群体、四库收录之区域文献等也有诸多问题值得进一步深入探讨，因此在继续深入实证和文献研究的同时，转换学术观念，加强理论建设，扩大视野，对《四库全书》及其相关和派生的多种丛书、论著等进行整体和全面研究，借此展开四库学的研究新局面，无疑是当前四库学研究者们值得思索的课题。

兰州大学史学史专业是全国首批硕士学位授权点之一，20世纪70年代末，随着高考制度的恢复，1978年全国部分高校开始招收史学史专业的硕士、博士研究生，张孟伦先生被批准为硕士研究生导师，从此开始了兰州大学史学史的研究事业。2005年经学校批准，建立史学理论及史学史研究所，汪受宽先生任所长。2008年汪受宽先生荣退之后，赵梅春教授继任所长。兰州大学史学理论及史学史研究所素以师资雄厚、学风严谨著称，主要研究方向有中国史学史、中国少数民族史学、四库学等。经过三代学者的不懈努力，兰州大学史学理论及史学史研究所不仅在学科建设和史学研究方面取得了一定成绩，而且培养了大批学术成就卓著的史学研究者。

近十年来，兰州大学史学理论及史学史研究所以《文溯阁四库全书》为中心，确立了以四库学的研究为主要方向，积累了丰富深厚的成果，建立起了一支高水平的研究队伍。此次出版的《四库研究丛书》是兰州大学史学理论及史学

①汪受宽、刘凤强：《〈四库全书〉研究的回顾与思考》，载《史学史研究》2005年第1期，第62－66页。

②高远、汪受宽：《近三十年来〈四库全书〉研究现状与思考》，载《图书与情报》2008年第3期，第119－125页。

史研究所四库学研究成果的阶段性汇集，共收录了汪受宽和安学勇《文溯阁〈四库全书〉四种校释研究》、刘凤强《四库全书馆发微》、郭合芹《〈四库全书总目〉史部研究》、徐亮《〈四库全书〉西北文献研究》四部专著，在《四库全书》的编纂、《文溯阁四库全书》的版本价值、《四库全书总目》，以及清修《四库全书》与西北地方文献等方面进行了开创性的研究。本套丛书的出版，必将使学界更加深入了解《四库全书》，尤其是《文溯阁四库全书》的学术价值和文献版本价值，从而促进四库学的研究，推动《文溯阁四库全书》的整理研究热潮，促进甘肃省的四库学研究。在当前文化大发展的形式下，对甘肃省的文化建设也具有一定的现实意义。更重要的是，《四库全书》同长城、京杭大运河一样，是我们中华民族的骄傲，深入《四库全书》的研究和利用，可以推动中华民族的文化复兴。

屈直敏

2014 年 12 月 4 日于兰州大学二分部陋室

目 录

导 论

一、选题起缘

本书的选题，除了源于《四库全书总目》（以下简称《总目》）在指导阅读古典文献上的重要作用之外，更为重要的是因为其融汇了中国古代传统学术、政治、社会思潮等内容。窥一斑而知全豹，它是中国传统社会和文化的载体。

《总目》对阅读古典文献有指示门径的重要作用。书籍诞生之后，日益发展以至于浩如烟海不可胜数。面对如此浩渺的典籍，目录学的重要作用便显现出来了。史家的目录著作不仅是书籍海洋里的指南针，而且撮举书籍大意，为我们“览录而知旨，观目而悉词”提供便利。正如毋煚在《古今书录序》中所言：“夫经籍者，开物成务，垂教作程，圣哲之能事，帝王之达典。而去圣已久，开凿遂多，苟不剖判条源，甄明科部，则先贤遗事，有卒代而不闻，大国经书，遂终年而空泯。使学者孤舟泳海，弱羽凭天，衔石填溟，倚杖追日，莫闻名目，岂详家代？不亦劳乎！不亦弊乎。将使书千帙于掌眸，披万函于年祀，览录而知旨，观目而悉词，经坟之精术尽探，贤哲之睿思咸识，不见古人之面，而见古人之心，以传后来，不愈其已！”①可见没有目录书做指导，在浩瀚的书海里以有限的生命对无限的典籍，真可谓是“头白可期，汗青无日”；只有假借于目录著作才可以起到事半功倍的效果，才能使我们尽可能地窥视群书之大旨。并且我们通过撮举书籍大意的目录书可以很快排除不需要的书籍，便利了读者，节省了时间。

《总目》代表了中国古代目录学的最高峰，也充分体现出了古代的学术思想。《总目》是我们阅读古籍的重要窗口，是保存至今卷帙最大的古典目录书，仅史部就著录了两千一百余部典籍。其史部立足于前人研究成果，在分类，序言，辨章学术、考镜源流，提要等方面，均取得了巨大的成就，代表了古典目录学

①《旧唐书》卷46，《经籍志》，中华书局，1975年，第1965页。

的最高水平。作为目录书,《总目》史部首要的作用应是指导阅读古籍,除了据此来检阅《四库全书》,仅翻阅史部提要就可以获取书籍之大旨,而且也可以获知清代学者在"知人论世"等方面的看法;《总目》采用四部分类法,将四分法推向目录学的最高峰,而且通过图书分类,可以获知分类与学术发展之间的关系;整个史部有大小序,从宏观和整体上论述学术发展脉络。正如晚清张之洞所言,"将《四库全书提要》读一过,即略知学问门径矣",体现了史部在指导阅读古籍、了解学术发展等方面的重要作用。

基于此,对《总目》史部从分类、大小序、提要等方面进行全方位的研究是很有必要的。于治史学史者尤其必要。

二、研究现状

《总目》自诞生之日起就引起了学者的极大关注,"信之者奉为三尺法,毁之者又颇为过当"[①]。近现代关于《总目》史部的研究可划分为三个时段进行论述。

1.20世纪前半期。出现了众多研究《总目》的学者,如孙德谦、陈垣、余嘉锡、胡玉缙、刘国钧、夏承焘、钱穆、金毓黻、王重民、杨家骆、陈乐素、郭伯恭、黄云眉等。他们发表了众多的论文、专著,对《总目》进行考辨,或对某些问题发表见解。如余嘉锡《四库提要辨证》(中华书局,1980年)主要对史、子、集三部的提要进行了辨证,胡玉缙的《四库全书总目提要补正》(上海书店出版社,1998年)、王重民的《中国善本书提要》(书目文献出版社,1991年)等,都是对《总目》进行纠谬的力作,促进了对《总目》史部的研究。

2.20世纪后半期。出现了"四库学"研究的高潮。此时期,研究史部的论文较多。有对《总目》史部价值的评估,比如胡昌斗的《评〈四库全书总目〉在目录学史上的贡献和影响》(《图书馆论丛》,1996年第3期)、王晖的《〈四库全书总目·千顷堂书目提要〉评议》(《古籍整理研究学刊》,1991年增刊)。有对《总目》史部的编纂、分类、目录版本的研究,比如周彦文的《〈四库全书总目〉目录类论述》(《书目季刊》,台湾,1999年第1期)、周汝英《〈四库全书总目〉分类法述评》(《温州师范学院学报》,1999年第2期)等。还有对提要的研究,比如周生春的《四库全书史部地理类提要辩证》(《浙江学刊》,1996年第3期)。有对《总目》学术思想的研究与批评,比如张新民的《通观与局部——论〈四库全书总目〉的学术批评方法》(《贵州师范大学学报》,1995年第1期)、周积明的《〈四库全书总目〉研究方法》(《史学理论研究》,1993年第3期)和《〈四库全书

①余嘉锡:《四库提要辩证·序录》,中华书局,1980年,第48页。

总目〉的史学观》(《江汉论坛》,1991 年第 7 期)等等。据周积明统计,从1915—1992 年间仅所发表的研究论文,大约在 110 篇①。台湾地区研究《总目》的主要有:昌彼得、乔衍琯、严耕望、杨家骆、吴哲夫、王汎森、杨晋龙等学者。他们还指导了一批学位论文,比如许文渊的《清修四库全书之目录学》等,进一步促进了"四库学"的研究。

3. 进入 21 世纪,"四库学"的研究更趋炙热。司马朝军在博士论文的基础上修改出版的专著《〈四库全书总目〉研究》(社会科学文献出版社,2004 年),从多个角度论述了《总目》在目录学方面的成就和贡献,包括史部的分类和提要等内容。在大陆的一些高校里也出现了以《总目》为研究对象的硕士论文。这些都极大地促进了对《总目》史部的研究。

研究现状之分析:从上面有关研究情况的介绍中可以看到,从《总目》史部诞生直至今日,有关它的研究一直未曾中断,对史部纠谬方面的成果颇丰;对分类、编撰、学术批评方法等方面也有研究,但缺乏全面详细的研究。比如有关史部分类方面的论文大都是零星、片面的,并且很少涉及分类的内在原因;对《总目》史部"辨章学术、考镜源流"的内容,尤其是对一家之学术研究较少;对《总目》史部所暗含的"史意"少有论述;另外,就《总目》史部提要来研究学术批评的内容也不全面。这些都说明有必要进一步全面、深入研究《总目》史部。

三、本书的思考

本书立足前人研究成果,基于《总目》史部在帮助了解、阅读古籍上的重要作用,着重对《总目》史部的分类、序言、"史意"、提要等方面进行论述和分析。本书力图通过《总目》史部之分类与《隋书·经籍志》史部之分类的比较,阐述《总目》史部的分类原则和特点,以及类例与学术发展之间的关系;并用"辨章学术、考镜源流"的方法分析《总目》史部的分类思想;以及论述《总目》史部所暗含的"史意";最后从博采善择、史实与褒贬、知人论世等方面,对史部提要进行史学批评。由于笔者学识和研究能力有限,对于"辨章学术、考镜源流"的方法运用不够充分,在第四章进行史学批评时,不够全面、深刻。敬祈方家批评。

①周积明:《〈四库全书总目〉研究方法论》,《史学理论研究》,1993 年第 3 期。

第一章 《四库全书总目》史部之类例观

治学如积薪,后来者居上。在前人努力和成就的基础上,清代目录学作为古典目录学的集大成者,如百川汇到东海一样,汇集以往前代目录学成绩及克服前代所存在的不足,取得了传统目录学的最高成绩。清乾隆时期纂修的大型丛书《四库全书》的目录——《四库全书总目》便是明证。

而在介绍《四库全书总目》史部之前,需对《四库全书》及《四库全书总目》的来龙去脉有所了解。

第一节 《四库全书》与《四库全书总目》

本书所要研究的史部隶属于《四库全书总目》(以下简称《总目》),《总目》隶属于《四库全书》,是《四库全书》的解题目录。这就是说三者具有层层隶属的内在逻辑关系。要讲《总目》史部之前,有必要将《四库全书》及其《总目》介绍一下。

一、《四库全书》全貌

《四库全书》编修于清乾隆帝时期,收入三千四百六十一种书,涉及政治、经济、军事、法律、哲学、艺术、文学、建筑、农业、天文、历法、宗教、医学、西学等等传统社会生活中的方方面面,是一部规模宏大的大型丛书。同时,由于《四库全书》而衍生的有《总目》和《四库全书简明目录》。姑且不论《四库全书》整理过程中潜藏的复杂动机以及出现的多元社会效果,单就其所蕴含的文化内涵的规模来说是巨大的。就此杨家骆将《四库全书》与法国18世纪的《狄德罗词典》并论,称其为“清算当时所认知的知识世界的一切,成为东西辉映的两大文化工程”,两者堪称规模空前的文化工程。他在《四库全书学典》中说:“在中国,一说到《四库全书》这个名词时,无异说百科具备而有条理的书库。换句话说,就是以丛书体裁表示出的当时中国人的知识世界。”这就是说我们认识《四库全书》极具必要。

1.《四库全书》编纂缘起

《四库全书》得以编纂是多种因素综合的结果。

首先,我们来考虑《四库全书》得以编纂的社会背景。1644年,清朝入关,定鼎中原。如同历代皇朝更替、发展的规律一样,经过前期几朝皇帝的“励精图治”,清初百废待兴的局面已经得到很大的改善,更为重要的是这个少数民族政权代明而立的合法性已经普遍得到认同,出现了国家统一、政治稳定的难得局面。虽说在乱世也有官修典籍的历史存在,但国家统一,政治稳定,确实为大规模的国家修书提供了极具保障的社会大背景。

第二,政府修书的历史传统。中国是一个有着悠久历史的文明古国,这个悠久历史得以传承下来的原因之一就是编纂历史。据记载,中国古代很早就出现了记载历史的典籍,比如“三坟、五典、八索、九丘”等。此后,周天子和诸侯各国都设有史官,记载君主言行和朝中大事。春秋战国时期,“天子失官,学在四夷”,[①]诸子百家纷纷兴起,他们著书立说,在中国文化思想界出现了第一个繁荣局面,留下了对后世至为宝贵的大量典籍。

秦“二世而亡”,其短命而亡被认为主要是统治者统治残暴的结果。统治残暴的最典型表现就是野蛮地对待文化的载体典籍和知识分子:焚书坑儒。秦政府的此种行为从侧面说明了典籍以及纂写典籍的知识分子在社会政治中的巨大作用。封建政府对待这种巨大的作用不外乎使用了两种手段,不是赶尽杀绝使其彻底就范,就是竭力拉拢以为己用。

汉皇朝建立以后,直接从秦“二世而亡”的历史中汲取教训,实现与民休息的政治。而在文化上的表现就是对文化典籍和知识分子开放绿灯,就是注重文治,《汉书·艺文志总序》记载汉代皇帝“大收篇籍,广开献书之路”,《隋书·经籍志·总序》记载惠帝“除挟书之令”,《汉书·艺文志·总序》记载武帝“建藏书之策,置写书之官”,成帝“求遗书于天下”,并命刘向、刘歆父子校理皇家藏书,诞生了我国第一部综合性图书分类目录《七略》。此后,国家藏书,以及征集、收藏和校理图书的这一套做法,为历代王朝所继承,并进一步发展为编修大型图书的传统。

魏晋南北朝时期,虽说政治并不稳定,但各统治者仍能榜示文治,并在此时期出现了图书四部分类法的雏形。魏秘书郎郑默奉令整理秘阁藏书,编成《中

①《左传·昭公十七年》。

经》,晋荀勖因之而作《新簿》,同时改以甲乙丙丁四部总括群书,创立了中国古代四部图书分类法。东晋时期李充调整四部类目,并厘定经史子集为四部的排列次序。

《宋史·艺文志》称历代典籍"莫富于隋唐",这些都与政府广开献书之路的策略是互为因果的。《隋书·经籍志》记载隋文帝诏令"每书一卷,赏绢一匹。校写既定,本即归主。于是民间异书,往往间出"。唐时期更是出现大批典籍,"唐之藏书,开元最盛,为卷八万有奇,其间唐人所自为书,几三万卷"。[①]

北宋在重视典籍方面尤为突出,其历代皇帝无不诏令访求天下遗书。出现了《崇文总目》《秘书总目》《儒学警悟》《百川学海》《太平御览》《太平广记》和《册府元龟》等大型书籍。此外,在宋代还有一个显著的特点就是雕版印刷技术普及民间,私人校书、刻书、藏书风气甚盛,这也对后世的聚书编书活动起了推波助澜的作用。

作为少数民族入主中原的元朝,不管它在其他政策上如何,在对待文化典籍上与历代政权是一脉相承的,进行了求书、藏书和编书的活动,如纂修宋、辽、金三史。

明朝建国之初即重视典籍,据《明史·太祖本纪二》记载,朱元璋攻下北京之时,即"封府库图籍"。《明史·艺文志》记载成祖访求遗书时"惟其所欲与之,勿较值",编纂了中国历史上最大的类书——《永乐大典》,采集图书达七八千种以上。明朝时编纂的《文渊阁书目》,收书四万三千二百余册。

清朝入关,作为一个少数民族政权,为了尽快取得代明而获得合法性的普遍认同,除了使用暴力手段之外,更为有效的方法就是意识形态方面的拉拢。有清一代,满族统治者很长时间对汉族是抱着"非我族类,其心必异"的态度,由此而产生的对汉族政策就是提防,其二就是通过意识形态的拉拢,使其同化为自己的族类。

在意识形态拉拢上的表现之一就是编纂典籍。顺治四年(1647 年),江南尚处于战火纷飞之中,便下令纂修《明史》。此后,顺治十四年(1657 年)以及康熙二十五年(1686 年),都曾下诏,令各省督抚学政购求遗书。值得一提的是历经康雍两朝编成的《古今图书集成》,分六编、三十二典、六千一百十九部,一万卷,总结了以往类书编纂的成就。这些都为乾隆年间更大规模的图书整理活动提供了经验和借鉴。

纂修典籍在帝王政治中具有巨大的作用。一在有着编纂典籍传统的社会

①《宋史》卷 202《艺文志一》,中华书局,1985 年,第 5032 页。

里，纂修典籍能够体现出至高无上帝王的煌煌文治业绩；二正如我们在前面论及的秦代焚书坑儒的终极目的一样，帝王编纂图书除了稳定知识分子，使他们能够释放自身的能量，体现自身的价值，有归属感之外，还有就是通过编纂图书来进行意识形态方面的梳理和教化。这些都应是乾隆编纂《四库全书》的原动力。

2.《永乐大典》的辑校刊布和《四库全书》的开馆

古代中国无论私人还是官方都有藏书和纂修图书的习惯，因此古代中国图书汗牛充栋，但图书毁损的现象也很严重。隋代牛弘曾将自秦至隋图书毁损的现象归结于"五厄"。面对这种情况，搜辑亡佚书籍便成为学者关注和重视的工作。在清代，保存了大量文化典籍的《永乐大典》自然便成为学者关注的对象。

《永乐大典》规模宏大，内容丰富。全书计二万二千八百七十七卷，目录六十卷，装成一万一千零九十五册。据《永乐大典凡例》所云，其内容涉及"天文、地理、人伦、国统、道德、政治、制度、名物以至奇闻异见、庾词逸事"。所收古今图书达七八千种，且价值很高，其中有不少是元代以前的珍本秘籍。

清代学者屡次奏请辑校刊布《永乐大典》，但都未引起统治者的注意。乾隆帝如历代帝王一样下诏访求书籍，安徽学政朱筠借此重提辑校刊布《永乐大典》之事，称："其书编次少伦，或分割诸书以从其类；然古书之全而世不恒觏者，辄具在焉。""请敕择取其中古书完者若干部，分别缮写，各自为书，以备著录。"[①]朱筠的提法与乾隆访求书籍的意图如出一辙，经过军机大臣讨论，决定派遣人员对库中《永乐大典》，"逐一详查，其中如有现在实无传本，而各门凑合尚可集成全书者，通行摘出书名，开列清单，恭呈御览，伏请训示遵行"[②]。乾隆帝当即下谕施行。

《永乐大典》的辑佚工作对《四库全书》的开馆主要起到了抛砖引玉积累经验的作用。由于对《永乐大典》的辑佚进而拟定了关于访求书籍的措施。第一，关于搜访旧本钞本，遵照原奉谕旨办理即可，"不必另定章程"。第二，金石图谱"应如该学政所奏，令各该省于收书之外，凡有绘写制度、名物如聂崇义《三礼图》之类，均系图谱专家，宜并为采辑；其有将古今金石源流裒叙成书如欧阳修、赵明诚所著者，亦宜一体汇采"。第三，关于著录校雠，当俟书籍汇齐时，"敕令廷臣详细校定，依经史子集四部名目，分类汇列，另编目录一书，具载部分卷数、

①《笥河文集·谨陈管见开馆校书折子》，卷1。收入《办理四库全书档案》。

②《大学士刘统勋等奏议覆朱筠所陈采访遗书意见折》乾隆三十八年二月初六日《纂修四库全书档案》，上海古籍出版社，1997年，第52－53页。

撰人姓名,垂示永久"。①

乾隆帝认为作为类书的《永乐大典》在体例上存有不足:"原编体例系分韵类次,先已割裂全文,首尾难期贯串。"②欣赏四部分类法,"从来四库书目,以经史子集为纲领,裒辑分储,实古今不易之法"③。确定以不割裂书籍的丛书形式编辑四库全书,要求将《永乐大典》"择其醇备者付梓流传,余亦录存汇辑,与各省所采及武英殿所有官刻诸书,统按经史子集编定目录,命为《四库全书》,俾古今图籍荟萃无遗,永昭艺林胜轨"④,《四库全书》开馆。

3. 规模空前的征书活动

进行规模空前的图书整理的前提是要有不可胜数的图书,因此规模空前的征书活动便成为编纂《四库全书》的首要任务。征书活动开始于乾隆三十七年(1772 年),迄于四十三年(1778 年),其中以三十八、三十九年间为最高潮。各地征收来的书籍成为《四库全书》的主要来源,它们占据了全部著录和存目书籍的绝大多数。各地征收来的书籍被分为"各省采进本"和"私人进献本",加以"内府藏本"和从《永乐大典》辑佚出来的"永乐大典本"等,构成了《四库全书》的全部来源。

清政府动用政府的力量,采用了恩威兼施的手段,迫使地方政府、私人藏书之家纷纷献书。几年时间里征集图书总数达一万三千五百零一种(内二百七十二种重本),其中包括不少举世罕见的珍本秘籍,保证了规模空前的《四库全书》的开馆,而且也为《四库全书》的编纂质量也提供了基本的保证。

4. 专制皇权的伴生物——禁书

自从秦始皇统一六国,专制皇权便成为封建社会里说一不二的权力中心,各种事物均跪拜于专制皇权的石榴裙下,包括史学。专制皇权对史学施展淫威的表现形式便是文字狱和禁书等。乾隆之前清朝皇帝已兴起多次文字狱,以庄廷珑案为著。同样作为专制皇权代表者的乾隆帝对历史典籍的蹂躏与历代帝王的做法相比在程度上是有过之而无不及的。

在乾隆朝征访书籍之初,尽管皇帝三令五申,但各地督抚并未闻风而动。而敢于对皇帝的三令五申拖拉推诿的最重要的原因之一,就是害怕文字狱,害怕由文字而祸乱自身。深谙儒家思想精髓的乾隆帝便考虑到文纲之密,已使人

①《办理四库全书档案》,乾隆三十八年二月六日大学士刘统勋奏折。

②《四库全书总目》卷首,乾隆三十八年二月六日谕。

③《四库全书总目》卷首,乾隆三十八年二月十一日谕。

④《谕内阁传令各督抚予限半年迅速购访遗书》,乾隆三十八年三月二十八日,《纂修四库全书档案》,上海古籍出版社,1997 年,第 67 页。

们如惊弓之鸟，为了消除大家的顾虑，改变局面，乾隆信誓旦旦地说："文人著书立说，各抒所长，或传闻互异，或纪载失实，固所不免，果其略有可观，原不防兼收并蓄，即或字义触碍，如南、北史之互相诋毁，此乃前人偏见，与近时无涉，又何必过于畏首畏尾耶！朕办事光明正大，可以共信于天下，岂有下诏访求遗籍，顾于书中寻摘瑕疵，罪及藏书之人乎？"在乾隆帝的软硬兼施下各省遗籍纷纷献出。在数以万计的访书中，难免会出现"违碍悖逆"的文字。对此乾隆帝高度重视，运用手中的政治权力，开始了比征书时间更长的禁书活动。

禁书活动开始于乾隆三十九年(1774 年)，直至乾隆五十八年(1793 年)方告结束。只要"字义触碍""抵触本朝""荒诞不经""语涉抵触"，应行销毁，此外对一些典籍也进行了抽毁、改动。并且禁书范围几乎扩展到了有文字所能记载的各种形式上。

清朝统治者为了维护自身的政治地位，把各种书籍中出现的异己思想作为假想敌，进行消灭，这种禁书活动，给古代中国的文化思想造成了空前的灾难。一是中国古代尤其是宋元以后的文化典籍遭到了前所未有的巨大生死浩劫；二是遏制了人心，打击了知识分子，造成了"避席畏闻文字狱，著书都为稻粱谋"①的可悲局面。

5.《四库全书》的成书

全国范围大规模的访求书籍，伴随禁书，即是对《四库全书》所著录书籍的选择，以及成立组织完备、机构庞大的四库馆。在乾隆帝的指导和控制下，第一部《四库全书》于乾隆四十六年(1781 年)告竣。

在全书编纂过程中持续时间最长、耗费人力物力最多的是《四库全书》的缮录与校订。乾隆决定对全书进行缮录主要取决于以下几个因素：全书所著录图书种数和数量庞大，无法全部刊刻；所收图书版本不一，大小长短各异，不便陈设；全书的编纂过程亦即篡改图书的过程，而缮录抄写最易更改图书内容；各省采进本以及私人进献本相当一部分属于借用性质，乾隆征书之初就信誓旦旦保证书归原主。因此乾隆下令对经过厘定合格予以著录的书籍，全部采用抄本。

校订是《四库全书》编纂最后的关键部分。《四库全书》所要著录的图书经过缮录，也就是照本抄写之后，最终决定其质量的就应该是校订，就是消灭讹误。乾隆对编纂全书出现的讹误予以批示："妥立章程，俾各尽心校录无讹。"②在乾隆的谕令下四库馆订立章程，并付出相当的人力财力对全书进行了艰巨的校订工作。

①《龚自珍全集》第 9 辑，《乙酉·咏史》

②《办理四库全书档案》，乾隆三十八年十月九日谕。

经过缮录和校订,内廷四阁全书次第告成。第一分《四库全书》于乾隆四十六年十二月六日首先告成。这从当时在四库馆自备资斧充任供事的陈逵的奏折中也可得到证明:“前于乾隆四十四年六月在四库馆自备资斧充当供事,至四十六年十二月初六日第一分全书告竣。”①乾隆因“第二分《四库全书》校缮完竣,办理尚属迅速”,特谕将总校王燕绪、朱钤,收掌吴树萱、柴模等人予以议叙授职。② 此时正值乾隆四十七年十一月二十八日。第三分全书于乾隆四十八年冬告成。第四分全书于乾隆四十九年十一月二十五日缮竣。五十年正月,总裁永瑢奏请:“臣等办理《四库全书》第二、三、四分,督率提调、总校、分校、收掌、誊录人等,上紧赶办,每年呈览一分,今第四分全书,于上年十一月二十五日缮校全竣,恭折奏闻。”③由此可以证明第四分全书成书时间。从乾隆四十六年至四十九年内廷四阁文渊阁、文溯阁、文源阁、文津阁次第成书。

乾隆在办理内廷四阁之际,便考虑到广布文泽,而人文渊薮的江浙便是最好的地方,因而在办理二、三、四分《四库全书》的同时,四库馆便开始了江浙三阁全书的续缮和校订工作。并于乾隆五十二年四月十七日,续办三分全书同时告竣。

6.《四库全书》的历史命运

内廷四阁以及江浙三阁全书成书以及送藏之后,七阁全书和历代典籍命运一样是多舛的。1840 年以后古老的中国经历千年未有之变局,更给中国的典籍带来了灾难。第一分文渊阁《四库全书》地处宫禁。1931 年,“九一八”事变后,华北局势动荡不安,故宫博物院图书馆为防不测,于 1933 年将藏书全部运往上海。此后阁书又随着局势转辗重庆、南京等地,后于新中国成立前夕运往台湾,现保存于台北故宫博物院。第二分文溯阁《四库全书》贮藏于盛京故宫。曾于袁世凯掌权时被运往北京,后又运回沈阳。1966 年,文化部决定将文溯阁《四库全书》运往甘肃。文溯阁《四库全书》现完好地保存于兰州。兰州为了更好地保存《四库全书》,为其专门建造了设施齐全的藏书馆。第三分文源阁《四库全书》贮藏于京郊圆明园。第二次鸦片战争英法联军进攻北京时,焚烧圆明园,文源阁《四库全书》全部化为灰烬。文津阁《四库全书》贮藏于承德避暑山庄,保存完好,今藏北京图书馆。

江南三阁更是惨遭焚毁散失的厄运。乾隆五十五年(1790 年)春,续缮三分《四库全书》正式颁发江浙二省。仅到咸丰三年(1853 年),文宗、文汇两阁

---

①《办理四库全书档案》,乾隆五十八年八月二十五日候选从九品陈逵奏折。

②《办理四库全书档案》,乾隆四十七年十一月二十八日谕。

③《纂修四库全书档案史料》,乾隆五十年正月二十三日多罗质郡王永瑢奏折。

《四库全书》便在太平军进攻镇江、扬州时香消玉焚，荡然无存。地处杭州的文澜阁《四库全书》也于太平军进攻杭州的战火中惨遭重创，阁书星散。在避难至此的丁申、丁丙兄弟以及当地人士大力搜辑下，文澜阁《四库全书》尚得起死回生，但也仅存了八千多册。之后经历了三次较大规模的补钞之后，文澜阁《四库全书》基本钞凑齐全。中华人民共和国建立后，浙江省图书馆妥善保管文澜阁《四库全书》，并不惜财力物力，广购阁书原本，时有所获。1958 年清查时，阁书册数已达三万六千四百六十五册，至今保存完好。

7.《四库全书》与《四库全书总目》之关系

《四库全书》卷帙浩博，不易翻检、查阅，为了便于观览，有必要纂修一部目录著作，在纂修《四库全书》的过程中《四库全书总目》便应运而生，二者关系密切。正如台湾学者杨晋龙所说：

> 《总目》和《全书》是连体婴，无法截然二分。同时《全书》的内容是一本一本成形的书，为何要著录或舍弃这些书？著录的书有哪些版本、内容上的问题？存目的书何以不被收录等等及《全书》无法说明的事实，都得靠《总目》来说明解释；而且二者的弃取原则、评价标准，也并无差别……就书的内容而言，《全书》没有《总目》"存目"一类的书，所以两者有些差别；就其主旨而言，两书是二而一，《总目》隶属于《全书》。就研究的对象言，它们是两个领域；就其内在的指导思想言，二者并无差别；不过就研究的重点论，《全书》只是事实的呈现，所以如此呈现的原因，必待《总目》说明才能比较清楚；《全书》是就旧存而删改（改少删多），《总目》则是原创，比较能见其所以然的缘由，因此《总目》在研究上的重要性，似乎较《全书》更具价值。①

同样的思想也体现在《总目》凡例之中："今于所列诸书，各撰为提要，分之则散弁诸编，合之则共为总目。"

二、《四库全书总目》

1. 编纂起因

《总目》之所以被纂修产生得益于众多因素，而乾隆帝的意图应该是最直接的原因之一。乾隆在全国范围内访求图书，图书纷出，数量庞大，乾隆帝为了方便查阅、审定所求书籍，做出了要求："先将各书叙列目录，注系某朝某人所著，

①杨晋龙：《"四库学"研究的反思》，《中国文哲研究集刊》1994 年第 4 期。

书中要旨何在，简明开载，具折奏闻，候汇齐后，令廷臣检核，有勘备阅者，再开单行知取进。”[①]此谕旨虽重点在于选择图书，却为纂修目录书籍提供了契机。征书活动大规模开展以后，各省督抚遵照乾隆谕旨，将各省搜集之书，分别“择其要旨，摘叙节略，注明著书人姓名、年代及卷帙若干”[②]。此举大大方便了乾隆观览、选择图书。同样的意思也体现在《总目》卷首，乾隆三十八年二月六日谕中：“向阅内府所贮康熙年间旧藏书籍，多有摘叙简明略节，附夹本书之内者，于检查洵为有益，应俟移取各省购书全到时，即令承办各员，将书中要指檃括总叙厓略，粘开卷副页右方，用便观览。”[③]并且乾隆帝在访求图书大量呈进后，对一些违碍书籍进行了删改焚毁，同样身为书籍，在《四库全书》编纂过程中遭遇的命运截然不同，其内在原因有必要在《总目》中体现出来。

《总目》的诞生并非偶然，方兴未艾的汉学学风为《总目》的纂修提供了学术基础。当时国内著名的学者，如戴震、周永年、王念孙、任大椿、朱筠、邵晋涵、金榜等人，都是名著一时的汉学家。汉学的主要特征就是注重证据，注重从现实材料中，通过文字、音韵、训诂、校勘、考证等手段进行探本溯源，进而得到取真求实的目的。这种学风在四库馆中占据重要地位，在《总目》的纂修过程中，便以“考订异同，别白得失”“辩驳之文为多”体现出来。

我们看《总目》内容可以发现“辨章学术、考镜源流”的用意极其显著。而对传统学术进行“辨章学术、考镜源流”也应是促进《总目》纂修的一个重要原因。《四库全书》要囊括从古至今的所有书籍，这就需要《总目》把所收书籍按照一定体系加以排纂编次，对传统学术运用分类、编目、序录等方式进行梳理，并且还要反映出从古至今互有同异的学术体系。而前代在目录的编纂上存在缺憾，在《隋书·经籍志》以后，宋代曾巩在著作中“好借题抒议，往往冗长，而本书之始末源流转从疏略。王尧臣《崇文总目》，晁公武《郡斋读书志》，陈振孙《书录解题》，稍具崖略，亦未详明。马端临《经籍考》荟萃群言，较为赅博，而兼收并列，未能贯串折衷”[④]，有鉴于此，编纂一部总结评判历代典籍的目录书便成为《总目》肩上义不容辞的责任。

2. 编纂过程

《总目》的纂修是为了编纂《四库全书》而诞生的，也就是说《总目》为《全书》提供了各书的提要纂写，为《四库全书》所选各书的去留提供依据。因而，也

①《办理四库全书档案》，乾隆三十七年正月四日谕。

②《宫中档案乾隆朝奏折》，乾隆三十九年九月九日江苏巡抚萨载奏折。

③《四库全书总目》卷首，乾隆三十八年二月六日谕。

④《四库全书总目》卷首，《凡例》第9条。

可以说《总目》是一部大型丛书提要目录。

首先《总目》的任务是改定和纂集所收各书的提要。一般来说，担任《永乐大典》辑校工作的纂修官，就负责所辑各书的提要纂写；担任各省进呈书籍校阅的纂修官，便负责所校各书的提要纂写。完毕之后，便把提要逐一粘贴书内，集中送到总纂官纪昀与陆锡熊处，他们在总目协勘官任大椿、程晋芳、李潢等人的协助下，对入选的提要进行考证、修改、润饰，然后按照一定的体系分类，排纂成编。纂修提要的根本目的就是要决定各书的去取，因而各纂修官在每篇提要之后，都附有纂修官对各书去取的意见，如应刊刻、应钞录、酌存目、毋庸存目等等。总纂官据此查阅原书，决定各篇提要去取也及各书著录与否。

在对各提要甄别取舍之后，就是对提要内容进行细致的考订。主要从作者的年代、爵里、生平事迹，到著作的内容要旨、长短得失，乃至别本异文、典籍源流，都在纂修官原纂基础上，或增或减，或分或合，反复予以修改。即使字句也再三修改润饰。

接下来就是著录问题。《总目》各提要按照经史子集的分类排纂成编。大体来说，各类著录、存目的著录顺序是按照年代先后，根据作者"登第之年，生卒之岁为之排比，或据所往来倡和之人为次。无可考者，则附本代之末"。有关"笺释旧文"，或"因原书而考辨"之作，"则仍从所注之书而不论作注之人"，如"儒家类明曹端《太极图述解》，以注周子之书，则列于《张子全书》前。国朝李光地注解正蒙，以注张子之书，则列于《二程遗书》前是也。他如《史记疑问》，附《史记》后，《班马异同》附《汉书》后之类"[①]。若"虽裒辑旧文，而实自为著述"者，便各从作者之时代，如"汪晫所辑之《曾子》《子思子》，则仍列于宋；吕柟所辑之《周子钞释》诸书则仍列于明"[②]。但实际所收书籍名目千差万别，内容也纯驳不一，要想恰当地分属部类也是颇费斟酌。

因为在所著录和存目的书籍中，存有一作者著有若干作品的情况，为了不重复著录作者生平事迹等有关内容，《总目》遵循了："至一人而著数书，分见于各部中者，其爵里惟见于第一部，后但云某人有某书已著录，以省重复。如二书在一卷之中，或数页之内，易于省记者，则第二部但著其名。"至于历代的一些官书以及一些知名度高的作者的生平著录，《总目》也做了规定："历代敕撰官书，如《周易正义》之类，承诏纂修，不出一手，一一详其爵里，则末大于本，转病繁冗，故但记其成书年月，任事姓名，而不缕陈其爵里。又如汉之贾、董，唐之李、杜、韩、柳，宋之欧、苏、曾、王，以及韩、范、司马诸名臣，周、程、张、朱诸道学，其

①《四库全书总目》卷首，《凡例》第8条。

②《四库全书总目》卷首，《凡例》第8条。

书并家弦户诵，虽村塾童竖皆能知其为人，其爵里亦不复赘。"[①]

乾隆四十六年(1781年)二月，《总目》历经磨勘，几易其稿之后，终于纂办完竣，缮写进呈。但由于种种原因，最后定稿时已经是乾隆六十年。

首先，进行了某些编纂体例的改变。四库馆臣除按乾隆谕令"惟集部应以本朝御制诗文集冠首"[②]之外，出于某种心态，还特别辑录乾隆"前后修书谕旨及御题四库诸书诗文"冠于《总目》卷首，以及将经史子集各部之前"冠以'圣义''圣谟'等六门"，专录清朝皇帝"钦定""御制""御批"各种著述。对于这种形式上的尊崇，乾隆不以为然，他要维护的是整个封建政权的稳定，因此，乾隆下令"将所进诗文六卷撤出，仍分列入朕御制诗文集内，俾各为卷首"[③]。至于'圣义''圣谟'等六门，乾隆也谕令予以撤销，按乾隆的意思进行排列："列圣御纂诸经，列于各本经诸家之前，御批《通鉴纲目》等书，列于各家编年诸书之前，《五朝圣训》、朱批谕旨、方略等书，列于诏令诸门之前，御注《道德经》列于各家所注《道德经》之前，其他以类仿照编次。俾尊崇之义与编纂之体并行不悖。"[④]但这种体例编排出现了现代人的著作冠于古代人之前的情况，况且经史子集中尚有前代帝王的著述，针对此种情况，乾隆再次下令"所有《四库全书》经史子集各部，俱照各按纂述人代先后，依次编纂。至我朝钦定各书，仍各按门目，分冠本朝著录诸家之上"，以保证"体例精严，而名义亦秩然不紊"[⑤]。刚刚纂办完竣的《四库全书总目》遵旨照办，"从《隋书·经籍志》例，冠各代之首"[⑥]。这次修改工作，一直持续到乾隆四十七年(1782年)七月，才办理完毕，"仍编成二百卷，装作二十函"[⑦]，再次进呈。但由于部分书籍或因续有增补，或系临时纂修，短期内难以完成，如《大清一统志》《盛京通志》《开国方略》《宗室王公表传》《满洲源流考》等多种书籍，所以一直未能刊刻，入阁陈设。

《总目》迟迟未能入阁的另外一个更重要的原因就是撤出销毁《四库全书》所收录的"荒诞不经"之书籍。由乾隆发现李清《诸史同异录》有"荒诞不经"之处，而引起了一系列查删活动，并且还对《四库全书》进行了全面的复校工作，一批书籍先后遭到了程度不同的撤毁。因而也引起了作为《四库全书》目录书的《总目》一系列的改动工作。除了查找有"荒诞不经"之书籍及作者文字是否删

---

①《四库全书总目》卷首，《凡例》第11条。

②《四库全书总目》卷首，乾隆四十六年二月十三日谕。

③《四库全书总目》卷首，乾隆四十六年二月十三日谕。

④《四库全书总目》卷首，乾隆四十六年二月十三日谕。

⑤《四库全书总目》卷首，乾隆四十六年二月十五日谕。

⑥《四库全书总目》卷首，《凡例》第2条。

⑦《纂修四库全书档案史料》，乾隆四十七年七月十九日质郡王永瑢奏折。

销之外，还对《总目》在分类、编次、内容等方面做了最后一次审定。乾隆六十年(1795 年)，《总目》终于完竣、刊刻。初版总共印刷一百部，除送四阁分贮外，其余则备宫内各处陈设及皇帝赏赐臣下之用。同时考虑到“是书便于翻阅，欲得之人自多”，还“照向办官书之例，集工刷印，发交京城各书坊领售”①。

从中，可以清晰地看到，封建集权政府为了维护封建专制统治，不遗余力地从意识形态上进行严酷的控制。关于史部的介绍将放在下节进行。

第二节 《四库全书总目》在目录学史上的地位

《四库全书总目》斟酌历代图书分类方法，择善而从，将所录书籍分为经、史、子、集四部，各部之下又分为若干类，其经部为十类、史部为十五类、子部为十四类、集部为五类，一些小类之下根据需要设有子目。四部有大序，各类有小序，每一部书皆有提要。分类严密，体例完整，代表了中国古典目录学的最高水平，对我国学术文化的发展起到了积极的推动作用，不少学者将其作为读书治学之门径。其史部吸收以往史部目录之成果，本书从类例观方面，对《总目》进行了研究。

从目录学发展史上看，《总目》一方面巩固完善了四部分类法，另一方面对古典目录进行了总结，反映了我国古代目录学所取得的最高成就。

图书分类，是目录著作的重要内容，也是衡量目录著作水平高低的主要标准。恰当的分类能帮助读者因类求书，因书究学，起到指示读书门径的作用。郑樵曾指出：“学之不专者，为书之不明，书之不明者，为类例之不分。”又说：“类例既分，学术自明。”②这是强调图书分类对学术研究的重要性。在古代目录学史上，曾存在过多种图书分类法，其中以六分法、四分法占主导地位。

我国最早的综合性目录著作《七略》，采用六分法，由辑略、六艺略、诸子略、诗赋略、兵书略、数术略、方技略等组成，其中辑略为总序及各类之序。因此，《七略》是将图书分为六艺、诸子、诗赋、兵书、数术、方技六大类，各类之下又分若干小类。班固《汉书·艺文志》以《七略》为底本删节而成，所以班固说：“今删其要，以备篇籍。”③南北朝时期的目录著作，如王俭的《七志》、阮孝绪的《七录》、隋代秘书丞许善心的《七林》等，继承和发展了六分法的分类体系。《七录》将图书分为经典录、纪传录、子兵录、文集录、术技录、附录(佛法录、仙道

①《纂修四库全书档案史料》，乾隆六十年十一月十六日太子太保曹文埴奏折。

②郑樵：《通志》卷 71，《校雠略·编次必谨类例论》，浙江古籍出版社，1988 年，第 31 页。

③《汉书》卷 30，《艺文志》，中华书局，1962 年，第 1707 页。

录)。这既反映了《七略》的影响,也表现出随着学术的发展,图书的分类也在不断变化。如汉代时史书不多,故《七略》《汉书·艺文志》将其置于六艺类的春秋目之下。魏晋时期史学得到了极大的发展,已由附庸而蔚为大观,这反映在目录著作中就是将史学著作独立设类。《七录》纪传类的设置反映了这一学术发展新动向。这也预示随着学术的发展,新的图书分类法将要产生。于是在六分法占主导地位的同时,四部分类法应运而生。

魏秘书丞郑默《魏中经簿》为四部分类法之滥觞。西晋荀勖"因《中经》,更著《新簿》,分为四部,总括群书"①。一曰甲部,纪六艺及小学等书。二曰乙部,有古诸子家、近世子家、兵书、兵家、术数。三曰丙部,有史记、旧事、皇览簿、杂事。四曰丁部,有诗赋、图赞、汲冢书。东晋李充《晋元帝四部书目》,将《中经新簿》之乙丙两部之先后互换,史部居子部之前,基本上确立了后世四部分类之顺序。《隋书·经籍志》"远览马史、班书,近观王、阮志录。挹其风流体制,削其浮杂鄙俚"②,积极吸收前代目录著作之成果,以经、史、子、集代替甲、乙、丙、丁为四部之名称,确立四部分类法在古典目录学中的地位。此后,四分法成为"分类史之正统派","秘阁以为永制"③。唐代《群书四录》《古今书录》《集贤书目》《开成四部书目》等皆采用四分法。宋代《崇文总目》分四部四十五类,《遂初堂书目》分四部四十四类。元代《宋史·艺文志》分四部四十五类。明代采用四分法的书目有《百川书志》《国史经籍志》《澹生堂藏书目录》等。目录学家汪辟疆曾指出:"两汉,《七略》(指六分法——作者)时期也;魏晋,四部时期也;由宋迄隋,七略与四部互竞时期也。"④在这里,他概括地说明了六分法与四部分类法的发展历程。

虽然,自汉迄隋,六分法、四部分类法各领风骚,但自吸收了刘略、班志,王、阮志录优长的《隋书·经籍志》出现以后,四部分类法能较好地反映学术发展的优点日益为人们所认识。即使像以宗刘为目录学宗旨的章学诚也不得不承认《七略》变为四部为时势之必然:"《七略》之流而为四部,如篆隶之流而为行楷,皆势之不容已者也。史部日繁,不能悉隶于《春秋》家学,此四部之不能返《七略》者一。名墨诸家,后世不复有其支别,四部之不能返《七略》者二。文集炽盛,不能定百家九流之名目,四部之不能返《七略》者三。钞辑之体,既非丛书,又非类书,四部之不能返《七略》者四。评点诗文,亦有似别集而实非别集,似总

①《隋书》卷32,《经籍志》,中华书局,1973年,第906页。
②《隋书》卷32,《经籍志》,第908页。
③《晋书》卷92,《李充传》,中华书局,1974年,第2391页。
④汪辟疆:《目录学研究》,商务印书馆,1956年,第18页。

集而实非总集者,四部之不能返《七略》者五。”因而认为以四部分类法部次图书合乎学术发展趋势,《七略》之法不可再行。“又安得执《七略》之成法,以部次近日之文章乎?”[①]《总目》的编纂者通过对以往各种分类体系的考察,认为四部分类法最为恰当:“从来四库书目,以经、史、子、集为纲领,裒辑分储,实古今不易之法。”[②]决定“以经、史、子、集提纲列目”[③]。同时,他们也发现四部分类法还有待于进一步完善,如四部各门目的设置,以往各种目录“大同小异,互有出入,亦各具得失”[④],于是折中诸家,择善而从。《总目》在门类的设置以及图书的隶属方面,都有了不少的变化,四部分类法得到了进一步的完善。如诏令、奏议类目,马端临《文献通考》将其置于集部之下。《总目》编纂者认为诏令、奏议所著录的图书,“其事关国政”,所以依《新唐书·艺文志》之例,将诏令类列入史部,依《汉书·艺文志》之例,将奏议类也列入史部。[⑤] 又如诸子百家之书,自汉武帝“罢黜百家,独尊儒术”后,墨家、名家、纵横家等其学不传,其书只有二三种而已。然而不少的目录著作却墨守成规,仍在子部之下为其“别立标题,自为支派”[⑥],于墨家之下仅有《墨子》《晏子》,名家仅有《公孙龙子》《尹文子》《人物志》三书,纵横家之下则只有《鬼谷子》一书。至黄虞稷《千顷堂书目》,始将这些寥寥难以成类的诸子之书并入杂家。《总目》认为这种归类方法十分恰当。“杂之义广,无所不包,班固所谓‘合儒、墨,兼名、法’也,变而得宜,于例为善”[⑦],于是依《千顷堂书目》之例,取消墨家、名家、纵横家类目,将有关书籍隶属于杂家类。金石类图书,《隋书·经籍志》《旧唐书·经籍志》《新唐书·艺文志》将其附在小学类,《宋史·艺文志》将其附于目录类。《总目》编纂者认为《隋书·经籍志》《旧唐书·经籍志》《新唐书·艺文志》归类不妥,《宋史·艺文志》较为恰当。“金石之文,隋、唐《志》附‘小学’,《宋志》乃附‘目录’。今用《宋志》之例,并列此门,而别为子目,不使与经籍相淆焉。”[⑧]因而沿用《宋志》之例,把金石之类归在目录类中。同时为了和目录著作进行区分,特设“金石”一子目。这样既继承了前人分类的成果,又有所创新。

子目的设立,主要是为了解决一些类目图书流别繁多的问题,以便条理分

---

①章学诚:《校雠通义·宗刘》右一之三,古籍出版社,1956 年,第 2 页。

②《四库全书总目》卷首,乾隆三十八年二月十一日奉上谕,海南出版社,1999 年。

③《总目》卷首,《凡例》,第 2 条。

④《总目》卷首,《凡例》,第 4 条。

⑤《总目》卷首,《凡例》,第 4 条。

⑥《总目》卷 117,《杂家类一·杂家类序》,第 610 页。

⑦《总目》卷 117,《杂家类一·杂家类序》,第 610 页。

⑧《总目》卷 85,《史部·目录类序》,第 447 页。

明，利于检寻。“或流别繁碎者，又分析子目，使条理分明”，①应根据实际需要，予以设置。焦竑《国史经籍志》“多分子目，颇似饾饤为嫌”。《总目》并没有依样画葫芦，而是“酌乎其中”，认为“惟经部之小学类，史部之地理类、传记、政书三类，子部之术数、艺术、谱录、杂家四类，集部之词曲类，流派至为繁多，端绪易至茫如”，需要设立子目。故“谨约分小学为三子目，地理为九子目，传记为五子目，政书为六子目，术数为七子目，艺术、谱录各为四子目，杂家为五子目，词曲为四子目，使条理秩然。又经部之礼类，史部之诏令奏议类、目录类，子部之天文算法类、小说家类，亦各约分子目，以便检寻。其余锁节，概为删并”②。可见，《总目》各类子目的设立是在总结前代目录得失的基础上，择善而从，以更好地部次图书。

从上不难看出，《总目》在分类方面吸收了各家之长，进一步完善了四部分类法。

《总目》在吸收了以往目录著作的长处的同时，对分类不当的目录著作，也提出了严厉的批评。如指出钱曾的《读书敏求记》：“其分别门目，多不甚可解。如五经并为一，而字学、韵书、小学乃岐而三；纪传、编年、杂史之类并为一，而器用、食经之类乃多立子目；儒家、道家、纵横家并为一，而墨家、杂家、农家、兵家以下乃又缕析诸名，皆离合未当。又如书法、数书本艺术而入经，种艺、豢养本农家而入史，皆配隶无绪。至于朱子《家礼》入礼乐，而司马氏《书仪》、韩氏《家祭礼》则入史。吾衍《续古篆韵》入字书，而夏竦《古文四声韵》则入韵书。以至《北梦琐言》本小说，而入史。《元经》本编年，《碧鸡漫志》本词品，而皆入子，编列失次者，尤不一而足。”③这是批评《读书敏求记》分类混乱，编次失伦。

《总目》汲取前代目录分类之优长，同时也改善前代目录所存在的不足和缺失，使得四部分类法在整个目录学史上取得了臻于完善的地位。自从刘向父子校理群书以来，目录书便有了撰写序言的先例，但并非所有的目录（按：一般指史家目录）都有序言，《旧唐书·经籍志》：“窃以纪录简编异题，卷部相沿，序述无出前修。今之杀青，亦所不取，但纪部帙而已。”④致使此后学术源流多不可考。而《总目》于四部之前有总序，各类之前有类序，叙述了各派之学术源流，使学者能对学术之发展脉络有整体认识，进而在此基础上可以对学术源流之中的书籍进行较好地把握。《总目》收集了乾隆以前的几乎所有重要典籍，并对这些

①《总目》卷首，《凡例》，第 2 条。

②《总目》卷首，《凡例》，第 5 条。

③《总目》卷 87，《史部·目录类存目》，《读书敏求记》提要，第 456 页。

④《旧唐书》卷 46，《经籍志》，中华书局，1975 年，第 1964 页。

以往近两千多年的典籍进行了总结性评论，于提要之中对每一部书籍之内容大旨、作者、成书源流、卷数、成书时代背景等内容进行了论述和考证，使学者一书在手，便可对前代众多典籍了然在胸。史家之目录体例，无非是由类例、序言、提要等方面的内容构成的，《总目》对此做得周到、全面而完善。诚然，《总目》也有失于考证之处，比如正式的目录应该昉于西汉，《总目》却认为开始于郑玄《三礼目录》。① 然而小瑕不掩大瑜，这些都不能妨碍《总目》成为古典目录成就集大成者。正如余嘉锡所言："《四库提要》叙作者之爵里，详典籍之源流，别白是非，旁通曲证，使瑕瑜不掩，淄渑以别，持比向歆，殆无多让。至于剖析条流，斟酌古今，辨章学术，高挹群言，尤非王尧臣、晁公武等所能望其项背。故曰自《别录》以来才有此书，非过论也。故衣被天下，沾溉靡穷。嘉、道以后，通儒辈出，莫不资其津逮，奉作指南，功既巨矣，用亦弘矣。……汉、唐目录书尽亡，《提要》之作，前所未有，足为读书之门径，学者舍此，莫由问津。"②这是对《总目》在目录学史上地位以及学术价值的充分肯定。

《总目》编撰于乾隆时期，随着考据学的日渐兴盛，学术文化进入了一个全面总结整理阶段。《总目》对前代目录学之各种成就进行继承和创新，因而取得了巨大的成就，同时也对后世产生了巨大影响。

《总目》自诞生之日就对后世产生了巨大的影响。(1)对后世目录书的编撰起到的示范、借鉴作用，正如王重民先生指出："自从1793—1795年《四库全书总目》开始向读书人和藏书家流通以后，一个最显著的影响，就是在目录分类的类目上和每类之中所著录书籍的编排上，很快就都按照《四库全书总目》的分类体系去做了。"③如1808年范氏后人编《天一阁书目》，1820年至1826年间张金吾编《爱日精庐藏书志》，后来瞿镛的《铁琴铜剑楼藏书目录》，陆心源的《皕宋楼藏书志》，丁丙的《善本书室藏书志》和《八千卷楼藏书目》，亦步亦趋，完全仿照《总目》的分类体系。张之洞等人于1875年编定的《书目答问》，虽然对《总目》的分类类目做了许多修正，但大体仍然依照《总目》的类例。1957年上海图书馆编《上海图书馆善本书目》，还完全采用了《总目》四部的类目，只不过依《书目答问》例把丛书与四部并列，成为五部分类法。1959年出版的《北京图书馆善本书目》，对《总目》的类目也只做了很少的更改，就连丛书这个类目，也仍然沿用了《总目》的体例，把它列入子部。(2)形成了研究《总目》的学派，出现了研究《总目》的众多学者和著作。(3)作为目录书对士子读书治学起到了

①《总目》卷85,《史部·目录类序》,第447页。

②余嘉锡:《四库提要辨证·序录》,中华书局,1980年,第48页。

③王重民:《中国目录学史论丛》,中华书局,1984年,第246页。

指示门径的作用。这些内容在司马朝军的《〈四库全书总目〉研究》以及王继祥的《〈四库全书总目提要〉述评》等专著和论文之中已论述甚详,本书不再赘述。

第三节 《四库全书总目》史部之分类原则、特点

一、史部之分类

《总目》史部由十五类目,二十七子目构成。这些类目的设置,一方面继承和完善了以往史部目录之分类,另一方面又增加了新的类目,反映出学术的发展源流。

正史类目肇始于《隋书·经籍志》,自从《隋志》改《七录》之"国史"为"正史"后,诸志谨遵,少有变化,《总目》史部也继承了正史类目;"编年"由《新唐志》创称,在《七录》和《隋志》之中称为"注历"或"古史",《崇文总目》也称"编年类",而《明志》把它附注在"正史"之后,《总目》沿用了前代"编年"类目,"次于正史,俾得相辅而行"①;自从《七录》设立"职官"类之后,历代相沿不改,《总目》史部认为其"稽考掌故,激劝官方"②而因之;《七录》之际,设"伪史"类名,《隋志》把它改为"霸史",《郡斋读书志》称"伪书",《宋志》称"霸史",《总目》史部"准《东观汉记》《晋书》之例"③,题类名为"载记类";《七录》之"鬼神部",《隋志》并入"杂传",以后史志或称"传记",《总目》沿用了"传记"之类名;宋代以前有关时令的书籍皆入子部农家类,宋《崇文总目》创立"岁时",《直斋书录解题》改为"时令",《总目》沿用了前代"时令"类名;《七录》设立"土地"部,《隋志》改为"地理"类,以后目录著作对此相沿不改,《总目》沿用"地理类"类名;《七录》时采用"簿录部"为类名,《新唐书·艺文志》改名为"目录类",《明志》不设"目录",《总目》史部沿用"目录类"类名;"杂史"创于《隋志》,以后目录著作大都沿袭,《宋志》不设此类,《总目》史部因"杂史"类名;"别史"创于《直斋书录解题》,《宋志》也设此类,《总目》史部因之。

"奏章"类创于《遂初堂书目》,《直斋书录解题》改为"奏议","诏令"创于《直斋书录解题》,原来隶于"集部",《总目》并二为一类曰"诏令奏议"类,并改属史部。《郡斋读书志》出现"史评",《遂初堂书目》改为"史学"类,《文献通考·经籍考》合二为一,成为"史评史钞"类,《宋史·艺文志》《明史·艺文志》皆立"史钞"类,到《总目》史部时才按其性质析为"史评""史钞"两类。

①《总目》卷47,《史部·编年类序》,第268页。
②《总目》卷79,《史部·职官类序》,第421页。
③《总目》卷66,《史部·载记类序》,第363页。

新增了“纪事本末类”。宋袁枢《通鉴》出现以后，后人仿其体裁，比如《宋史纪事本末》《元史纪事本末》等，“因者既众”①，此类著作日渐增多，《总目》史部便于此类“别立一家”②，设立了纪事本末类，以反映学术的发展。《总目》史部还设立“政书类”等类目来囊括前代类目内容。沿用钱溥《秘阁书目》之政书的类名，涵盖了《七录》之“仪典”，《直斋书录解题》之“礼注”，以及《七录》之“法则”，《直斋书录解题》之“法令”，其他史志之“刑法”，《总目》史部则并此二类为“政书”类。

兹将其与《隋书·经籍志》史部进行比较，列表如下：

①《总目》卷49，《史部·纪事本末类序》，第279页。

②《总目》卷49，《史部·纪事本末类序》，第279页。

<table>
<tr><td rowspan="39">史部</td><td>《隋书·经籍志》</td><td colspan="2">《四库全书总目》</td></tr>
<tr><td>1 正史</td><td colspan="2">1 正史类</td></tr>
<tr><td>2 古史</td><td colspan="2" rowspan="2">2 编年类</td></tr>
<tr><td>5 起居注</td></tr>
<tr><td rowspan="2">7 职官</td><td rowspan="2">12 职官类</td><td>1 官制</td></tr>
<tr><td>2 官箴</td></tr>
<tr><td></td><td colspan="2">3 纪事本末类</td></tr>
<tr><td rowspan="3">6 旧事</td><td rowspan="6">13 政书类</td><td>1 通制</td></tr>
<tr><td>2 典礼</td></tr>
<tr><td>3 邦计</td></tr>
<tr><td>8 仪注</td><td>4 军政</td></tr>
<tr><td>9 刑法</td><td>5 法令</td></tr>
<tr><td></td><td>6 考工</td></tr>
<tr><td>4 霸史</td><td colspan="2">9 载记类</td></tr>
<tr><td rowspan="5">10 杂传</td><td rowspan="5">7 传记类</td><td>1 圣贤</td></tr>
<tr><td>2 名人</td></tr>
<tr><td>3 总录</td></tr>
<tr><td>4 杂录</td></tr>
<tr><td>5 别录</td></tr>
<tr><td rowspan="2"></td><td rowspan="2">6 诏令奏议类</td><td>1 诏令</td></tr>
<tr><td>2 奏议</td></tr>
<tr><td></td><td colspan="2">10 时令类</td></tr>
<tr><td rowspan="10">11 地理</td><td rowspan="10">11 地理类</td><td>宫殿疏</td></tr>
<tr><td>1 总志</td></tr>
<tr><td>2 都会郡县</td></tr>
<tr><td>3 河渠</td></tr>
<tr><td>4 边防</td></tr>
<tr><td>5 山川</td></tr>
<tr><td>6 古迹</td></tr>
<tr><td>7 杂记</td></tr>
<tr><td>8 游记</td></tr>
<tr><td>9 外纪</td></tr>
<tr><td>12 谱系</td><td colspan="2"></td></tr>
<tr><td rowspan="2">13 簿录</td><td rowspan="2">14 目录类</td><td>1 经籍</td></tr>
<tr><td>2 金石</td></tr>
<tr><td></td><td colspan="2">4 别史类</td></tr>
<tr><td>3 杂史</td><td colspan="2">5 杂史类</td></tr>
<tr><td></td><td colspan="2">15 史评类</td></tr>
<tr><td></td><td colspan="2">8 史钞类</td></tr>
</table>

从表中可以发现,《总目》史部保留了《隋书·经籍志》中正史、古史、杂史、

杂传、霸史、地理、职官、簿录等类目，其中将《隋书·经籍志》中"古史"更名为"编年"、"杂传"更名为"传记"、"霸史"更名为"载记"、"簿录"更名为"目录"；取消了旧事、仪注、刑法、起居注、谱系等类目；将起居注并入编年类，旧事、仪注、刑法合为政书类；增加了别史、史钞、时令、史评、纪事本末、诏令奏议等类目。另外还增加了众多的三级类目——子目。虽说《总目》史部沿用了前代职官之类目，但其类下分为官制、官箴二属；政书类下分为通制、典礼、邦计、军政、法令、考工六属；地理类下分宫殿疏、总志、都会郡县、河渠、边防、山川、古迹、杂记、游记、外纪十属[①]；诏令奏议类较之前代虽说合为一个类目，却下分诏令、奏议两属；目录类下分经籍、金石二属。《总目》史部类目设置的这些变化，反映了《总目》史部的编次原则以及特点。

二、史部之分类原则、特点

1. 斟酌古今，择善而从

《总目》在凡例中曾指出，自《隋书·经籍志》以来，四部各类目大同小异，各有得失，所以《总目》在类目的设置方面将斟酌各种目录之类目，择善而从。其史部类目的设置也遵循了这一原则。如有关记载历代割据政权或地方政权的史籍，阮孝绪《七录》设"伪史"类目以统摄，《隋书·经籍志》将"伪史"更名为"霸史"，认为自晋永嘉之乱后，各地纷纷建立割据政权，有些推奉中央政权，有些自立名号，"然其君臣忠义之节，经国字民之务，盖亦勤矣"[②]，其事迹当时亦有记载，其故立"霸史"以著录这些史籍。马端临的《文献通考·经籍考》则伪史、霸史联用。《总目》编纂者认为，由于年代久远，有关割据政权的史籍，当时所撰的早已荡然无存，现有的则大抵是后人追记的，所以，以"伪史"或"霸史"为其类目"皆非其实"。经过认真考察，《总目》编纂者认为《后汉书·班固传》称有关平林、新市、公孙述事迹的史籍为"载记"，《东观汉记》也将平林、下江诸人列入"载记"，"《晋书》附叙十六国亦云'载记'，是实立乎中朝以叙列国之名"，较为恰当。故以"载记"代替《隋书·经籍志》之"霸史"。"准《东观汉记》《晋书》之例，总题曰'载记'，于义为允"。[③]

史钞、史评类是《隋志》之后新出类目。史钞性质的书籍起源很早，"帝魁以后书，凡三千二百四十篇，孔子删取百篇。此史钞之祖也"[④]。此后因其数量大

①案：《总目》史部称，地理类下分九属，实际是十属，列于地理类三级类目之首的宫殿疏，实为史部暗分子目，为地理类三级类目之第一子目。

②《隋书》卷33，《经籍志》，第964页。

③《总目》卷66，《史部·载记类叙》，第363页。

④《总目》卷66，《史部·史钞类序》，第360页。

增,到《宋史·艺文志》时便把它从前代目录书“杂史”类中提取出来,单独立类,是为“史钞类”。《文献通考·经籍考》将“史钞类”与“史评类”列为一类,即“史评史钞类”。“史评类”在史部的列类创自晁公武之《郡斋读书志》。自从两类在史部目录之中出现以后,在以后的目录书之中不是把两者合二为一,就是只设史钞而不设史评类,比如《明史·艺文志》只设了“史钞类”。《总目》史部认为史钞是删取他文而成的,有“离析而编纂之”、有“简汰而刊削之”、有“采摭文句而存之”、有“割裂词藻而次之”,其精华应是“含咀英华,删除冗赘”,“博取约存,亦资循览”。[①] 而史评类是“品骘旧闻,抨弹往迹”[②],也就是评史籍、史法、史笔、史学、史实、史人诸方面,对后人进行史学批评是很有好处的。史钞类和史评类在著书宗旨方面是大异其趣。故于史部设立“史钞类”和“史评类”两类。这两个类目的设立虽是沿袭以往的目录著作,却能推陈出新,便于有关史书更好地归类。

《隋志》史部有“起居注”一类,以著录“录纪人君言行动止之事”[③]的起居注之类的图书。然隋唐以来,起居注多不纂修,而前代之书又所存无几,书籍日少。故自《宋史·艺文志》起,正史志中就不立此类,而将其并入其他类目中。《总目》史部根据这种情况,将起居注附于编年类之下。“实存温大雅一书,不能自为门目。稽其体例,亦属编年,今合并为一,犹《旧唐书》以实录附起居注之意也。”[④]又如《总目》史部“传记类”下分五子目,其中“总录”子目亦是斟酌以往而设立的。“总录”案云:“合众人之事为一书,亦传类也。其源出《史记》之《儒林》《游侠》《循吏》《货殖》《刺客》诸传。其别自为一书,则成于刘向之《列女传》。《册府元龟》有总录之目,今取以名之。”[⑤]这说明“总录”子目之名是由《册府元龟》而来的。由此看来,在《四库全书总目》史部中,其异于《隋书·经籍志》史部的类别或子目,多是折中前代而自出新意的。

2. 因书设类,反映史学发展

随着时代的变化,学术也不断变化发展,作为学术成果载体的图书也出现变化。这就要求以部次图书为目的的目录根据具体情况不断地调整其分类体系,以反映学术的发展。

从《总目》史部所新设或取消的类目,我们可以看到,因书设类,以反映史学

①《总目》卷65,《史部·史钞类序》,第360页。
②《总目》卷88,《史部·史评类序》,第459页。
③《隋书》卷33,《经籍志》,第966页。
④《总目》卷47,《史部·编年类序》,268页。
⑤《总目》卷58,《史部·传记类二》,总录之属后案,第332页。

的发展，是其中一个重要的分类思想。如谱系类（又称谱牒类），自《隋志》设“谱系”之后，到《明史·艺文志》等史志目录中都有谱系这一门类。其余官修、私撰目录，亦绝大多数设有此类。谱牒之书，主要记载的是帝王将相、门阀显贵、地方望族的氏姓或宗族世系。刘知几认为其为家史，章学诚以之为一家一姓之史。魏晋南北朝时，社会风气恃重门第，为官之道必看其世系，谱学大盛。郑樵曾指出：“自隋唐而上，官有簿状，家有谱系。官之选举必由于簿状，家之婚姻必由于谱系，历代并有图谱局，置郎、令史以掌之，仍用博古通今之儒知撰谱事。”①可见谱学之盛。这时出现了一些以精通谱学名家的学者，有所谓王氏、贾氏之谱学。故《隋书·经籍志》史部设立谱系类。至唐时，随着科举制的兴起，门第之风趋向衰落。五代之后，科举制已成为选官取士的重要途径，取士不问阀阅，谱牒之学衰落，转向民间家谱、族谱之撰修。根据这种情况，《总目》史部取消了谱系类。《总目》史部也收录了个别的谱系之书，比如《天潢玉牒》一书，《总目》将此书归入了别史类。对此《总目》史部指出：“此书述明代世系，于例当入谱牒，然谱牒传本寥寥，不能自为门目，故附著别史类中，盖其文与本纪、世表相出入也。”②取消谱系类乃是因为“谱牒传本寥寥”，“不能自为门目”，故而“附著别史类中”。而《总目》史部中纪事本末类设立则是为了反映史学的新发展。纪传体、编年体，是中国古代两种重要的史书体裁，历代撰述不断，形成了较为完整的史籍系列。刘知几《史通》将唐以前的史籍分为六家。在这六家之中，又认为纪传、编年二体最为重要，故特列《二体》篇予以讨论。然而，这二体也有不足之处。如纪传体一事分散于数篇之中，又不免重复；编年体则事以时隔，首尾难稽。为了弥补这些缺陷，宋袁枢创立了纪事本末体。章学诚曾赞扬这种史体“因事命篇，不为常格”，“文省于纪传，事豁于编年”。梁启超则认为是古代史书体裁进化的最高阶段。因此不少史家运用这种体裁改编或编纂史书。如南宋时章冲撰《春秋左氏传事类始末》、杨仲良有《续资治通鉴长编纪事本末》。元明以来纪事本末体史籍不断增加，至清代形成了纪事本末体史书系列。《总目》史部编纂者注意到了史学发展的这种变化，并根据这种变化在史部中增设纪事本末类。《总目》史部纪事本末类序指出：“古之史策，编年而已，周以前无异轨也。司马迁作《史记》，遂有纪传一体，唐以前亦无异轨也。至宋袁枢，以《通鉴》旧文，每事为篇，各排比其次第，而详叙其始终，命曰‘纪事本末’，史遂有此一体。夫事例相循，其后谓之因，其初皆起于创。其初有所创，其后即不能不因。故未有是体以前，微独纪事本末创，即纪传亦创，编年亦创。既有是

①郑樵：《通志》卷25，《氏族略·氏族序》，第38页。

②《总目》卷50，《史部·别史类存目》，《天潢玉牒》提要后案，第289页。

体以后，微独编年相因，纪传相因，即纪事本末亦相因。因者既众，遂于二体之外，别立一家。今亦以类区分，使自为门目，凡一书备诸事之本末，与一书具一事之本末者，总汇于此。"这说明纪事本末类的设立是为了反映出史学发展中的新变化。

正因为《总目》史部主张史部类目的设置要反映史学的发展，所以对那些能够根据实际情况设置类目的目录著作，给予很高的评价。如《千顷堂书目》"史部分十八门，其簿录一门，用尤袤《遂初堂书目》之例，以收钱谱、蟹录之属，古来无类可归者，最为允协"①，《总目》史部高度评价了《千顷堂书目》对于无类可归者不单独设类，以期反映学术发展的思想。《明史》一书编纂于清代，由于明以后，一些西方的文化传入中国，使中国在科技方面有了进展。《明史·历志》反映了这种变化，在《历志》之中增加了图，以便清楚地记载明代的历法。《总目》对此给予了赞扬："历志曾以图，以历生于数，数生算，算法之勾股面线，今密于古，非图则分刌不明。"②对于类目的设置能够反映出学术发展者给予了很高的评价。

3. 合其近密，离其疏远

所谓"合其近密，离其疏远"，是指在编次方面，将内容相互关联的图书置于一类，而使相距甚远的书籍分别开来。《隋书·经籍志》曾将"离其疏远，合其近密"作为著录原则，《总目》继承了这一做法，在凡例中指出："诸书次序，虽从其时代，至于笺释旧文，则仍从所注之书而不论作注之人。"这是要求将内容相关的图书编排在一起，以便检寻。如明代曹端的《太极图述解》一书，内容是为周敦颐书作注的，将其置于《张子全书》前。而清李光地注解张载《正蒙》之书则置于《二程遗书》之前。这是合其近密。对于无类可归者，《总目》史部也运用"合其近密"的原则进行归类。比如《丝纶捷要便览》一书，根据已设类目难以归类，又不能为一书单列类目，所以便根据其内容把它附在与其内容相近的类目之后。"此编无类可归，以其为当日王言之式，附录于诏令之末。"③

前代目录往往将一些内容相距甚远的书籍勉强置于一类，如将《汉武帝内传》《飞燕外传》置于史部传记类。《总目》认为这类书籍"或涉荒诞，或涉鄙猥"④，近于小说家言，故将其隶属于子部小说家类。这是离其疏远。在史部书籍的著录中，也体现了"合其近密，离其疏远"的编次原则。如正史类将正史进

①《总目》卷86，《史部·目录类》，《千顷堂书目》提要，第449页。

②《总目》卷46，《史部·正史类二》，《明史》提要，第267页。

③《总目》卷56，《史部·诏令奏议类存目》，《丝纶提要便览》提要，第317页。

④《总目》卷首，《凡例》，第6条。

行训释音义、掇拾遗缺、辨正异同、校正字句等史书都置于此类。正史类序指出："其他训释音义者，如《史记索隐》之类，掇拾遗阙者，如《补后汉书年表》之类，辨正异同者，如《新唐书纠缪》之类，校正字句者，如《两汉刊误补遗》之类，若别为编次，寻检为繁，即各附本书，用资参证。"这表明采用合其近密的编次方法，是为了便于同类书籍相互参证。又如以往目录多将委巷之说、怪诞之论之类隶属于史部杂史类。《总目》史部认为杂史虽然"兼包众体，宏括殊名"，"然既系史名，事殊小说"，因此所著录之书"大抵取其事系庙堂，语关军国，或但具一事之始末，非一代之全编；或但述一时之见闻，只一家之私记，要期遗闻旧事，足以存掌故，资考证，备读史者之参稽云尔"①，委巷小说之类的与其关系甚疏，所以采取"离其疏远"原则，将此类的书籍改隶于子部杂家、小说家类下。"若夫语神怪，供诙嘲，里巷琐言，稗官所述，则别有杂家、小说家存焉。"又如吴均《续齐谐记》，《隋书·经籍志》隶属于史部杂传下，《总目》则改隶于子部小说家类。《总目》史部在编次上合其近密，离其疏远，能使各类书籍恰当归类，同时也便于读者因类求书，因书究学。

4. 循名责实，义求至当

《总目》凡例指出："古来诸家著录，往往循名失实，配隶乖宜。"这是批评以往的目录学家在图书的隶属问题上循名而不察其实，以致图书归类混乱。这种循名失实的情况主要表现在两个方面：一是对各种类目的内涵、范围缺乏明确的界定，在著录图书时颇为随意，以致所录书籍与类目名实不符；二是不考察图书的内容，仅根据书名对其进行分类，导致编次失伦。因此，《总目》史部提出部次图书必须循名责实，使各类图书合理归类。

以往各种目录著作史部多有故事一类，主要是著录典章制度之书。"志艺文者有故事一类。其间祖宗创法，奕叶慎守，是为一朝之故事。后鉴前师，与时损益者，是为前代之故事。史家著录，大抵前代事也"②，但《隋书·经籍志》却将《汉武故事》这种属于小说家之类的图书录入其中。而《唐志》则列入《魏文贞故事》这种属家传性质的书籍。"循名误列，义例殊乖。"为了改变这种情况，《总目》史部将故事类改名为"政书类"，明确规定"惟以国政朝章六官所职者，入于斯类"③，从而解决了循类名而著录失察的问题。

《总目》史部不但纠正了以往目录类目失察的弊端，而且对新增的类目或子目颇为注重名实相符。如其将《隋书·经籍志》史部"杂传类"改名为"传记

---

①《总目》卷 51，《史部·杂史类序》，第 292 页。
②《总目》卷 81，《史部·政书类序》，第 427 页。
③《总目》卷 81《史部·政书类序》，第 427 页。

类”,并在其下设立五个子目:圣贤、名人、总录、杂录、别录。“名人”子目下著录了《晏子春秋》《魏郑公谏录》《李相国论事集》《杜工部年谱》《诸葛忠武书》等十三部著作。《总目》史部指出:“此门所录,大抵名世之英,与文章道德之士也。不曰名臣而曰名人者,其中或苦节卓行,而山林终老,或风流文采,而功业无闻,概曰名臣,殊乖其实。统以有闻于后之称,庶为兼括之通词尔。”①以“名人”而非“名臣”为子目之名,目的实是为了使类目名称与所著录的书籍相一致。可见《总目》史部子目的设立充分考虑到了类目与所录图书的名实相符。

书名一般来说揭示了图书的内涵,但由于种种原因,有些图书并非如此,甚至名实不符,在古代尤其如此。如《尉缭子》为兵书,而非尉缭子的传记。这就需要在著录图书时考察其内容,若循名而不责其实,极易造成隶属失宜。《崇文总目》以《树萱录》入之种植,为郑樵所讥,《总目》考校原书,详为厘定。又如:

> 《笔阵图》之属,旧入小学类,今惟以论六书者入小学,其论八法者不过笔札之工,则改隶艺术。《羯鼓录》之属,旧入乐类,今惟以论律吕者入乐,其论管弦工尺者不过世俗之音,亦改隶艺术。《左传类对赋》之属,旧入春秋类,今以其但取俪辞,无关经义,改隶类书。《孝经集灵》旧入孝经类,《穆天子传》旧入起居注类,《山海经》《十洲记》旧入地理类,《汉武帝内传》《飞燕外传》旧入传记类,今以其或涉荒诞,或涉鄙猥,均改隶小说。他如扬雄《太玄传》旧入儒家类,今改隶术数。俞琰《易外别传》旧入易类,今改隶道家。又如《倪石陵书》名似子书,而实文集,陈埴《木钟集》名似文集,而实为语录。凡斯之流,不可殚述,并一一考核,务使不失其真。②

前代史部之中也常常出现这种隶属不当的现象。如《全史论赞》,根据书名似乎属于史评类书籍,但此书之论赞内容是从别的书籍中钞辑来的,与阐发作者自己对史书、史事、史家等的评论不同,理应归入史钞类。《晏子春秋》名为春秋,一些目录书把它归入子部,但此书内容却主要是后人摭拾晏子逸事而成的,虽说没有“传记”之名,却有传记之实,应隶属于史部传记类。像这样的书籍,《总目》史部都根据其内容改隶于恰当的类目之下。又如《钦定蒙古源流》一书,“为外藩所录,于例应入载记类中,然所述多元朝帝王之事,与高丽、安南诸史究有不同”③,按其内容归入杂史类。《平播全书》一书,虽说是载文而不纪

①《总目》卷57,《史部·传记类一》,名人之属后案,第325页。

②《总目》卷首,《凡例》,第6条。

③《总目》卷51,《史部·杂史类》,《钦定蒙古源流》提要后案,第296页。

事，但其文全为平定播州而作，具备了一事之始末，并且书前还载有三分之一的奏议，虽说是出于一人之手，但大抵是书记吏胥之所为，将其归入纪事本末、奏议、别集，都不合适，按内容归入杂史。《碧溪丛书》虽名为丛书，而其实际上是讲史的，按内容将其归入杂史类。《吴地记》一书，从书名看似乎是地方志，实际上是介绍古迹的，故归入古迹类。又如《革除遗事节本》一书，仅存列传，据此"似应入传记类中"①；但此书"原有本纪而佚之"，这与实无本纪仅有列传者不同，为了使读者知其原貌，归入杂史类。凡此等等，都说明《总目》史部循名责实，力求合理地安排图书归类。

《总目》杂史类把《战国策》归于史部体现了循名责实的原则：

> 汉《艺文志》，《战国策》与《史记》为一类，历代史志因之。晁公武《读书志》始改入子部纵横家，《文献通考》因之。案班固称司马迁作《史记》，据左氏《国语》，采《世本》《战国策》，述《楚汉春秋》，接其后事，迄于天汉。则《战国策》当为史类，更为无疑。且"子"之为名，本以称人，因以称其所著，必为一家之言，乃当此目。《战国策》乃刘向裒合诸记并为一编，作者既非一人，又均不得其主名，所谓"子"者安指乎？公武改隶子部，是以记事之书为立言之书，以杂编之书为一家之书，殊为未允。今仍归之史部中。

《汉书·艺文志》以史书附《春秋》家之后，"《读书志》始改入子部纵横家，《文献通考》因之"，《总目》对于《读书志》和《文献通考》的做法予以批评和纠正。《总目》首先考察了世代相传的历史名篇《史记》所采用的资料来源，据左氏《国语》，《战国策》为《史记》资料来源之一，由此《总目》判断《战国策》当归史部，此外，《总目》认为"《战国策》乃刘向裒合诸记并为一编，作者既非一人"，并非一家之言，将它归入子部实有不妥，应归史部。

当然，《总目》史部对图书部次能够循名责实，也与其是《四库全书》史学书籍的目录有关。其所著录的每一部书都经过四库馆臣整理过，并撰有详细的内容提要，故编纂者对所著录的每一部书的内容比较了解，故而能够不囿于书名而根据其内容予以归类。一般的藏书目录或辑录目录，其编纂者很难对所有的图书有全面的认识，往往不免循名失实。这说明必须对所著录的图书内容有较为全面的了解，才能恰当地部次图书。

5. 区分"著录"与"存目"

将图书分为"著录"与"存目"分别予以著录，是《总目》史部与以往史部目

---

①《总目》卷53，《史部·杂史类存目二》，《革除遗事节本》提要后案，第304页。

录的一个鲜明的区别。《总目》史部区分“著录”与“存目”，主要是基于图书所反映的两个思想倾向及其学术价值方面的考虑。《总目》批评以往的目录著作对所著录的图书不加区别。“前代藏书，率无简择，萧兰并撷，珉玉杂陈，殊未协别裁之义”，提出对图书应“一一辨厥妍媸，严为去取。其上者，悉登编录，罔致遗珠。其次者，亦长短兼胪，见瑕瑜之不掩。其有言非立训，义或违经，则附载其名，兼匡厥谬。至于寻常著述，未越群流，虽咎誉之咸无，要流传之已久，准诸家著录之例，亦存其目，以备考核。”这是说上等、次等书籍列入“著录”，思想有问题的书籍，以及流传已久的平庸书籍则列入“存目”。这样“等差有辨，旌别兼施。自有典籍以来，无如斯之博且精矣”。[①] 这主要是以图书思想是否健康为标准来区分“著录”与“存目”的。当然其所谓的思想是以儒家观念为准绳来衡量的。如《总目》史部认为《世史正纲》“立说多偏驳不经”[②]，将其斥入编年类存目。

在图书的发展过程中，往往会产生一些无根之谈或难以为据的书籍，也会出现一些依托或真伪难辨的书籍。对这些书籍，《总目》将其列入“存目”之中。“《七略》所著古书，即多依托，班固《汉书·艺文志》注可覆按也。迁流洎于明季，讹妄弥增，鱼目混珠，猝难究诘。今一一详核，并斥而存目，兼辨证其非。其有本属伪书，流传已久，或掇拾残剩，真赝相参，历代词人已引为故实，未可概为捐弃，则姑录存而辨别之”[③]，依托之书、伪书、真伪相杂之书，因学术价值较低，列入存目。如《史记琐琐》《史诠》或“皆漫无根据，不足为信也”[④]，或“皆不可据为定论也”[⑤]，列入正史类存目。《大政记》“编年记载，繁简多有未当，殊乏史裁”[⑥]，被列入史部编年类存目之列。

6. 反对繁琐分类

《总目》史部所设类目多于《隋志》史部类目，但并不主张分类太繁。如焦竑《国史经籍志》“多分子目”，《总目》提出批评，认为如此设类“颇似饾饤为嫌”。因此其斟酌折中，只在那些“流派至为繁多，端绪易至茫如”[⑦]的类目之下设立子目。其史部在地理、传记、政书等类目下设立子目，地理类设立九子目、传记为五子目、政书为六子目。

①《总目》卷首，《凡例》，第3条。

②《总目》卷48，《史部·编年类存目》，《世史正纲》提要，第277页。

③《总目》卷首，《凡例》，第18条。

④《总目》卷46，《史部·正史类存目》，《史记琐琐》提要，第267页。

⑤《总目》卷46，《史部·正史类存目》，《史诠》提要，第267页。

⑥《总目》卷48，《史部·编年类存目》，《大政记》提要，278页。

⑦《总目》卷首，《凡例》，第5条。

对于数量较少的史书,《总目》史部将其置于相关类目之中,并不单独设类,以避免类目烦琐。如“《东观汉记》《东都事略》《大金国志》《契丹国志》之类,则先资草创。《逸周书》《路史》之类,则互取证明。《古史》《续后汉书》之类,则检校异同”[1],虽说它们“包罗既广,六体兼存”,若“必以类分”,则“转形锁屑”[2],失之繁琐。于是《总目》史部便把它们类附于别史中。

《总目》对《通志》的考辨体现出其反对繁琐分类的原则。《总目》认为:“非学问足以该通,文章足以熔铸,则难以成书。”可见郑樵学问淹博。但《总目》仍对其存在的问题给予剖析和指责,尤批评其分类繁琐:“校雠、图谱、金石,乃艺文之子目,析为别类,不亦冗且碎乎?……《艺文志》则分门太繁。”[3]《总目》在《五国故事》提要中也体现出反对分类过繁的思想:“记录颇为繁碎,中如徐知诰斥进皇袍诸事,为史所不载,又李煜为李璟第六子,而此云璟之次子,与史亦小有异同。然考古在于博征,固未可以琐杂废也。”[4]

《总目》史部在分类上虽有诸多的优长之处,但也存在着一些不足,需要进一步改进。如《总目》杂家类杂考之属所收书籍内容,“大抵兼论经、史、子、集,不可限以一类”[5],可以肯定其中有些书籍的史料价值是很高,也就是说把应该属于史部的书籍划归到子部。比如唐李涪之《刊误》,“皆考究典故,引旧制以正唐末之失,又引古制以纠唐制之误,多可以订正礼文”[6],考证了典制名物,应入政书类;又如宋赵昇《朝野类要》一书,“征引当时朝廷故事,以类相从:一班朝,二典礼,三故事,四称谓,五举业,六医卜,七入仕,八职任,九法令,十政事,……逐事又各标小目,而一一详诠其说。……诚为有功于考证。较之小说家流资嘲戏、侈神怪者,固迥殊矣”[7];清顾炎武《日知录》更是深于典制名物的考证,尤有助于史学研究。这些书籍应归入史部为宜。《总目》在这些书籍的归类上有名实不符、牵强附会之嫌。

7.维护封建正统观

《总目》蕴含了极其强烈的封建正统观念。“至其编次先后,《汉书·艺文志》以高帝、文帝所撰杂置诸臣之中,殊为非体。《隋书·经籍志》以帝王各冠其

①《总目》卷50,《史部·别史类序》,第284页。
②《总目》卷50,《史部·别史类序》,第284页。
③《总目》卷50,《史部·别史类》,第285页。
④《总目》卷66,《史部·载记类存目》,第366页。
⑤《总目》卷119,《子部·杂家类三》,杂考之属后案,第625页。
⑥《总目》卷118,《子部·杂家类二》,《刊误》提要,第616页。
⑦《总目》卷118,《子部·杂家类二》,《朝野类要》提要,620页。

本代，于义为允，今从其例。”[①]“然则史部诸书，自鄙倍冗杂，灼然无可采录外，其有裨于正史者，固均宜择而存之矣。”[②]这些都体现出《总目》的正史观。而正史则为朝廷钦定之书，必然体现出封建正统观念。总括群书，史部分为十五类，正史居其首，且为大纲，而能够对历史事实进行批评的史评却居其末，《总目》如此分类也暗含着维护封建正统思想，压制言论、消灭异己之意。并且《总目》所选用正史之作皆“官本校录，凡未经宸断者，则悉不滥登”[③]。在封建社会经学思想是占据绝对统治地位的思想，《总目》认为“正史体尊，义与经配，非悬诸令典，莫敢私增，所由与稗官野记异也”[④]，所以正史具有居经部之后的资格。正史以《史记》为首，开创了纪、表、书、世家、列传的体例结构，《总目》认为这种体例表述了尊卑正统观念，因而不可颠倒乱序，《汉书》始改为纪、表、志、传，据之遴云“今本《外戚》在《西域》后，古本次《帝纪》下。又今本高五子、文三王、景十三王、孝武六子、宣元六王杂在诸传中，古本诸王悉次《外戚》下，在《陈项》传上”[⑤]。《总目》假设“如之遴所述，则传次于纪，而表传凡在传后”。又说“且《汉书》始改《史记》之《项羽本纪》《陈胜世家》为列传，自应居列传之首，岂得移在诸王之后。其述《外戚传》第六十七，《元后传》第六十八，《王莽传》第六十九，明以王莽之势成于元后，史家微意寓焉”[⑥]。《元后传》置于《外戚传》与《王莽传》之间，因为元帝皇后王氏系王莽的姑姑，她经历元、成、哀、平四世“为天下母”，因而王家势力膨胀，在王莽篡位之际，她虽不愿授国玺于王莽，但也无力挽回现状。班固把她看作这场转变中的悲剧人物，并且点明了王莽成事于元后之后，在表述西汉历史上有承上启下的用意。所以，《总目》认为《汉书》如此安排是“史家微意寓焉”，而如果《汉书》真是移《外戚传》于本纪后，《总目》则批评其是“恶知史法载”[⑦]。此中虽有考证之意，但也体现了《总目》的封建正统观。

《总目》不把编年体列为正史也体现了其浓厚的封建正统观念。刘知几《史通·古今正史》篇自《史记》《汉书》以下，不论纪传、编年，凡记一代皇朝之史，皆称“正史”。正如《总目》所言“刘知几深通史法，而《史通》分叙六家，统归二体，则编年、纪传均正史也”，但《总目》却不把其列为正史，并对此给出了自己的

①《总目》卷首，《凡例》，第7条。
②《总目》，《史部·总序》，第256页。
③《总目》卷50，《史部·正史类序》，第256页。
④《总目》，《史部·正史类序》，第256页。
⑤《总目》卷45，《史部·正史一》，《汉书》提要，第258页。
⑥《总目》卷45，《史部·正史一》，《汉书》提要，第258页。
⑦《总目》卷45，《史部·正史一》，《汉书》提要，第258页。

理由："盖编年不列为正史，故凡属编年，皆得类附。"[①]正史多是设馆官修之史，既为官修，作为朝廷喉舌，则贯彻朝廷意志。而对于可以达到百家争鸣的私人著述则予以排压，且隋唐以后私家修史之风日杀，"清初文士，每因修史受祸，私家作史之风，为之益替"[②]。从私人修史之风日杀，可窥正史对于封建正统者的作用。而编年体网络范围广泛，"凡属编年，皆得类附"，不以所含是否是封建正统思想类分，有扰乱正统之嫌，所以不得位列正史。

《总目》把一些有正史之实的书籍列为别史的做法，亦体现了维护封建正统的思想。在别史类序中有鲜明的体现：

> 然梁武帝、元帝《实录》列诸杂史，义未安也。陈振孙《书录解题》创立别史一门，以处上不至于正史，下不至于杂史者，义例独善，今特从之。……《史记》《汉书》以下，已列为正史矣。其歧出旁分者，《东观汉记》《东都事略》《大金国志》《契丹国志》之类，则先资草创。《逸周书》《路史》之类，则互取证明。《古史》《续后汉书》之类，则检校异同。其书皆足相辅，而其名则不可以并列，命曰"别史"，犹大宗之有别子云尔。

《总目》亦批评了《隋志》把梁武帝、元帝《实录》列诸杂史的做法。同时在别史类之后的案中也体现了这种思想：

> 《东观汉记》《后汉补书逸》之类，本皆正史也。然书已不完，今又不列于正史，故概入此门。其先后从作者时代，亦与编年类例同，均稍示区别于正史尔。

《东观汉记》《后汉补书逸》之类本是正史因其书内容有残缺而被从正史中剔除，此举尤显正史体尊，进一步突出《总目》的封建正统观念。载记类收录的为"偏方割据"[③]政权史官所叙述之史，《钦定蒙古源流》按《总目》之分类思想应归入载记类，但因此书多涉元朝帝王之事，所以归此书于杂史。对此《总目》在案中进行了说明：

> 此书为外藩所录，于例应入载记类中。然所述多元朝帝王之事，与高

①《总目》卷50，《史部·别史类序》，第284页。

②金毓黼：《中国史学史》，商务印书馆，2003年，第128页。

③《总目》卷66，《史部·载记类序》，第363页。

丽、安南诸史究有不同。是以仍编于杂史。

8. 便于实用

作为大型图书的目录书，《总目》考虑到了其方便巡检的作用。《总目》把一些对正史有补遗作用的书籍直接附在了各正史之后，方便巡检，"其他训释音义者，如《史记索隐》之类，掇拾遗阙者，如《补后汉书年表》之类，辨正异同者，如《新唐书纠谬》之类，校正字句者，如《两汉刊误补遗》之类，若别为编次，寻检为繁，即各附本书，用资参证"①。而同样的论述原则更体现在凡例之中，如凡例第八条：

> 诸书次序，虽从其时代，至于笺释旧文，则仍从所注之书而不论作注之人。如儒家类，明曹端《太极图述解》，以注周子之书，则列于《张子全书》前；国朝李光地注解《正蒙》，以注张子之书，则列于《二程遗书》前是也。他如《史记疑问》附《史记》后，《班马异同》附《汉书》后之类，亦同此例，以便参考。至于汪晫所辑之《曾子》《子思子》，则仍列于宋；吕柟所辑之《周子钞释》诸书则仍列于明。盖虽裒辑旧文，而实自为著述，与因原书而考辨者事理固不同也。

方便检索的思想跃然纸上。

《总目》批评《国史经籍志》分类过于繁多，"端绪易至茫如"②，不便检索，因而自己对一些类目重新进行了安排，"谨约分小学为三子目，地理为九子目，传记为五子目，政书为六子目，术数为七子目，艺术、谱录各为四子目，杂家为五子目，词曲为四子目，使条理秩然。又经部之礼类，史部之诏令奏议类、目录类，子部之天文算法类、小说家类，亦各约分子目，以便检寻"③。虽然其中所论及的不尽全是史部，但确实说明了《总目》方便检寻的思想原则。

①《总目》卷45，《史部 · 正史类序》，第256页。
②《总目》卷首，《凡例》，第5条。
③《总目》卷首，《凡例》，第5条。

第二章 辨章学术，考镜源流

古代目录学家曾将“辨章学术，考镜源流”作为编纂目录著作的宗旨。清代目录学家章学诚指出：“校雠之义，盖自刘氏父子部次条别，将以辨章学术、考镜源流。”[①]他所说的校雠学实际上就是目录学。章学诚不满意当时那些以检索、排架、保存图书为主要功能的目录学，并轻蔑地称之为“甲乙纪数之需”，为了和这些“俗学”相区别，而将其学说命名为“校雠学”。他认为刘歆的目录著作《七略》体现了辨章学术、考镜源流之意，为目录学之楷模，所以打出“宗刘”的旗号，要求目录著作以“辨章学术，考镜源流”为旨趣。在这里，章学诚总结了中国古典目录学的一个重要传统，这就是从学术史的角度部次图书，以目录反映学术的变化发展。正如余嘉锡先生所指出的“目录之书，实兼学术之史”[②]“编目之宗旨，必求足以考见学术之源流”[③]。这一传统从《七略》到《四库全书总目》绵延不断。

《总目》指出：“四部之首，各冠以总序，撮述其源流正变，以挈纲领。四十三类之首，亦各冠以小序，详述其分并改隶，以析条目。如其义有未尽，例有未该，则或于子目之末，或于本条之下，附注案语，以明通变之由。”[④]以部序、类序以及按语的形式，揭示学术流别，以达到辨章学术、考镜源流的目的。

①章学诚：《校雠通义·叙》。

②余嘉锡：《目录学发微》，中华书局，1963 年，第 3 页。

③余嘉锡：《目录学发微》，第 10 页。

④《总目》卷首，《凡例》，第 10 条。

第一节　以大小序、提要揭示史学之流别

章学诚十分重视目录著作中大、小序的撰写，他指出，刘歆《七略》中的辑略是全书的纲领，“讨论群书之旨”，“最为明道之要”①，最能体现学术源流。自从班固《汉书·艺文志》删辑略之后，刘氏之序论不传，而荀勖、李充以来的四部目录学家将目录视为纪数簿籍，不复编撰叙录，失去了目录学辨章学术、考镜源流之意。因此应在四部目录中撰写叙录，以阐述学术源流。“就四部之成法，而能讨论流别，以使之恍然于古人官师合一之故，则文章之弊可以稍救，而《七略》之要旨，其亦可以有补于古人矣”。② 郑樵曾提议删去《崇文总目》叙录，对这种主张，章学诚十分不满，认为删去叙录后的《崇文总目》读者阅读起来如同看记数账簿，根本看不到其讨论学术源流之意。可见，大、小序是辨章学术、考镜源流的较好的表现形式。《总目》史部有总序、类序，以及各种按语，力图揭示史学发展源流，各史书之提要则以阐述一书的流变为职志。

一、论史部之源流

《汉书·艺文志》无史部，《隋书·经籍志》设有史部，其序论述了史学源流。《隋志》指出：

> 夫史官者，必求博闻强识，疏通知远之士，使居其位。百官众职，咸所贰焉。是故前言往行，无不识焉。天文地理无不察也。人事之纪，无不达也。内掌八柄，以诏王治。外执六典，以逆官政。书美以彰善，记恶以垂戒。范围神化，昭明令德。穷圣人之至赜，详一代之亹亹。自史官废绝久矣，汉氏颇循其旧。班马因之。魏晋以来，其道愈替。南董之位，以禄贵游；正骏之司，罕因才授。故梁世谚曰“上车不落则著作，体中如何则秘书”。于是尸素之俦，盱衡延阁之上；立言之士，挥汗蓬茨之下。一代之记，至数十家。传说不同，闻见舛驳，理失中庸，辞乖体要。致令允恭之德，有缺于典坟，忠肃之才，不传于简策，斯所以为蔽也。班固以史籍附《春秋》，今开其事类凡三十种，别为史部。③

简明扼要地论述了史官素养、职责，史书的作用，史官、私人修史的相互消长，以

①章学诚：《校雠通义·原道》右一之二，第2页。

②章学诚：《校雠通义·宗刘》右一之三，第3页。

③《隋书》卷33，《经籍志》，第992－993页。

及所存在的不足。《总目》史部总叙，在《隋书·经籍志·史部》总叙的基础上，进一步总结了史学的发展：

> 史之为道，撰述欲其简，考证则欲其详。莫简于《春秋》，莫详于《左传》。鲁史所录，具载一事之始末。圣人观其始末，得其是非，而后能以一字定褒贬，此作史之资考证也。丘明录以为传，后人观其始末，得其是非，而后能知一字之所以褒贬，此读史之资考证也。苟无事迹，虽圣人不能作《春秋》；苟不知其事迹，虽以圣人读《春秋》，不知所以褒贬。儒者好为大言，动曰舍传以求经，此其说必不通。其或通者，则必私求诸传，诈称舍传云尔。司马光《通鉴》，世称绝作，不知其先为长编，后为考异。高似孙《纬略》，载其《与宋敏求书》，称"到洛八年，始了晋、宋、齐、梁、陈、隋六代。唐文字尤多，依年月编次为草卷，以四丈为一卷，计不减六七百卷"。又称"光作《通鉴》，一事用三四出处纂成，用杂史诸书，凡二百二十二家"。李涛《巽岩集》亦称"张新甫见洛阳有《资治通鉴》草稿盈两屋。"今观其书，如淖方成"祸水"之语，则采及《飞燕外传》；张彖"冰山"之语，则采及《开元天宝遗事》，并小说亦不遗之。然则古来诸录，于正史之外，兼收博采，列目分编……盖宋、明人皆好议论，议论异则门户分，门户分则朋党立，朋党立则恩怨结。恩怨既结，得志则排挤于朝廷，不得志则以笔墨相报复。其中是非颠倒，颇亦荧听。然虽有疑狱，合众证而质之，必得其情。虽有虚词，参众说而核之，亦必得其情。张师棣《南迁录》之妄，邻国之事无质也。赵与时《宾退录》，证以金国官制而知之，《碧云騢》一书诬谤文彦博、范仲淹诸人，晁公武以为真出梅尧臣，王铚以为出自魏泰，邵博又证其真出尧臣，可谓聚讼。李焘卒参互而定之，至今遂无异说。此亦考证欲祥之一验。然则史部诸书，自鄙倍冗杂，灼然无可采录外，其有裨于正史者，固均宜择而存之矣。

通过对史学源流的考察，总结出作史的原则在于"撰述欲其简，考证则欲其详"，考镜其源流是"莫简于《春秋》，莫详于《左传》"，叙事要"具载一事之始末"。为了把事情说明白，为史者必须详于考证，并以"世称绝作"的司马光之《通鉴》为例进行论述，将"史之为道"分析得透彻、清晰，使人易于明白。并且通过"参互而定"了《碧云騢》一书的作者，说明"考证则欲其详"。此外《总目》的为史之道还投射出浓重的封建正统观念。而提倡"考证则欲其详"的同时批评了"宋、明人皆好议论"的风气，认为"议论异则门户分，门户分则朋党立，朋党立则恩怨结。恩怨既结得志则排挤于朝廷，不得志则以笔墨相报复。其中是非颠倒，颇亦荧听”,不离“撰述欲其简”的原则,暗示了消灭议论和异己,统一全民思想于封建正统的用心。并在史部提要之中对所收典籍是否简于撰述、详于考证,维护封建正统观念等方面进行了论述和分析。

二、论史学之流别

《总目》史部之十五类序对史学流别之渊源、发展进行了考辨。如正史类序阐述了二十四史形成的经过:

> 正史之名,见于《隋志》,至宋而定著十有七。明刊监版,合宋、辽、金、元四史为二十有一。皇上钦定《明史》,又诏增《旧唐书》为二十有三。近搜罗四库,薛居正《旧五代史》得裒集成编,钦禀睿裁,与欧阳修书并列,共为二十有四。今并从官本校录,凡未经宸断者,则悉不滥登。盖正史体尊,义与经配,非悬诸令典,莫敢私增,所由与稗官野记异也。①

叙述二十四史之形成过程,并辨考二十四史设类的政治因素,即“盖正史体尊,义与经配,非悬诸令典,莫敢私增,所由与稗官野记异也”,体现出很强的封建正统色彩。《总目》考证了编年体的源流:

> 司马迁改编年为纪传,荀悦又改纪传为编年。刘知几深通史法,而《史通》分叙六家,统归二体,则编年、纪传均正史也。其不列为正史者,以班、马旧裁,历朝继作。编年一体,则或有或无,不能使时代相续。故姑置焉,无他义也。今仍搜罗遗帙,次于正史,俾得相辅而行……《穆天子传》虽编次年月,类小说传记,不可以为信史。②

从中我们不仅知道了编年体的历史源流、其在历史上本为正史而又不被列为正史的原因等内容,而且也得以了解编年体取得居正史之后地位的原因。又从“《穆天子传》虽编次年月,类小说传记,不可以为信史”中,更明确地知道编年体不仅编次年月,还要记载历史事实为信史,否则就像《穆天子传》一样被降为小说类。纪传、编年之前并无别的记载历史事实的体裁,纪事本末体的出现是经历了历史流变,对此《总目》进行了考证:

> 古之史策,编年而已,周以前无异轨也。司马迁作《史记》,遂有纪传一

①《总目》卷45,《史部·正史类序》,第256页。

②《总目》卷47,《史部·编年类序》,第268页。

体,唐以前无异轨也。至宋袁枢,以《通鉴》旧文,每事为篇,各排比其次第,而详叙其始终,命曰"纪事本末",史遂又有此一体。夫事例相循,其后谓之因,其初皆起于创。其初有所创,其后即不能不因。故未有是体以前,微独纪事本末未创,即纪传亦创,编年亦创。既有是体以后,微独编年相因,纪传相因,即纪传本末亦相因。因者既众,遂于二体之外,别立一家。今亦以类区分,使自为门目,凡一书备诸事之本末,与一书具一事之本末者,总汇于此。

宋以前记载历史的体裁有编年、纪传,但司马迁之《封禅》《河渠》也属纪事之书,说明纪传体中已含纪年、纪事之体裁,但纪事本末体并未成为史家单独使用之体裁。至宋袁枢以《通鉴》纪一事而隔数卷,不便寻检,于是此自出新意,区别门类,以类排纂,每事各详起讫,自为标题,每篇各编年月,自为首尾,始于三家分晋,终于周世宗之征淮南,凡得二百三十九事,厘为四十二卷,名曰《通鉴纪事本末》。也如《总目》所云,"每事为篇,各排比其次第,而详叙其始终",出现了纪事本末体。以事为纲之纪事本末体因方便寻检一事之始末,为史家所用,"因者既众",《总目》立此一类。《总目》对别史类之学术源流进行了考证:

汉《艺文志》无史名,《战国策》《史记》均附见于《春秋》。厥后著作渐繁,《隋志》乃分正史、古史、霸史诸目。然梁武帝、元帝《实录》列诸杂史,义未安也。陈振孙《书录解题》创立别史一门,以处上不至于正史,下不至于杂史者,义例独善,今特从之。……《史记》《汉书》以下,已列为正史矣。其歧出旁分者,《东观汉记》《东都事略》《大金国志》《契丹国志》之类,则先资草创。《逸周书》《路史》之类,则互取证明。《古史》《续后汉书》之类,则检校异同。其书皆足相辅,而其名则不可以并列,命曰"别史",犹大宗之有别子云尔。

从中我们可以了解到历史类书籍、别史类的产生以及别史类在整个史部的地位和收书范围等学术内容,本属正史的一些书籍被从正史中剔除出去,成为拱卫、凸显正史的卫星。

诏令奏议类的设立为《总目》在分类上的创举,《总目》在诏令奏议类序中考辨了此类目发生、发展的历史流变,以及论述了把诏令奏议移居史部的原因:

记言、记动,二史分司。起居注,右史事也,左史所录蔑闻焉。王言所敷，惟诏令耳。《唐志》史部初立此门。黄虞稷《千顷堂书目》则移制诰于集部，次于别集。夫涣号明堂，义无虚发，治乱得失，于是可稽。此政事之枢机，非仅文章类也，抑居词赋，于理为亵。《尚书》誓诰，经有明征。今仍载史部，从古义也。《文献通考》始以奏议自为一门，亦居集末。考《汉志》载《奏事》十八篇，列《战国策》《史记》之间，附《春秋》末。则论事之文，当归史部，其证昭然。今亦并改隶，俾易与纪传互考焉。

《总目》对载记类的学术流变进行了考辨。《后汉书·班固传》之前并无载记类，《总目》考辨了载记类的来源以及设立载记类的原因等问题。《总目》史部在载记类序中如是进行了论述：

五马南浮，中原云扰，偏方割据，各设史官，其事迹亦不容泯灭，故阮孝绪作《七录》，“伪史”立焉；《隋志》改称“霸史”。《文献通考》则兼用二名。然年祀绵邈，文籍散佚，当时僭撰久已无存，存于今者大抵后人追记而已。曰“霸”曰“伪”，皆非其实也。案《后汉书·班固传》称撰平林、新市、公孙述事为“载记”，《史通》亦称平林、下江诸人，《东观》列为“载记”，又《晋书》附叙十六国亦云“载记”，是实立乎中朝以叙述列国之名。今采录《吴越春秋》以下述偏方僭乱遗迹者，准《东观汉记》《晋书》之例，总题曰“载记”，于义为允。

《总目》地理类序中考证了地理类书之源流：

古之地志载方域、山川、风俗、物产而已，其书今不可见。然，《禹贡》《周礼·职方氏》其大较矣。《元和郡县志》颇涉古迹，盖用《山海经》例。《太平寰宇记》增以人物，又偶及艺文，于是为州县志书之滥觞。元、明以后，体例相沿。

从我们了解到的古代地理类书所收录之范围，《禹贡》《周礼·职方氏》应为地理类书之滥觞。

《总目》在职官类序中对职官类的源流、演变进行了考证：

前代官制，史多著录，然其书恒不传。《南唐书·徐锴传》，称后主得《齐职制》，其书罕觏，惟锴知之。今亦无举其名者。世所称述《周官》外，惟《唐六典》最古耳,盖建官为百度之纲,其名品职掌,史志必撮举大凡,足备参考。故本书繁重,反为人所倦观。且惟议政庙堂,乃稽旧典。其间如元丰变法,事不数逢。故著述之家,或通是学而无用,习者少则传者亦稀焉。今所采录,大抵唐宋以来一曹一司之旧事,与儆戒训诰之词。

从中我们获知了职官类的发展、演变,以及《总目》对前代职官类的因袭和自我创新。

《总目》考辨了政书类的发展、源流:

志艺文者有故事一类,其间祖宗创法,奕叶慎守,是为一朝之故事。后鉴前师,与时损益者,是为前代之故事。史家著录,大抵前代事也。《隋志》载汉武故事,滥及稗官。《唐志》载魏文贞故事,横牵家传。循名误例,义例殊乖。今总核遗文,惟以国政朝章六官所职者,入于斯类。以符《周官》故府之遗。至仪注条格,旧皆别出。然均为成宪,义可同归。惟我皇上制作日新,垂谟册府,业已恭登新笈,未可仍袭旧名。考钱溥《秘阁书目》有政书一类,谨据以标目,见综括古今之意焉。①

《总目》批评了前代对政书归属之不当,并把"国政朝章六官所职者"依钱溥《秘阁书目》之例归于政书类。政书类之发展、流变的历史脉络清晰可辨。

《总目》追述了目录学的发展、流变:

郑玄有《三礼目录》一卷,此名所昉也。其有解题,胡应麟《经义会通》谓始于唐之李肇。案《汉书》录《七略》书名,不过一卷,而刘氏《七略别录》至二十卷,此非有解题而何?《隋志》曰:"刘向《别录》、刘歆《七略》,剖析条流,各有其序,推寻事迹,自是以后,不能辨其流别,但记书名而已。"其文甚明,应麟误也。今所传者,以《崇文总目》为古,晁公武、赵希弁、陈振孙并为撰述之式。惟郑樵《通志·艺文略》,始无所诠释,并建议废《崇文总目》之解题,而尤袤《遂初唐书目》因之。自是以后,遂两体并行。今亦兼收,以资考核。金石之文,隋、唐《志》附"小学",《宋志》乃附"目录"。今用《宋志》之例,并列此门,而别为子目,不使与经籍相淆焉。②

①《总目》卷82,《史部·政书类序》,第432页。

②《总目》卷85,《史部·目录类序》,第447页。

《总目》批评了史评类束书不观,游学无根,"至凿空生义,僻谬不情",暗含对宋学的批评,并从史学史的角度考辨了史评类的历史源流和发展:

> 《春秋》笔削,议而不辨。其后三传异词。《史记》自为序赞,以著本旨,而先黄老,后六经,退处士,进奸雄,班固复异议焉。此史论所以繁也。其中考辨史体,如刘知几、倪思诸书,非博览精思不能成帙,故作者差稀。至于品骘旧闻,抨弹往迹,则才翻史略,即可成文,此是彼非,互滋簧鼓,故其书动至汗牛。又文士立言,务求相胜,或至凿空生义,僻谬不情。如胡寅《读史管见》讥晋元帝不复牛姓者,更往往而有。故瑕颣丛生,亦惟此一类为甚。①

《总目》不仅考察了有解题的目录书起源于《七略别录》,同时也纠正了胡应麟之失。郑樵建议废《崇文总目》之解题,自《通志·艺文志》以后,无解题与有解题的目录书两体并行于世。《总目》仿《宋志》将金石之文归于目录类。对此《总目》进行了如是解释:

> 惟记载金石者无类可归,仍入目录,然别为子目,不与经籍相参。盖目录皆为经籍作,金石其附庸也。②

金石学创立于宋代。《集古录》是中国古代流传下来最早的金石学专书。此书在正谬补阙上有很大的价值。如卷三《后汉太尉陈球碑》跋尾记:"予所集录古文,与史传多异,惟此碑所载与列传同也。"又如卷四《魏贾逵碑》跋尾指出,《三国志·魏书·贾逵传》所记贾逵为郭援所杀事,与碑碣称述不合,故"颇疑陈寿作传,好奇而所得非实也"。此外,跋尾也反映出作者的历史见解,如卷三《后汉太尉刘宽碑阴题名》跋尾指出:

> 唐世谱牒尤备,士大夫务以世家相高。至其弊也,或陷轻薄,婚姻附托,邀求货赂,君子患之。然而士子修饬,喜自树立,竞竞惟恐坠其世业,亦以有谱牒而能知其世也。今之谱学亡矣,虽名臣、臣族未尝有家谱者。

这一见解同郑樵对门阀的看法相同。这不仅说明金石之学可以订正、补充史传

①《总目》卷88,《史部·史评类序》,第459页。
②《总目》卷86,《史部·目录类一》,案语,第449页。

之谬阙，也进行了历史撰述。而《金石录》叙从理论上阐述了金石刻词在历史文献上的价值及其在考史中的作用：

> 余之致力于斯可谓勤且久矣，非特区区为玩好之具而已也。盖窃尝以谓《诗》《书》以后，君臣行事之迹悉载于史，虽是非褒贬出于秉笔者私意，或失其实。然至于善恶大节，有不可诬而又传诸既久，理当依据。若夫岁月、地理、官爵、世次，以金石刻考之，其抵牾十常三四。盖史牒出于后人之手，不能无失，而刻词当时所立，可信不疑。则又考其异同，参以他书，为《金石录》三十卷。

这些都有力地说明金石学具有历史文献的功效和作用。尽管《总目》并未能从金石学所记载历史事实角度去考虑其归属，但能抛弃隋、唐《志》把金石类归于"小学"，而从《宋志》之例，将金石类归属于目录，符合金石学的所属内容，《总目》所做难能可贵。

《总目》在时令类序中考辨了时令类之历史源流，时令类之发生、发展，所涉范围及社会价值和意义等内容：

> 《尧典》首授时，舜初受命，亦先齐七政。后世推步测算，重为专门，已别著录。其在天道之宜以立人事之节者，则有时令诸书。孔子考献征文，以《小正》为尚存夏道，然则先王之政，兹其大纲欤。后世承流，递有撰述，大抵农家日用、闾阎风俗为多，与《礼经》所载小异。然民事即王政也，浅识者歧视之耳。至于选词章，隶故实，夸多斗靡，浸失厥初，则踵重增华，其来有渐，不独时令一家为然。汰除鄙倍，采摘典要，亦未始非《豳风》《月令》之遗矣。

《总目》史部对地方志的学术源流进行了考辨。古代地方志之典籍主要记载"方域、山川、风俗、物产"等，后来又增以人物以及文艺等。那么其源流发展如何呢？《总目》史部说：

> 古之地方志载方域、山川、风俗、物产而已，其书今不可见。然《禹贡》《周礼·职方氏》其大较矣。《元和郡县志》颇涉古迹，盖用《山海经》例。《太平寰宇记》增以人物，又偶及艺文，于是为州县志书之滥觞。元、明以

后,体例相沿。①

《禹贡》将当时中国划分为九州,并记述各州的山川、交通、物产等内容,保存了我国古代重要的地理资料,可谓是我国地志之书的滥觞。《元和郡县志》是现存最古老的全国总志,所记颇涉古迹传说,体例很像大约成书于战国的《山海经》。到宋乐史之《太平寰宇记》时又增以人物,并偶及艺文,成为后世州县志书之滥觞。此后体例相沿。《总目》史部叙述了地方志之源流发展,及其体例变迁,使我们对地方志的状况了然于胸。

史钞类书籍起源很早,《总目》史部对史钞类书籍的起源进行了辨考。史钞类序:

> 帝魁以后书,凡三千二百四十篇,孔子删取百篇。此史钞之祖也。《宋志》始自立门。

《总目》史部不仅论述了史钞之类目创始于《宋志》,而且也说明了史钞之书籍起源于孔子删书。

《总目》史部通过考察类目起源,对史学流别进行了辨考。比如:"杂史之目,肇于《隋志》",辨考了杂史之类目起源于《隋志》。《隋志》设有杂史之类是因为其收录的书籍"兼包众体,宏括殊名"②之故。《隋书·经籍志》杂史类序说:

> 自秦拨去古文,篇籍遗散。汉初,得《战国策》,盖战国游士记其策谋。其后陆贾作《楚汉春秋》,以述诛锄秦、项之事。又有《越绝》,相承以为子贡所作。后汉赵晔,又为《吴越春秋》。其属辞比事,皆不与《春秋》《史记》《汉书》相似,盖率尔而作,非史策之正也。灵、献之世,天下大乱,史官失其常守。博达之士,愍其废绝,各记闻见,以备遗亡。是后群才景慕,作者甚众。又自后汉已来,学者多钞撮旧史,自为一书,或起自人皇,或断之近代,亦各其志,而体制不经。又有委巷之说,迂怪妄诞,真虚莫测。然其大抵皆帝王之事,通人君子,必博采广览,以酌其要,故备而存之,谓之杂史。

《总目》史部杂史类序云:

---

①《总目》卷68,《史部·地理类序》,第370页。
②《总目》卷51,《史部·杂史类序》,第292页。

杂史之目，肇于《隋书》。盖载籍既繁，难于条析，义取乎兼包众体，宏括殊名。故王嘉《拾遗记》《汲冢琐语》得与《魏尚书》《梁实录》并列不为嫌也。然既系史名，事殊小说，著书有体，焉可无分。今仍用旧文，立此一类。凡所著录，则务示别裁。大抵取其事系庙堂，语关军国。或但具一事之始末，非一代之全编；或但述一时之见闻，只一家之私记。要期遗文旧事，足以存掌故，资考证，备读史者之参稽云尔。若夫语神怪，供诙啁，里巷琐言，稗官所述，则别有杂家、小说家存焉。

《隋书·经籍志》阐述了杂史的发展源流，尤其论述了：灵、献之世，天下大乱，作者甚众，此类典籍增多，然而却"体例不经"，内容博杂，因而谓之杂史。《总目》史部杂史类略论了杂史"兼包众体，宏括殊名"的特点，省略了《隋书·经籍志》所详论的杂史的发展源流，详论了《隋书·经籍志》所略论的区分学科范围的问题，进一步类分了《隋书·经籍志》认为"难以条析"的杂史，指出杂史应著录"事系庙堂，语关军国。或但具一事之始末，非一代之全编；或但述一时之见闻，只一家之私记"，为的是"要期遗文旧事，足以存掌故，资考证，备读史者之参稽云尔"，并且把"语神怪，供诙啁，里巷锁言，稗官所述"者，从杂史之中剔除出去。《总目》史部对杂史类目的起源进行辨考："杂史之目，肇于《隋志》。"我们就可以通过《隋志》来了解杂史的发展源流，在此基础上获悉《总目》史部对杂史类目的进一步分类。《总目》史部运用考察类目起源的方法，对史学流别进行了辨考。

《总目》史部还阐述了史部书籍的发展过程："汉《艺文志》无史名，《战国策》《史记》均附见于《春秋》。厥后著作渐繁，《隋志》乃分正史、古史、霸史诸目。"①随着史部书籍的增多，学术日渐兴盛，史部独立为一大类，而且分类愈细。

白寿彝先生在《中国史学史》（第一册）中论及《隋书·经籍志》史部总叙及十三类叙时，曾指出，"把十三篇叙录同史部总叙合起来看，可以说是一部按史书类别写出来的史学简史，上起上古，下至隋末"②，充分肯定了《隋书·经籍志》史部之叙录在考辨史学源流方面的成就。实际上，《总目》史部之总叙及其十五类序合起来看，也是一部从上古到清中叶按史书类别写出的简明史学史，继承和发展了《隋书·经籍志》史部辨章学术、考镜源流的传统。

---

①《总目》卷50，《史部·别史类序》，第284页。

②白寿彝：《中国史学史》，上海人民出版社，1986年，第148页。

三、辨考一家之学术

如果说《总目》史部之类序是着重对史学流别的辨考，那么，其提要则主要是对一家学术进行的辨考。《总目》指出：

> 刘向校理秘文，每书具奏；曾巩刊定官本，亦各制序文。然巩好借题抒议，往往冗长，而本书之始末源流转从疏略。王尧臣《崇文总目》、晁公武《郡斋读书志》、陈振孙《书录解题》稍具崖略，亦未详明。马端临《经籍考》，荟萃群言，较为赅博，而兼收并列，未能贯串折衷。今于所列诸书，各撰为提要，分之则散弁诸编，合之则共为总目。每书先列作者爵里，以论世知人；次考本书之得失，权众说之异同，以及文字增删，篇帙分合，皆详为订辨，巨细不遗。而人品学术之醇疵，国纪朝章之法戒，亦未尝不各昭彰瘅，用著劝惩。①

总结了以往目录提要之得失，可以看出，《总目》史部将阐述所录之书之始末源流，即以考辨一家学术之源流，作为提要的主要任务，并对提要厘定的内容进行界定。

《总目》作为大型的目录书提要，所收书籍良莠不齐，因而对所收书籍的学术价值进行了界定。比如评价《阅史约书》"是书专为读史者考订之用"②。对《识大录》则恶其"叙述疏舛，义例杂糅，不足自名一史也"③。《总目》对《函史上编》进行考辨之后认为，"毫无发明考订，与所作《五经绎》，均无可取"④。《总目》对《古今纪要》的学术价值进行了这样的评价："是书撮举诸史，括其纲要。上自三皇，下迄哲宗元符。每载一帝之事，则以一帝之臣附之。其僭窃割据，亦随时附见。词约事该，颇有条贯。非曾先之《十八史略》之类粗具梗概，伤于疏陋者比。"⑤

《总目》对所收书籍的书名进行了考证。如考证《蛮书》："唐樊绰撰。《新唐书·艺文志》著于录，《宋史·艺文志》则有绰所撰《云南志》十卷，而不称《蛮书》；《永乐大典》又题作《云南史记》，名目错异。今考司马光《通鉴考异》、程大昌《禹贡图》、蔡沈《书集传》所引《蛮书》之文，并与是编相同，则《新唐书志》为

---

①《总目》卷首，《凡例》，第9条。
②《总目》卷50，《史部·别史类存目》，《阅史约书》提要，第291页。
③《总目》卷50，《史部·别史类存目》，《识大录》提要，第291页。
④《总目》卷50，《史部·别史类存目》，《函史上编》提要，第290页。
⑤《总目》卷50，《史部·别史类》，《古今纪要》提要，第287页。

可信。”[①]《总目》对《江南别录》之书名进行了考证：“宋陈彭年撰。彭年字永年，抚州南城人，太平兴国中进士，官至兵部侍郎参知政事，谥曰文，事迹具《宋史》本传。此书所记为南唐义祖、烈祖、元宗、后主四代事实。时汤悦、徐铉等奉诏撰《江南录》，彭年是编盖私相纂述，以补所未备，故以‘别录’为名。”[②]《总目》考证到《钓矶立谈》有两本，《总目》所收之本与南宋费枢之本内容迥异：“又南宋费枢亦尝撰《钓矶立谈》，今尚载陶宗仪《说郛》中，其文与此迥别，则又名同而实异者矣。”[③]《总目》对《东观汉记》何以东观为名，进行了考证：“其称东观者，《后汉书注》引《雒阳宫殿名》云‘南宫有东观’。范书《窦章传》云：‘永初中，学者称东观为老氏藏室，道家蓬莱山。’盖东汉初，著述在兰台。至章、和以后，图籍盛于东观，修史者皆在是焉。故以书名。”[④]《总目》不仅对《路史》书名之义进行考证，而且也通过对罗泌的自序考证了《路史》之名的意义所在，“《余论》之首释名书之义，引《尔雅》‘训路为大’，所谓《路史》，盖曰大史也”，也含有其书在众书之上的意义。我们来看罗泌自序：“皇甫谧之《世纪》、谯周之《史考》、张愔之《系谱》、马总之《通历》、诸葛耽之《帝录》、姚恭年之《历帝纪》、小司马之《补史》、刘恕之《通鉴外纪》，其学浅狭，不足取信。苏辙《古史》，第发明索隐之旧，未为全书。因著是编。《余论》之首释名书之义，引《尔雅》‘训路为大’，所谓《路史》，盖曰大史也。句下注文，题其子苹所撰。核其词义，与泌书详略相补，似出一手，殆自注而嫁名于子与。”[⑤]《总目》对《通鉴答问》的书名进行了考证：“此书乃《玉海》之末附刊十三种之一，始自周威烈王，终于汉元帝，盖未成之本也。书以《通鉴答问》为名，而多涉于朱子《纲目》。盖《纲目》本因《通鉴》而作，故应麟所论，出入于二书之间。”[⑥]通过《总目》的考证，我们获知《通鉴答问》是介于《纲目》和《通鉴》之间的。

《总目》对于史书书名所涵盖的内在意义进行了分析。比如《读书镜》提要就体现出《总目》的这种思想：

> 是书乃所作史论。或一人递举数事，或一事历举数人，而以己意折衷其间。欲使学者得以古证今，通达世事，故以镜为名。[⑦]

---

①《总目》卷66，《史部·载记类》，《蛮书》提要，第365页。
②《总目》卷66，《史部·载记类》，《江南别录》提要，第365页。
③《总目》卷66，《史部·载记类》，《钓矶立谈》提要，第365页。
④《总目》卷50，《史部·别史类》，《东观汉记》提要，第284页。
⑤《总目》卷50，《史部·别史类》，《路史》提要，第286页。
⑥《总目》卷88，《史部·史评类》，《通鉴答问》提要，第462页。
⑦《总目》卷90，《史部·史评类存目二》，《读书镜》提要，第467页。

《总目》对所收书籍内容进行考辨,更正其误。如《三楚新录》提要:

其中与史抵牾不合者甚多,如马殷本为武安节度使刘建锋先锋指挥使,佐之夺湖南,及建锋为陈赡所杀,军中迎殷为留后,亦未尝为邵州刺史。今羽翀乃称殷随渠帅何氏南侵,何命为邵州刺史。何氏卒,众军迎殷为主。其说皆空凿无据。又谓马希范入觐,桑维翰旅游楚泗,求货不得,拂衣而去。及希范立,维翰已为宰相,奏削去其半仗云云。今考希范嗣立在唐明宗长兴三年,时晋未立国,安得有维翰为宰相之事!亦为诬罔。又如王逵为潘叔嗣所袭,与战,败没,而羽翀以为败于南越,仅以身免,竟死于路,与诸书所记并有异同。盖羽翀未睹国史,仅据故老所传述,纂录成书,故不能尽归精审。然其所闻轶事为史所不载者亦多可采。稗官野记,古所不废。①

《总目》更正是书中史事的错误。并指出错误之原因。

《总目》考证了《十国春秋》之失:

五表考订尤精,可称淹贯,惟无传之人仅记名字,列诸卷末,虽用陈寿《蜀志》附载无传诸人之例,然寿因杨戏有《季汉辅臣赞》,故系之戏传之末,非自列其名字于中虚存标目也。是则貌同心异,不免于自我作古矣。②

肯定是书表之精审,批评其"惟无传之人仅记名字"之失。

《总目》对《安南志略》的内容进行了考辨,考证其内容是否属实。如:

所纪安南事实与《元史》列传多有异同,如李公蕴所夺,是黎非丁,张怀侯为国叔,张宪侯为日煊兄子,俱非婿,遭兴道王之难者,乃明诚侯,而非义国侯,皆可证史氏之讹。又史于至元二十三年诏书内,数安南罪,有'戕害遗爱'语,而不著其事。今志载:至元十九年,授柴椿元帅以兵千人,送遗爱就国,至永平界,安南勿纳。遗爱惧,夜先逃归。世子废遗爱为庶人,更足明史有脱漏。其他山川人物叙述亦皆详赡,洵可为参稽互考之助。盖安南文字通于中国,其开课取士制亦略同,故此书叙述彬彬然具有条理,不在

①《总目》卷66,《史部·载记类存目》,《三楚新录》提要,第366页。
②《总目》卷66,《史部·载记类存目》,《十国春秋》提要,第367页。

《高丽史》下云。①

《总目》以宋史、明史等为参照系数对《安南志略》进行考证,证明其所记载之事为历史事实,并证明了宋史之讹、明史之脱漏,实有信史之实。

《总目》考证《越史略》内容是否符合历史事实:

> 纪述特详,惟以"李"为"阮",与史不合。按黎崱《安南志略》称陈氏代立,凡李氏宗族及齐民姓李者,皆令更为"阮",以绝民望。则此书当为陈氏之臣所作。崱《志》又载陈普尝作《越志》,黎休尝修《越志》,俱陈太王时人。太王者,陈日煚之谥,则此书或即出普、休二人手,未可知也。安南自汉迄唐,并为州郡,五季末为土豪窃据,宋初始自立国。此书自唐以前,大抵全袭史文,自丁部领以下则出其国人之词,与史所载殊有异同。盖史臣但承赴告之词,故如薨卒之类往往较差一年,至名号官爵,或只自行国中,而不以通于大朝,故亦有所错互,其抵牾之处颇可与正史相参证。又史称陈日尊自帝其国,尊公蕴为"太祖神武皇帝",国号"大越"。此书原题《大越史略》,盖举国号为名,而所列公蕴至昊昷八王皆僭帝号,不独陈日尊一代,则尤史所未详。又《玉海》记交阯天贶、宝象、神武、彰圣、嘉庆诸年号,此书皆与相合,特所列黎、阮诸王无不改元者,而史家并未悉载,则必当时深自讳之,故中国不能尽知其。书末又载陈日煚以下纪年一篇,但录所僭谥号、改元,而不具事迹。其中所称"太上"者,以史按之,当为陈叔明:其称"今上"者,当为陈炜,而史载日煚至炜十二世,此书乃仅得十世,未详其故。又考《廉州府志》纪康熙十三年,海滨得钟,题"皇越昌符九年乙丑",说者疑为宋时李乾德以后僭号。今此书称"今上昌符元年丁巳",当明洪武十二年,其九年正值乙丑,则为陈炜僭号无疑,是亦足资考证矣。②

《总目》考证了是书史实的错误和阙逸,但对其仍足证史的学术价值还是给予了肯定。

《总目》对所收书籍的内容是否完整进行了考辨。如考证《锦里耆旧传》内容:

> 其书乃纪王氏、孟氏据蜀时事,《宋史·艺文志》作八卷。陈振孙《书录

---

①《总目》卷66,《史部·载记类存目》,《安南志略》提要,第367页。

②《总目》卷66,《史部·载记类存目》,《越史略》提要,第367页。

解题》谓开宝三年，秘书丞刘蔚知荣州，得此书，请延庆修之，起咸通九载，迄乾德乙丑。按今本止四卷，起僖宗中和五年，无懿宗咸通间事。振孙又称自平蜀后迄祥符乙酉，朝廷命令、政事因革以至李顺等作乱之迹，皆略载之。张约为之序。延庆在开宝时去祥符尚远，似不能续记至是，而平蜀后事及张约序，此本亦无之，疑振孙所见即《宋志》八卷之本，出于后人所增益，此本四卷或犹延庆之旧也。①

《总目》史部对著书作者进行了考辨。比如《总目》史部对《晏子春秋》作者的辨考："旧本题齐晏婴撰。晁公武《读书志》，婴相景公，此书著其行事及谏诤之言。《崇文总目》谓后人采婴行事为之，非婴所撰。然则是书所记，乃唐人《魏征谏录》《李绛论事集》之流，特失其编次者之姓名耳。题为婴者，依托也。"②辨考了《晏子春秋》的作者不是齐国的晏子，便于读者了解是书内容。《班马异同》为宋倪思撰，还是刘辰翁撰，一直是个讼案。"旧本或题宋倪思撰，或题刘辰翁撰。杨士奇跋曰：'《班马异同》三十五卷，相传作于须溪。观其评泊批点，臻极精妙，信非须溪不能。而《文献通考》载为倪思所撰，岂作于倪，而评泊出于须溪耶？'其语亦两持不决。案《通考》之载是书，实据《直斋书录解题》，使果出于辰翁，则陈振孙时何得先为著录？是固可不辨而明矣。"③《总目》通过倪思、刘辰翁、陈振孙所处的时代确定了《班马异同》的作者。范蔚宗撰《后汉书》，其八志为司马彪之书，但"洪迈《容斋随笔》已误以八志为范书，则其误不自孙承泽始"④，因此，《总目》对其书的作者进行了辨误：

今本八志，凡三十卷，别题梁剡令刘昭注。据陈振孙《书录解题》，乃宋乾兴初判国子监孙奭建议校勘，以昭所注司马彪《续汉书记》与范书合为一编。案《隋志》载司马彪《续汉书》八十三卷，《唐书》亦同。《宋志》惟载刘昭补注《后汉志》三十卷，而彪书不著录，是至宋仅存其志，故移以补《后汉书》之阙。其不曰"续汉志"，而曰《后汉志》，是已并入范书之称矣。或谓郦道元《水经注》尝引司马彪《州郡志》，疑其先已别行。又谓杜佑《通典》述科举之制，以《后汉书》《续汉志》连类而举，疑唐以前已并八志入范书，似未确也。自八志合并之后，诸书征引，但题《后汉书》某志，儒者或不知为

①《总目》卷66，《史部·载记类存目》，《锦里耆旧传》提要，第366页。

②《总目》卷57，《史部·传记类一》，《晏子春秋》提要，第323页。

③《总目》卷45，《史部·正史类》，《班马异同》提要，第259页。

④《总目》卷45，《史部·正史类》，《后汉书》提要，第259页。

司马彪书，故何焯《义门读书记》曰："八志，司马绍统之作（案绍统，彪之字也）。"本汉末诸儒所传，而述于晋初，刘昭注补，别有总叙，缘诸本或失载刘叙，故孙北海《藤阴札记》亦误出"蔚宗志律历之文"云云。考洪迈《容斋随笔》已误以八志为范书，则其误不自孙承泽始。今于此三十卷并题司马彪名，庶以祛流俗之讹焉。①

《总目》对《三国志辨误》的作者进行了考辨："不著撰人名氏，亦莫详时代。《苏州府志》载'陈景云，字少章，吴江县学生，长洲人。少从何焯游，博通经史，淹贯群籍，长于考订，凡讹谬处能剖析毫芒，所著书凡九种，其四为《三国志校误》'，似即此书。然考《义门读书记》中有何焯所校《三国志》三卷，其《魏志·杨阜传》'阜尝见明帝著帽披缥绫半褎袖一条，古今字，少章疑下一字衍。检《宋书·五行志》，果然'云云，此书不载此条，则又似非景云作，疑不能明，阙所不可知也。"②《三国志辨误》不著撰人名氏，《总目》对此考证一番之后，发现竟"不能明"，于是对此书作者"阙所不可知"，表现出极强的求实态度。

《总目》对《吴越备史》的作者进行了考辨：

旧本题宋武胜军节度使掌书记范坰、巡官林禹撰，载钱镠以下累世事迹，据旧目卷首列《年号世系图》《诸王子弟官爵封谥表》《十三州图》《十三州考》。今惟存《十三州考》一篇，其图表俱佚，后附《补遗》一卷，则不载作者名氏。考陈振孙《书录解题》载，钱俶之弟俨，著《吴越遗事》，有开宝五年序，又谓《备史》亦俨所作，托名林、范。今是书四卷之末有跋二首，一题嘉祐元年四代孙中孚，一题绍兴二年七代孙休涣。如据书中所记而言，则当从钱镠起算，不当从钱俶起算，所称四代、七代，显据作书者而言，在振孙以《备史》为俨撰，似得其实。钱曾《敏求记》云：今本为镠十七世孙德洪（案《吴越世家疑辨》作十九世孙，未详孰是）嘉靖间刊本，序称《补遗》为其门人马荩臣所续，序次紊乱，如衣锦城建金箓醮，及迎释迦等事皆失载。今是书于此数事咸备无阙，则非德洪重刊之本，其以《补遗》为马荩臣所续，亦别无证据。荩臣曾撰《吴越世家疑辨》，自序谓曾作《备史》图表，亦不云又续其书。考此《补遗》之首，有序一篇，不题名氏年月，序中有"家王故事"之语，当即中孚等所题，亦云"不知作自何人"，则不出于荩臣，审矣。③

---

①《总目》卷45，《史部·正史类》，《后汉书》提要，第259页。

②《总目》卷45，《史部·正史类》，《三国志辨误》提要，第260页。

③《总目》卷66，《史部·载记类存目》，《吴越备史》提要，第367页。

《总目》通过考证不能尽知《吴越备史》的作者,因此认为《补遗》之首"不知作自何人"的说法是"审矣",体现出《总目》一贯坚持的实事求是原则。

《总目》对《钓矶立谈》的作者进行了考辨:

是书世有二本。此本为叶林宗从钱曾家宋刻钞出,后题"临安府太庙前尹家书籍铺刊行",不著撰人名氏。前有自序云:"叟,山东一无闻人也,清泰年中随先校书避地江表,始营钓矶于江渚。割江之后,先校书不禄,叟嗣守敝庐,不复以进取为念。王师吊伐,时移事往,将就芜没,随意所向,迹之于纸,得二百二十许条,题之曰《钓矶立谈》"云云。别一本为曹寅所刊,卷首佚其自序,又卷首有"杨氏奄有江淮""赵王李德诚"二条,其余亦多异同,而题曰"史虚白"撰,盖据《宋史·艺文志》之文。考马令《南唐书》,虚白,山东人,中原多事,同韩熙载渡淮,以诗酒自娱,不言其有所著述。观书中"山东有隐君子者"一条,称"与熙载同时渡淮,以书干烈祖,擢为校书郎,非其所愿,遂卒不仕"。又"唐祚中兴"一条云,"有隐君子作《割江赋》以讽",又有《隐士》诗云,"风雨揭却屋,浑家醉不知"云云,与虚白传悉合,则"隐君子"当即虚白。序中两称"先校书"则作书者当为虚白之子,《宋志》荒谬,不足为据,曹氏新本竟题虚白者,殊未考也。①

历代对《两汉刊误补遗》的作者存有争议,《总目》对其进行了辨误:

据其标题,当为刘攽《两汉书刊误》而作,而书中乃兼补正刘敞、刘奉世之说。考赵希牟《读书附志》载《西汉刊误》一卷,《东汉刊误》一卷,称刘攽撰。《文献通考》载《东汉刊误》一卷,引《读书志》之文,亦称刘攽撰。又载三刘《汉书标注》六卷,引《读书志》之文,称刘敞、刘攽、刘奉世同撰。又引陈振孙《书录解题》,称别本题公非先生刊误,其实一书。徐度《却扫编》引攽所校陈胜、田横传二条,称其兄敞及兄子奉世皆精于《汉书》。每读,随所得释之,后成一编,号"三刘汉书"。以是数说推之,盖攽于前、后《汉书》初各为《刊误》一卷,赵希牟所说是也。后以攽所校《汉书》与敞父子所校,合为一编,徐度所记是也。然当时乃以攽书合于敞父子书,非以敞父子书合于攽书,故不改敞父子《汉书标注》之名。而东汉一卷,无所附丽,仍为别行,则马端临所列是也。至别本乃以攽书为主,而敞、奉世说附入之,故仍

---

①《总目》卷66,《史部·载记类存目》,《钓矶立谈》提要,第365页。

题《刊误》之名，则陈振孙所记是也。厥后遂以《东汉刊误》并附以行，而《两汉刊误》名焉。仁杰之兼补三刘，盖据后来之本，而其名则未及改也。①

《总目》运用史学批评的手法对《诗史》的原作者进行了考辨：

考钱希言《戏瑕》曰："昔尝于太原斋头见云间刻顾氏《诗史》，阅之，乃中翰正谊名也。余与王先生相顾惊叹，王先生曰：'此岂虎头公所能办哉！'后余过云间，乃知华亭有词人唐汝询仲言者，目双瞽，著成是书，顾氏以三十金诡得之。嗟乎！唐生之文诚贱，何至此甚也。千古不白之冤，俟异世子云者起，故当有定论耳"云云。据此，则是书为唐汝询作，正谊乃买其稿而刻之耳。然是书以列朝纪传编为韵语，各为之注，以便记诵，不过《蒙求》之类，不知正谊何取而窃据之也。②

通过《总目》的分析我们知道了《诗史》的真正作者为唐汝询，并且知道是书不过《蒙求》之类。

《总目》对著书作者所处的时代进行了考证。《史记》为司马迁所著，褚少孙补注，但对褚少孙所处时代存在争议，《总目》对此进行了考证："汉司马迁撰，褚少孙补。迁事迹具《汉书》本传。少孙，据张守节《正义》引张晏之说，以为颍川人，元、成间博士。又引褚颛《家传》以为梁相褚大弟之孙，宣帝时为博士，寓居沛，事大儒王式，故号'先生'。二说不同，然宣帝末距成帝初不过十七八年，相去亦未远也。"③《总目》考证出少孙不管是宣帝末人，还是成帝初人，相去不远，所以无论少孙是哪个时代的人都无关宏旨。

《总目》考辨了《世史积疑》作者所处的时代：

旧题元李士实撰。前有自序，称至正七年壬申三月朔书。案，至正七年岁在乙亥，非壬申，与史不合。而元代亦未闻有李士实，惟明有新建李士实，成化丙戌进士，官至右都御史，致仕。正德间，宁王宸濠图不轨，引之同谋。事起时，以士实与举人刘养正为左右丞相。宸濠就擒，士实并伏法。事见《明史》。而正德七年正值壬申，与此书序内纪年适合。屠隆《考盘余事》又称士实有善书名，而此本内自书序文，笔势颇雄放，亦足相证其为明

①《总目》卷45，《史部·正史类一》，《两汉刊误补遗》提要，第259页。
②《总目》卷90，《史部·史评类存目二》，《诗史》提要，第467页。
③《总目》卷45，《史部·正史类》，《史记》提要，第256页。

李士实所撰无疑。书首有衡山及天籁阁印记，乃文征明、项元汴两家旧本。此必在当时以士实为党逆叛臣，嫌于私存其著作，故改窜纪年以掩其迹，而后来著录者，遂误以为元人也。①

《总目》通过一系列的事实分析，断定《世史积疑》的作者为明代的李士实。

《总目》也对《从龙谱》的作者所处的年代进行了考证：

原本题锡山莘公李泽长编集。泽长不知何时人。书中多引邱濬语。又元《陆正传》末称正曾孙宗秀编入《大明臣谱》。知其为明人也。②

《总目》史部对所收书籍之卷数，包括书籍之内容进行了辨考。如《廉吏传》，《书录解题》称其为十卷，而浙江巡抚采进本只分上下两卷，这与旧目不符。《总目》史部经过辨考，认为："然断自列国，讫于隋、唐，凡百十有四人，与陈振孙所记人数相合，则卷数有所合并，文字无所删剃也。"③虽说陈振孙所录本与浙江巡抚采进本的版本、卷数不同，但所记内容并无不同。《后汉书》历代著录卷数有所出入，而卷数的不同牵涉书籍内容的异同，所以《总目》对《后汉书》的卷数进行了考证：

《后汉书》本纪十卷，列传八十卷，宋范蔚宗撰，唐章怀太子贤注。蔚宗事迹具《宋书》本传，贤事迹具《唐书》本传。考《隋志》载范书九十七卷，新、旧《唐书》则作九十二卷，互有不同，惟《宋志》作九十卷，与今本合。然此书历代相传，无所亡佚。考《旧唐志》又载"章怀太子注《后汉书》一百卷"。今本九十卷，中分子卷者凡十，是章怀作注之时，始并为九十卷，以就成数。《唐志》析其子卷数之，故云一百。《宋志》合其子卷数之，故仍九十，其实一也。④

通过《总目》考证获知《宋志》与《唐志》所记《后汉书》卷数相同。

史书卷数之多寡关系书籍内容之多少，而一些史书被记载的卷数在不同的史著之中有所不同，针对此种现象，《总目》对所收书籍之卷数进行了考证。比

①《总目》卷89，《史部·史评类存目一》，《世史积疑》提要，第465页。

②《总目》卷50，《史部·别史类存目》，《从龙谱》提要，第291页。

③《总目》卷57，《史部·传记类一》，《廉吏传》提要，第326页。

④《总目》卷45，《史部·正史类》，《后汉书》提要，第259页。

如《唐史论断》之卷数:"《宋史·艺文志》作二卷,《文献通考》作十卷,此本仅三卷。盖本从《唐纪》钞出别行,非其旧帙。故卷数多寡,随意分合,实无二本也。"[①]通过《总目》考证得出结论"《宋史·艺文志》作二卷,《文献通考》作十卷"与所录《唐史论断》三卷并无内容上的差异。

《总目》对于不能确定其卷数的书籍则存疑,表现出实证的态度。如《两汉刊误补遗》就体现出这种态度:"《文献通考》载是书十七卷。《宋史·艺文志》则作十卷。今考其书,每卷多者不过十四页,少者仅十二页,势不可于十卷之中,析出七卷,而十卷之中补前汉者八卷,补后汉者仅二卷,多寡亦太相悬,殆修《宋史》时已佚其七卷,以不完之本著录欤?"[②]

此外,《总目》还对书籍之流传进行辨考。如《古列女传》"其书屡经传写,至宋代已非复古本。故曾巩《序录》称:'曹大家所注,离其七篇为十四,与《颂义》凡十五篇,而益以陈婴母及东江以来凡十六事,非向本书然也。嘉祐中,集贤校理苏颂始以《颂义》编次,复定其书为八篇,与十五篇者共藏于馆阁'"[③],辨考了书籍在流传过程之中出现内容有异的不同版本。

《总目》在《东观汉记》提要之中考证了是书之流传:

> 《隋志》称书凡一百四十三卷,而新、旧《唐书志》则云一百二十六卷,又录一卷。盖唐时已有阙佚。《隋志》又称是书起光武,讫灵帝。今考列传之文,间纪及献帝时事,盖杨彪所补也。晋时以此书与《史记》《汉书》为三史,人多习之。故六朝及初唐人隶事释书,类多征引。自唐章怀太子集诸儒注范《书》,盛行于代,此书遂微。北宋时尚有残本四十三卷。赵希弁《读书附志》、邵博《闻见后录》并称其书乃高丽所献,盖已罕得。南宋《中兴书目》则止存《邓禹》《吴汉》《贾复》《耿弇》《寇恂》《冯异》《祭遵》《景丹》《盖延》九传,共八卷。有蜀中刊本流传,而错误不可读。上蔡任渷始以秘阁本雠校。罗愿为序行之,刻版于江夏。又陈振孙《书录解题》称,其所见本,卷第凡十二,而阙第七、第八二卷。卷数虽似稍多,而核其列传之数,亦止九篇。则固无异于《书目》所载也。自元以来,此书已佚。《永乐大典》于邓、吴、贾、耿诸韵中,并无《汉记》一语。则所谓九篇者,明初即已不存矣。[④]

---

①《总目》卷88,《史部·史评类》,《唐史论断》提要,第460页。
②《总目》卷45,《史部·正史类》,《两汉刊误补遗》提要,第260页。
③《总目》卷57,《史部·传记类一》,《古列女传》提要,第325页。
④《总目》卷50,《史部·别史类》,《东观汉记》提要,第284页。

《总目》史部在提要之中对成书源流进行了辨考。《总目》史部是这样论述《两汉诏令》成书经过的："先是，虑以《西汉文类》所载诏令阔略，乃采括纪传，得《西汉诏令》四百一篇，以世次先后，各为一卷。大观三年，程俱为之序。南渡后，昉又依虑之体，编《东汉诏令》以续之，有嘉定十五年自序。是编合为一书，题曰《两汉诏令》，而各附原序于后。"①通过对《两汉诏令》的成书源流的辨考，使读者得以了解《两汉诏令》是宋林虑《西汉诏令》与宋楼昉《东汉诏令》两书合二为一之后形成的。《总目》对《补后汉书年表》的成书源流也进行了考辨："宋熊方撰。方字广居，丰城人。由上舍生官至右迪功郎，权澧州司户参军。是书前后进表，不著年月，表中有'皇帝陛下奋神武以拨乱，致太平而中兴，仰稽圣功，同符光武'之语，又有'洒宸翰于九经，永光庠序；焕云章于八法，冠绝钟王'之语。御书太学石经乃高宗时事，则方为南渡初人矣。昔司马迁作《史记》，始立'十表'。《梁书·王僧虔传》称其'旁行斜上，体仿周谱'，盖三代之遗法也。班固'八表'，实沿其例。范蔚宗作《后汉书》，独阙斯制，遂使东京典故，散缀于范传之内，不能丝联绳贯，开帙厘然。方因作此编，补所未备。"②宋熊方因《后汉书》所存之缺陷，编撰了《补后汉书年表》。《总目》对书籍刊刻之源流也进行了考证。《两汉刊误补遗》为"宋吴仁杰撰。仁杰有《易图说》，已著录。是书前有淳熙己酉曾绎序，称'仁杰知罗田县时自刊版'。又卷末有庆元己未林瀛跋，称'陈虔英为刊于全州郡斋'。殆初欲刊而未果，仰虔英又重刊欤？旧刻久佚失，此本乃朱彝尊之子昆田抄自山东李开先家，因传于世"③。《总目》考证出《两汉刊误补遗》是朱彝尊之子昆田抄自山东李开先家之本而传于世的。

《总目》在提要之中对书籍的成书原因进行了考辨。《总目》史部这样论述了《史记索隐》的成书原因："唐司马贞撰。贞，河内人。开元中，官朝散大夫、弘文馆学士。贞初受《史记》于崇文馆学士张嘉会，病褚少孙补司马迁书多伤踳驳，又裴骃《集解》旧有音义，年远散佚，诸家音义延笃音隐，邹诞生、柳顾言等书亦失传，而刘伯庄、许子儒等又多疏漏，乃因裴骃《集解》撰为此书。"④《总目》考证到《史记索隐》的修撰主要是因各家订补《史记》之书失传、散佚之故，因而主要依据裴骃《集解》撰成。《史记》之后，对其补注之书很多，这些书籍各有成因，《总目》考述了《读史记》的成书原因："国朝汪越撰，徐克范补。越字师退，康熙乙酉举人。克范字尧民，皆南陵人。是书有《后记》一篇，记越初作此书成，

①《总目》卷55，《史部·杂史类》，《两汉诏令》提要，第312页。

②《总目》卷45，《史部·正史类》，《补后汉书年表》提要，第259页。

③《总目》卷45，《史部·正史类》，《两汉刊误补遗》提要，第259页。

④《总目》卷45，《史部·正史类》，《史记索隐》提要，第257页。

以书抵克范曰：'有读《史记》十表一帙，遍求友人商榷，殊无一人案定子长原表，通首讫尾，印证鄙说之是非者，不解何故？仰惟细加推勘，示明纰缪，以便改订，有补义则亦书于篇，将来授梓'云云。盖古来增减前人旧本，多在其人之身后。惟此书则同时商榷而补之，故考校颇为精密，于读史者尚属有裨。"①

《总目》考证所收书籍之成书源流。比如对《春秋别典》的成书论述就是这种思想的表露：

明薛虞畿撰。前有虞畿《自序》，不署年月。称"尝阅注牒，见春秋君臣往迹，不下千事，散见百家，皆三氏所未录，间或微掇其端，而未究其绪，存其半而不采其全。因不自度，略仿左例，分十二公，以统其世。稽三传人名，以系其事。凡十五卷"。末又有其弟虞宾跋，称"先仲氏辑《春秋别典》，未脱稿而不幸下世。不无挂甲漏乙、年代倒置之病。故特广阅博搜，参互考订。世悬者更，数殊者析，删其繁复者十一，苴其阙略者十三"云云。则此书乃虞畿兄弟二人相续而成也。②

不仅考证了成书缘由，而且考证了作者。

又如《总目》通过引用刘知几《史通》的内容以及曾巩言论对《陈书》的成书源流进行了考证：

唐姚思廉奉敕撰。刘知几《史通》谓："贞观初，思廉奉诏撰成二史，弥历九载，方始毕功。"而曾巩校上序谓："姚察录梁、陈之事，其书未就，属子思廉继其业。武德五年，思廉受诏为《陈书》。贞观三年，论撰于秘书省内。十年正月壬子，始上之。"是思廉编辑之功，固不止于九载矣。③

从中我们得知姚察父子在撰述《陈书》中的关系和作用，以及成书原因、时间和经过等内容。

《总目》对成书过程进行了考证。比如《东观汉记》提要：

案：范书《班固传》云：明帝始诏班固与睢阳令陈宗、长陵令尹敏、司隶从事孟异共成《世祖本纪》。因又撰功臣、平林、新市、公孙述事，作列传、载

①《总目》卷45，《史部·正史类》，《读史记》提要，第258页。

②《总目》卷50，《史部·别史类存目》，《春秋别典》提要，第287页。

③《总目》卷45，《史部·正史类》，《陈书》提要，第261页。

记二十八篇。此《汉记》之初创也。刘知几《史通·古今正史》篇云：安帝诏史官谒者仆射刘珍、谏议大夫李尤杂作纪、表、名臣、节士、儒林、外戚诸传，起建武，讫永初。范书《刘珍传》，亦称邓太后诏珍与刘騊駼作《建武以来名臣传》。此《汉记》之初续也。《史通》又云："珍，尤继卒"，复命侍中伏无忌与谏议大夫黄景作《诸王王子功臣恩泽侯表》，与《单于西羌传》《地理志》。元嘉元年，复令太中大夫边韶、大军营司马崔寔、议郎朱穆、曹寿，杂作献穆、崇二皇后及顺烈皇后传。又增《外戚传》入安思等后。《儒林传》入崔篆诸人。寔、寿又与议郎延笃杂作《百官表》，顺帝功臣孙程、郭愿、郑众、蔡伦等传凡百十有四篇，号曰《汉记》。范书《伏湛传》亦云：元嘉中，桓帝诏伏无忌与黄景、崔寔等共撰《汉记》。《延笃传》亦称笃与朱穆、边韶共著作《东观》。此《汉记》之再续也。盖至是而史体粗备，乃肇有《汉记》之名。《史通》又云：熹平中，光禄大夫马日磾、议郎蔡邕、杨彪、卢植著作《东观》，接续纪传之可成者。而邕别有《朝会》《车服》二志。后坐事徙朔方，上书求还，续成十志。董卓作乱，旧文散逸。及在许都，杨彪颇存注纪。案：范书《蔡邕传》，邕在东观，与卢植、韩说等撰补《后汉记》，所作《灵纪》及《十志》，又补诸列传四十二篇。因李傕之乱，多不存。《卢植传》亦称，熹平中，植与邕、说并在东观，补《续汉记》。又刘昭补注《司马书》，引《袁崧书》云：刘洪与蔡邕共述《律历纪》。又引《谢承书》云：胡广博综旧仪，蔡邕因以为志。又引《谢沈书》云：蔡邕引中兴以来所修者为《祭祀志》。章怀太子《范书注》，称邕上书云：臣科条诸志，所欲删定者一，所当接续者四，前志所无，臣欲著者五。此《汉记》之三续也。①

《总目》对书籍流传过程中出现一些错误的原因也进行了考证。比如《南齐书》中"《州郡志》及《桂阳王传》中均有阙文，无从补正。其余字句舛误，如《谢庄传》，《南史》作'诏徙越巂'，此书作'越州'。《崔怀慎传》，《南史》作'臣子两遂'，此书作'两节者'，又不可胜乙"。《南齐书》在流传的过程中出现舛误的主要原因，《总目》认为是"自李延寿之史盛行，此书诵习鲜，日就讹脱"。

《总目》史部除了梳理一书之源流发展外，还将与所论之书籍有关的学术进行辨考。如在论述《庆元党禁》之时，《总目》史部剖析了党祸之由："儒者……徒博卫道之名，聚徒讲学，未有不水火交争，流毒于宗社者。"并对历代党祸之由进行了论述："东汉不鉴战国之横议，南北部分而东汉亡；北宋不鉴东汉之党锢，

①《总目》卷50，《史部·别史类》，《东观汉记》提要，第284页。

洛、蜀党分而北宋亡；南宋不鉴元祐之败，道学派盛而南宋亡；明不鉴庆元之失，东林势盛而明又亡。”①《总目》史部运用“辨章学术，考镜源流”的方法把历代党祸纵向显现出来，使我们对历代党锢之祸有一个较全面的了解。历代史志书目之艺文志对于前代书目出现重复著录。“前志已录，而后志仍书，篇目如旧，频繁互出”②，刘知几认为此种做法“何异以水济水”。《明史》之“艺文志惟载明人著述，而前史著录者不载”③，不再对前代《艺文志》已经著录的书目进行重复著录。而这种只著录当代人著作的做法创于何人，其发展如何？《总目》史部对此之源流发展做出探索，它说：“其例创始于宋孝王《关中风俗传》，刘知几《史通》又反复这里申明，于义为允，唐以来弗能用，今用之也。”④这里申明了只著录当代人著作之做法的源流发展。官修诸书，一般只署官高者一人之姓名，但也有破例者。《总目》史部对这种情况进行了论述。宋欧阳修、宋祁等奉敕撰写了《新唐书》，关于署谁之名，陈振孙进行了解释：“旧例修书，止署官高一人名衔。欧公曰：‘宋公于我是前辈，且于此书用力久，何可没也？’遂于纪传各著之。宋公感其退逊，故书中列传题祁名，本纪、志、表题修名。”《总目》史部考证过《书录解题》的说法之后，对《隋志》进行考证，发现“《隋志》诸志，已有此例，实不始于修与祁”⑤。《总目》辨考了官修书籍不止署官高者一人之姓名，不是开始于《新唐书》，而是开始于《隋志》。起居注经过润色编撰之后，便为实录，起居注“录记人君言行动止之事”⑥。既为实录就应如实记载帝王言行，但历史事实并非如此。《总目》对此进行了辨考：“盖明自永乐间改修《太祖实录》，诬妄尤甚。其后累朝所修实录，类皆阙漏疏芜。”⑦《总目》认为，自明朱棣改修《太祖实录》，此后实录便不实了。实录不实便不为信史，这大概也是《总目》把起居注并入编年类的一个主要原因。陆游撰有《南唐书》，《总目》将与《南唐书》相关的书籍进行了考证：“宋陆游撰。游有《入蜀记》，已著录。宋初撰录南唐事者凡六家，大抵简略。其后撰南唐书者三家，胡恢、马令及游也。恢书传本甚稀，王士祯《池北偶谈》记明御史李应升之叔有之，今未见之。惟马令书与游书盛传，而游书尤简核有法。元天历初金陵戚光为之音释，而博士程塾等校刊之，赵世延

①《总目》卷57，《史部・传记类一》，《庆元党禁》提要，第327页。

②刘知几：《史通》内篇卷3，《书志》，张之象刻本，中华书局影印，1961年。

③《总目》卷46，《史部・正史类二》，《明史》提要，第267页。

④《总目》卷46，《史部・正史类二》，《明史》提要，第267页。

⑤《总目》卷46，《史部・正史类二》，《新唐书》提要，第264页。

⑥《隋书》卷33，《经籍志》，第966页。

⑦《总目》卷51，《史部・杂史类》，《弇山堂别集》提要，第296页。

为序。”①

《总目》对与《古史》相关的学术内容进行了考证：

自谓追录圣贤之遗意，以明示来世。至于得失成败之际，亦备论其故。以今考之，如于《三皇纪》增入道家者流。谓黄帝以无为为宗，其书与老子相出入。于《老子传》附以佛家之说，谓释氏视老子体道愈远，而立于世之表。于《孟子传》谓，孟子学于子思，得其说而渐失之，反称誉田骈、慎到之徒。又谓其为佛家所谓钝根声闻者。班固论迁之失，首在先黄老而后六经。辙所更定，乌在其能正迁耶？《朱子语录》曰：伯恭子约宗太史公之学，某尝与之痛辨。子由《古史》言：马迁浅陋而不学，疏略而轻信。此二句最中马迁之失，伯恭极恶之。《古史序》云：“古之帝王，其必为善，如火之必热，水之必寒。其不为不善，如驺虞之不杀，窃脂之不谷。”此语最好。某尝问伯恭，此岂马迁之所及。然子由此语虽好，却又有病处。如云‘帝王之道以无为为宗’之类，他只说得个头势大，然下面工夫又皆空疏云云。盖与吕祖谦议论相激，故平日作《杂学辨》以攻辙，此时反为之左袒。然其混合儒、墨之失，亦终不能为之掩也。平心而论，史至于司马迁，犹诗至于李、杜，书至于钟、王，画至于顾、陆，非可以一支一节比拟其长短者也。辙乃欲点定其书，殆不免于轻妄。②

《总目》在撰写《史通通释》提要时，对《史通》的其他注本也进行了考证：“《史通》注本，旧有郭延年、王维俭二家，近时又有黄叔琳注，补郭、王之所阙，递相增损，互有短长。起龙是注，又在黄注稍后，故亦采用黄注数条。”③

又如《总目》通过按语等内容对刘之遴进行批驳，考辨了《汉书》的版本和内容：

汉班固撰，其妹班昭续成之。始末具《后汉书》本传。是书历代宝传，咸无异论。惟《南史·刘之遴传》云，鄱阳嗣王范得班固所撰《汉书》真本，献东宫皇太子，令之遴与张缵、到溉、陆襄等参校异同，之遴录其异状数十事。以今考之，则语皆谬妄。据之遴云：“古本《汉书》称永平十年五月二十日己酉郎班固上，而今本无上书年月日子。”案固自永平受诏修《汉书》，至

①《总目》卷66，《史部·载记类》，《南唐书》提要，第366页。

②《总目》卷50，《史部·别史类》，《古史》提要，第285页。

③《总目》卷88，《史部·史评类》，《史通通释》提要，第460页。

建初中乃成。又《班昭传》云："八表并《天文志》未竟而卒，和帝诏昭就'东观'藏书踵成之。"是此书之次第续成，事隔两朝，撰非一手。之遴所见古本，既有纪、表、志、传，乃云总于永平中表上，殆不考成书之年月也。之遴又云："古本《叙传》号为'中篇'，今本为《叙传》。"又今本《叙传》载班彪事行，而古本云彪自有传。夫古书叙皆载于卷末，固自述作书之意，故谓之叙。追溯祖父之事迹，故谓之传。后代史家皆沿其例。之遴谓原作"中篇"，文系篇末，中字竟何义也？至云彪自有传，语尤荒诞。彪在光武之世举茂才，为徐令，以病去官，后数应三公之召，实为东汉之人。惟附于《叙传》，故可于况伯斿稚之后详其生平。若自为一传，列于西汉，则断限之谓何？奚不考《叙传》所云起元高祖，终于孝平、王莽之诛乎？之遴又云："今本纪及表、志、列传不相合为次，而古本相合为次，总成三十八卷。"案固自言纪、表、志、传凡百篇，篇即卷也，是不为三十八卷之明证。又言述纪十二，述表八，述志十，述列传七十，是各为次第之明证。且《隋志》作一百十五卷，今本作一百二十卷，皆以卷帙太重，故析为子卷（今本纪分一子卷，表分二子卷，志分八子卷）。若并为三十八卷，则卷帙更重。古书著之竹帛，殆恐不可行也。之遴又云："今本《外戚》在《西域》后，古本次《帝纪》下。又今本高五子、文三王、景十三王、孝武六子、宣元六王杂在诸传中，古本诸王悉次《外戚》下，在《陈项》传上。"夫纪、表、志、传之序，固自言之，如之遴所述，则传次于纪，而表志反在传后。且诸王既以代相承，宜总题诸王传，何以《叙传》作《高五王传》第八，《文三王传》第十七，《景十三王传》第二十三，《武五子传》第三十三，《宣元六王传》第五十耶？且《汉书》始改《史记》之《项羽本纪》《陈胜世家》为列传，自应居列传之首，岂得移在诸王之后。其述《外戚传》第六十七，《元后传》第六十八，《王莽传》第六十九，明义王莽之势成于元后，史家微意寓焉。若移《外戚传》次于本纪，是恶知史法哉！之遴又引古本述云："淮阴毅毅，仗剑周掌，邦之杰子，实惟彭英，化为侯王，云起龙骧。"然今"芮尹江湖"句有张晏注，是晏所见者即是今本，况《之遴传》所云献太子者，谓昭明太子也。《文选》载《汉书》述赞云："信惟饿隶，布实黥徒，越亦狗盗，芮尹江湖，云起龙骧，化为侯王。"与今本同，是昭明亦知之遴所谓古本者不足信矣。自汉张霸始撰"伪经"，至梁人于《汉书》复有伪撰古本。然一经考证，纰缪显然。颜师古注本冠以指例六条，历述诸家，不及之遴所说，盖当时已灼知其伪。李延寿不讯端末，遽载于史，亦可云爱奇嗜博，茫无裁断矣。固作是书，有受金之谤，刘知几《史通》尚述之。然《文心雕龙·史传》篇曰："征贿鬻笔之愆，公理辨之究矣。"是无其事也。

又有窃据父书之谤，然韦贤、翟方进、元后三传，俱称“司徒掾班彪曰”，颜师古注发例，于《韦贤传》曰：“《汉书》诸赞，皆固所为，其有叔皮先论述者，固亦显以示后人。而或者谓固窃盗父名，观此可以免矣，是亦无其事也。”师条理精密，实为独到，然唐人多不用其说，故《猗觉寮杂记》称，师古注《汉书》，魁梧音悟，票姚皆音去声，杜甫用魁梧、票姚皆作平声。杨巨源诗：“请问汉家谁第一，麒麟阁上识鄷侯。”亦不用音赞之说，殆贵远贱近，自古而然欤。要其疏通证明，究不愧班固功臣之目，固不以一二字之出入病其大体矣。①

《总目》对《史记》版本进行了考证：

焦竑《笔乘》据《张汤传·赞》如淳注，以为续之者有冯商、孟柳。又据《后汉书·杨经传》以为尝删迁书为十余万言，今指《史记》非本书，则非其实也。其书自晋、唐以来，传本无大同异，惟唐开元二十三年敕升《史记·老子列传》于《伯夷列传》上。钱曾《读书敏求记》云，尚有宋刻，今未之见。南宋广汉张材又尝刊去褚少孙所续，赵山甫复病其不全，取少孙书别刊附入，今亦均未见其本。世所通行，惟此本耳。至伪孙奭《孟子疏》所引《史记》西子金钱事，今本无之，盖宋人诈托古书，非今本之脱漏。又《学海类编》中载伪洪遵《史记真本凡例》一卷，于原书臆为刊削，称即迁藏在名山之旧稿。其事与梁鄱阳王《汉书》真本相类，益荒诞不足为据矣。注其书者，今惟裴骃、司马贞、张守节三家尚存。其初各为部帙，北宋始合为一编，明代国子监刊版，颇有刊除点窜。南监本至以司马贞所补《三皇本纪》冠《五帝本纪》之上，殊失旧观。然汇合群说，检寻较易，故今录合并之本以便观览，仍别录三家之书，以存其完本焉。②

《总目》所录之本为现在通行本，北宋时始将尚存的裴骃、司马贞、张守节三家合为一编。

《总目》考辨所著录之书籍的内容，在考辨内容的基础上进行褒贬。《总目》考辨《史记集解》的内容：

注文犹仍旧文本，自明代监本以《索隐》《正义》附入，其后又妄加删

①《总目》卷45，《史部·正史类》，《汉书》提要，第258页。
②《总目》卷45，《史部·正史类》，《史记》提要，第256页。

削，讹舛遂多。如《五帝本纪》"昔高阳氏有才子八人"句下，"高辛氏有才子八人"句下，俱脱"名见《左传》"四字。《秦始皇本纪》"轻车重马，东就食"句下，脱"徐广曰一无此重字"八字。《项羽本纪》"其九月会稽守"句下，脱"徐广曰尔时未言太守"九字。《武帝纪》"祠上帝明堂"句下，脱"徐广曰常五年一修耳，今适二年，故但杞明堂"十八字。"然其效可睹矣"句下，脱"又数本皆无可字"七字。《河渠书》"岸善崩"句下，脱"如淳曰河水岸"六字。《司马相如传》"彷徨乎海外"句下，此引郭璞云："青丘山名，上有田，亦有国，出九尾狐，在海外。"《太史公自序》"《易·大传》"句下，此引张晏曰："谓《易·系辞》"，监本均误作《正义》。至于字句异同，前后互见，如《夏本纪》"九江入赐大龟"句下，孔安国曰："出于九江水中"，监本作"山中"。《孝文本纪》"昌至渭桥"句下，引苏林曰："在长安北三里"，监本多"渭桥"二字。"祁侯贺为将军"句下，引徐广曰："姓缯"，监本多一"贺"字。"当有玉英见"句下，引《瑞应图》云："玉英，五帝并修则见"，监本作"五常"（案五帝并修语，不可解，似当以监本为是）。"属国悍为将屯将军"句下，引徐广曰："姓徐"，监本多一"悍"字。《孝景本纪》"封故御史大夫周苛孙平为绳侯"句下，引徐广曰："一作应"，监本多一"平"字。《武帝纪》"自太主"句下，引徐广曰："武帝姑也"，监本多"太主"二字。《龟策列传》"猥辱于鹊"句下，引郭璞曰："猥憎其意，心恶之也"，监本作"而心恶之"。凡此之类，当由古注质简，后人以意为增益，已失其旧。至坊本流传，脱误尤甚。如《夏本纪》"沛水所同"句下，引孔安国曰："沛水所同，同于渭也"，坊本阙一"同"字。《项羽本纪》"乃封项伯为射阳侯"句下，脱"徐广曰，项伯名缠，字伯"九字，是又出监本下矣。惟《货殖传》"糱麹盐豉千瓻"句下，监本引孙叔敖云："瓻，瓦器，受斗六升，合为瓻。"当是孙叔然之讹，此本亦复相同。是校雠亦不免有疏，然终胜明人监本也。①

《总目》通过是书与监本内容进行比较，批评后人任意增益古书内容，不求实证之风气。

《总目》对《史记索隐》的成书内容进行了考证：

欲降《秦本纪》《项羽本纪》为世家，而吕后、孝惠各为本纪，补曹、许、郝、吴芮、吴濞、淮南世家，而降陈涉于列传，萧何、曹参、张良、周勃、五宗、

①《总目》卷45，《史部·正史类》，《史记集解》提要，第257页。

三王各为一传，而附国侨、羊舌肸于管晏，附尹喜、庄周于老子，附韩非于商鞅，附鲁仲连于田单，附宋玉于屈原，附邹阳、枚乘于贾生。又谓司马相如、汲郑传不宜在西南夷后，大宛传不合在游侠、酷吏之间，欲更其次第，其言皆有条理。至谓司马迁《述赞》不安，而别为之，则未喻言外之旨。终以《三皇本纪》自为之注，亦未合阙疑传信之意也。①

《总目》赞扬是书著录人物次第有条理，但也批评了其"未合阙疑传信"的不求实证的态度。

《总目》对《班马异同》的内容进行了考辨，并肯定了此书的优点和创新之处：

是编大旨以班固《汉书》多因《史记》之旧，而增损其文，乃考其字句异同，以参观得失。其例以《史记》本文大书，凡《史记》无而《汉书》所加者，则以细字书之；《史记》有而《汉书》所删者，则以墨笔勒字旁。或《汉书》移其先后者，则注曰《汉书》上连某文，下连某文。或《汉书》移入别篇者，则注曰《汉书》见某传。二书互勘，长短较然，于史学颇为有功。昔欧阳修棐编《集古录》跋尾，以真迹与集本并存，使读者寻删改之意，以见前人之用心。思撰是书，盖即此意。特棐所列者一人之异同，思所列者两人之异同，遂为创例耳。②

《总目》赞扬考证详密之《班马异同》：

其中如"戮力"作"勠力"，"沉船"作"湛船"，"由是"作"繇是"，"无状"作"亡状"，"铁质"作"斧质"，"数却"作"数卻"之类，特今古异文。"半菽"作"芋菽"，"蛟龙"作"交龙"之类，特传写讹舛。至于"秦军"作"秦卒"，"人言"作"人谓"，"三两人"作"两三人"之类，尤无关文义，皆非有意窜改。思一一赘列，似未免稍伤繁锁，然既以异同名书，则只字单词皆不容略，失之过密，终胜于失之过疏也。③

《总目》对《班马异同》之考证只字单词，一一赘列，虽失之过密，但肯定其

①《总目》卷45，《史部・正史类》，《史记索隐》提要，第257页。

②《总目》卷45，《史部・正史类》，《班马异同》提要，第259页。

③《总目》卷45，《史部・正史类》，《班马异同》提要，第259页。

胜于失之过疏，这对应了“史之为道，撰述欲其简，考证欲其详”①的原则。

《总目》对《南齐书》的著录内容进行了考证：“今考此书，良政、高逸、孝义、幸臣诸传皆有序，而文学传独无叙。”在此基础上议论到：“殆亦宋以后所残阙欤？”《总目》接着考证：“齐高好用图谶，梁武崇尚释氏，故子显于《高帝纪》卷一引太乙九宫占，《祥瑞志》附会纬书，《高逸传》论推阐禅理。”《总目》分析此种现象之原因是：“盖牵于时尚，未能理正。”考证到《南齐书》如此著录是反映了一种时代现象，时代然，《总目》所以然；从中也可以看到正史著录帝王之事以从中反映帝王之喜好特点。《总目》对《南齐书》的内容继续考证，“又如《高帝纪》载王蕴之抚刀，袁粲之郊饮，连缀琐事，殊乖纪体。至列传尤为冗杂”，批评了《南齐书》所记载的内容缺乏历史依据。对于能言历史的内容则给予赞扬：“然如纪建元创业诸事，载沈攸之书于《张敬儿传》，述颜灵宝语于《王敬则传》，直书无隐，尚不失是非之公。《高十二王传》引陈思之表，曹冏之论，感怀宗国，有史家言外之意焉，未尝不可节取也。”②

《总目》对删改他书之举持批评态度，暗含了批评学者议论的用心。《史记索隐》成书之后本于《史记》之外别行，“及明代刊刻监本，合裴骃、张守节及此书散入句下，恣意删削。如《高祖本纪》‘母媪’‘母温’之辨，有关考证者，乃以其有异旧说，除去不载。又如《燕世家》‘启攻益’事，贞注曰：‘经传无闻，未知其由’，虽失于考据《竹书》（案今本《竹书》不载此事，此据《晋书·束皙传》所引），亦当存其原文，乃以为冗句，亦删汰之。此类不一，漏略殊甚。然至今沿为定本，与成矩所刊朱子《周易本义》，人人明知其非，而积重不可复返。此单行之本为北宋秘省刊板，毛晋得而重刻者，录而存之，犹可以见司马氏之旧，而正明人之疏舛焉。”《总目》批评了明代刊刻监本删改前人之书的行为。

《总目》在提要之中也表现出封建社会政治作用对撰述书籍的巨大影响。比如在《晋书》提要中《总目》这样论述了政治作用对撰述书籍的影响：“唐房乔等奉敕撰。刘知几《史通·外篇》谓：‘贞观中诏前后《晋史》十八家未能尽善，敕史官更加纂撰。’自是言晋史者皆弃其旧本，竞从新撰。”③《总目》考察了《陈书》，发现“察传见二十七卷，载其撰梁、陈二史事甚详”，考辨其原因是“是书为奉诏所修，不同私撰，故不用序传之例，无庸以变古为嫌”，陈述了政治因素在撰修史书中的作用。

《总目》史部于每部史书进行“辨章学术，考镜源流”的活动，对所录之书之

①《总目》，《史部·总叙》，第256页。

②《总目》卷45，《史部·正史类》，《南齐书》提要，第261页。

③《总目》卷45，《史部·正史类》，《晋书》提要，第260页。

始末源流进行了论述和辨考，使我们对所录之书籍的成书、流传等情况，以及与书籍相关的学术等方面的事宜，一目了然，尽收眼底。

四、反对史书不考辨源流的做法

《总目》作为技高一筹的大型目录书，提倡辨章学术、考镜源流。其在大序、小序以及提要、按语等内容中都体现出来这种主张。辨章学术、考镜源流不仅可以了解所考证学术的源流始末，有纪事本末体之功效，而且还可以了解到与其相关的学术问题，是治学之良法。因此《总目》对不考辨源流的做法提出反对和批评。

我们来看《后汉书补逸》提要：

> 至司马彪书虽佚，而章怀太子尝取其十志以补范《书》之遗，今《后汉书》内刘昭所著即彪之书，而之骃不究源流，谓之范志，乃别采他书之引司马志者录之。字句相同，曾莫之悟，其谬实为最甚。然洪迈博极群书，而所作《容斋随笔》，亦以司马志为范志，则其误有所承矣。①

《总目》批评姚之骃不究源流，以致“别采他书之引司马《志》者录之”，并且进一步考辨将“司马志为范志”者，是始于洪迈所作《容斋随笔》。

《总目》在提要之中也考证了所收书籍在撰写体例上的源流。比如《历代史表》之中也体现出这种思想：

> 宗《史记》《前汉书》之例，作《诸王世表》《外戚侯表》《外戚诸王世表》《异姓诸王世表》《将相大臣及九卿年表》。宗《新唐书》之例，作《方镇年表》《诸镇年表》。其《宦者侯表》《大事年表》，则斯同自创之例也。②

《总目》考辨了《历代史表》写作体例上的因创。

我们再来看《尚史》提要：

> 康熙中，邹平马骕作《绎史》，采摭百家杂说，上起鸿荒，下迄秦代，仿袁枢纪事本末之体，各立标题，以类编次，凡所征引，悉录原文。虽若不相属，而实有端绪。锴是编以骕书为稿本，而离析其文，为之翦裁连络，改为纪传之体。作《世系图》一卷、《本纪》六卷、《世家》十五卷、《列传》五十八卷、

①《总目》卷50，《史部·别史类》，《后汉书补逸》提要，第288页。

②《总目》卷50，《史部·别史类》，《历代史表》提要，第288页。

《系》六卷、《表》六卷、《志》十四卷、《序传》一卷。仍于每段之下，各注所出书名。其遗文琐事不入正文者，则以类附注于句下。盖体例准诸《史记》，而排纂之法则仿《路史》而小变之。①

《总目》考证了《尚书》在撰写蓝本上的渊源，以及体例上的源流和排纂方法上的源流。

《总目》不仅提倡辨章学术，考镜源流，而且还运用“辨章学术，考镜源流”的方法对所录史书进行批评。比如《历代史表》提要之中就体现出这种思想：

考自宋以前，唯《后汉书》有熊方所补《年表》。他如郑樵《通志·年谱》仅记一朝大事及正闰始末，其于诸王将相公卿大臣兴废拜罢之由，率略而不书。近人作《十六国年表》，亦多舛漏。其网罗繁富，类聚区分，均不及斯同此书之赅备。惟《晋书》既补《功臣世表》，则历代皆所当补。十六国如成、赵、燕、秦既有《将相大臣年表》，则十国如南唐、南汉、北汉、闽、蜀不当独阙。又魏将相大臣中，不载上大将军。五代《诸王世表》独阙后汉，注谓后汉子弟未尝封王。然考承训追封魏王、承勋追封陈王，与后周郑、杞、越、吴诸王事同一例，何以独削而不登。是皆其偶有脱略者。然核其大体，则精密者居多，亦所谓过一而功十者矣。②

《总目》运用“辨章学术，考镜源流”的方法对历代年表进行了考辨，通过比较得出是书无论在网罗材料还是区分类聚上均显赅备。

《总目》在《史纠》提要之中就对是书“论书法之误，而兼核事实”“考证同异，指摘复漏”等内容运用了“辨章学术，考镜源流”的方法：

其书《三国志》以及八史，多论书法之误，而兼核事实。《唐书》《宋史》则大抵考证同异，指摘复漏。中颇沿袭裴松之《三国志注》、刘知几《史通》、吴缜《新唐书纠谬》、司马光《通鉴考异》之文。又如《隋书》兰陵公主忍耻再醮，乃以身殉后夫而取冠列女，《宋史》包恢以肉刑行公田法媚贾似道，乃以源出朱子而别名道学，显然乖谬者，亦未能抉剔无遗。至徐梦莘《三朝北盟会编》本杂采诸书，案而不断，以备史家之采择。故义取全收，无所去取。梦莘实未旁置一词，而明镐误以记述之文为梦莘论断之语。大加

①《总目》卷50，《史部·别史类》，《尚史》提要，第288页。

②《总目》卷50，《史部·别史类》，《历代史表》提要，第288页。

排诋，尤考之未详。要其参互考证，多中肯綮。精核可取者十之六七，亦可谓留心史学者矣。①

《总目》主张在写作体例上要有因有创，这也是“辨章学术，考镜源流”方法的一种运用。比如我们来分析《钦定续通志》提要：

纪传谱略，一仍郑氏之旧。惟郑氏《列传》因诸史旧文，标题错互，而又稍有所改窜。如《史记》无《隐逸传》，则析伯夷、四皓诸人以当之。《史记》无《方术传》，则析司马季主、扁鹊诸人以当之。《后汉书》无《孝友传》，则析毛义、江革诸人以当之。《三国志》无《忠义传》，则析典韦诸人以当之。体例自相矛盾。不因不创，乃至于非马非骡。今参考异同，折衷沿革，定为二例。一曰异名者归一。如《五代史·家人传》析入后妃、宗室，《一行传》析入《隐逸》《孝友》。《元史·儒学传》析入《儒林》《文苑》。《宋史·道学传》并入《儒林》。《元史·释老传》并入《方技》。《唐书》《明史·公主传》附缀宗室。庶各核其实，无致多岐。一曰未备者增修。如《唐书》之《奸臣》《叛臣》《逆臣传》，《明史》之《阉党》《流贼》《土司传》，皆诸史所无，而其目实不可易。今考核事体，亦分立此门。又孔氏世系封爵，《明史》附入《儒林传》。今则从郑氏原书《孔子列传》例，补立《孔氏后传》。至于五朝国史，以贰臣别为《列传》，新出圣裁。于旌别淑慝之中，寓扶植纲常之意。允昭褒贬之至公，实为古今之通义。今亦格遵彝训，于前代别立此门，以昭彰瘅。较诸原书体例，实详且核焉。②

《总目》认为“不因不创，乃至于非马非骡”，批评了郑氏《列传》。同时在《钦定续通志》中“参考异同，折衷沿革”，体现出史书撰写上的因与创，比如因袭《唐书》之《奸臣》《叛臣》《逆臣传》，《明史》之《阉党》《流贼》《土司传》之体例，设立此门。又因袭郑氏原书《孔子列传》例，补立《孔氏后传》。于五朝国史，创贰臣别为《列传》。如此因创，《总目》认为此书较郑氏原书体例实详且精核。

第二节　“类例既分，学术自明”

自《别录》《七略》把书籍统归六类之后，以后目录书所录典籍大都“区分类

①《总目》卷50，《史部·别史类》，《史纠》提要，第462页。

②《总目》卷50，《史部·别史类》，《钦定续通志》提要，第287页。

聚”,以类相从。刘知几《史通》就常用“区分类聚”的方法,对唐以前之史籍及史学发展进行评论。宋郑樵更是注重区分类例,甚至把图书分类之法比作部伍之法,他说:“士卒之亡者,由部伍之法不明也;书籍之亡者,由类例之法不明也。类例分则九流百家各有条例。”又说:“类书犹持军也,若有条理,虽多而治,若无条理,虽寡而纷,类例不患其多,患处多之无术耳。”①他不仅重视类例,而且把类例和学术联系在了一起。清章学诚也说:“群书既萃,学者能自得师,尚矣。扩四部而通之,更为部次条别,申明家学,使求其书者可即类以明学,由流而溯源,庶几通于道之要。”②同样论述了类例与学术之间的关系。可见分类之重要。

《总目》史部也很重视类例。《总目》凡例纠正了前代一些不妥的归类做法:“如诏令、奏议《文献通考》入集部,今以其事关国政,诏令从《唐志》入史部,奏议从《汉志》例亦入史部。《东都事略》之属,不可入正史,而亦不可入杂史者,从《宋志》例,立别史一门。香谱、鹰谱之属,旧志无所附丽,强入农家,今从尤褒《遂初堂书目》例,立谱录一门。名家、墨家、纵横家历代著录各不过一二种,难以成帙,今从黄虞稷《千顷堂书目》例,并入杂家一门。”《总目》史部在一些类序之中也多次提到“以类区分”③“皆得类附”“必以类分”④“著书有体,焉可无分”⑤“略为区分”⑥等思想,史部细分为15类,类下又细分出很多属目,“使条理分明”⑦,可见《总目》史部对类例的重视。

《总目》对类例的重视也体现在提要之中。《建康实录》“备记六朝事迹,起吴大帝,迄陈后主,凡四百年,则以后梁附之。六朝皆都建康,故以为名”,而前人对其归类不当:“《新唐书·志》载入杂史类,盖以所载非一代之事,又不立纪传之名,尚为近理。《郡斋读书志》载入实录类,已不免循名失实。马端临《经籍考》载入起居注类,则乖舛弥甚。至郑樵《艺文略》编年一类,本案代分编,乃以此书系诸刘宋之下,与《宋春秋》《宋纪》并列,尤为纰缪。今考所载,惟吴为僭国,然《三国志》已列正史,故隶之于别史类焉。”⑧《总目》对其考证之后,批评了前人对其归类所失,遂将其归入别史。《总目》对历史巨著——《通志》的分类进行考证:“荆浩《笔法记》,乃论画之语,而列于书法例类。《吴兴人物志》《河

①郑樵:《通志》卷71,《校雠略·编次必谨类例论》,第31页。

②章学诚:《文史通义》外篇2,《藉书园书目叙》,古籍出版社,1956年,第245页。

③《总目》卷49,《史部·纪事本末类序》,第279页。

④《总目》卷50,《史部·别史类序》,第284页。

⑤《总目》卷51,《史部·杂史类序》,第292页。

⑥《总目》卷57,《史部·传记类序》,第323页。

⑦《总目》卷首,《凡例》,第2条。

⑧《总目》卷50,《史部·别史类》,《建康实录》提要,第285页。

西人物志》乃传记之流，而列于名家类。段成式之《玉格》，乃《酉阳杂俎》之一篇，而列于宝器类。尤为荒谬。"[①]批评了其归类失属的情况。

《总目》批评一些史书分类无要、混淆学术的做法。如《读史备忘》《总目》对其进行了如是考证："大略皆因正史而参以《纲目》，其所分谋臣、丞相、名将、名臣等目，割裂繁碎，殊无体要。如季布入名臣，而曹参入名将之类，义例尤不可解，盖随笔记录，而于史学殊无当也。"[②]批评其分类不清的做法，并且考证出现此种情况的原因。《总目》对《函史上编》的一些分类不当的做法进行考证并提出批评："以隐逸、方技、货殖、列女各合立一传，总附全编之末，已为糅杂。至物性一志，或归之下编之中，尚为有例，而缀于上编，与人并列，更属不伦。其尤诞者，南、北史中南朝全载吴、晋、宋、齐、梁、陈，而北朝但有北魏，其北齐、周、隋俱削其君臣不录，惟隋录王通一人。宋、金、辽、元四史中惟录宋、元，亦不涉辽、金一字，而十六国乃得立志。舛谬颠倒，殆难仆成。"[③]在《尚史》提要中同样体现出《总目》反对分类不当的做法："又诸国公子，皆别立传，而鲁、宋、蔡、曹、莒、邾六国，则杂列诸臣中。《叛臣传》中如巫狐庸叛楚入吴，吴、楚两见，公山不狃叛鲁入吴，吴、鲁两见，已为重出。而屈巫见于楚，不见于晋，苗贲皇见于晋，不见于楚，又复自乱其例。如斯之类，不一而足。亦未能一一精核，固不必为之曲讳焉。"[④]

《总目》对李贽《续藏书》分类不当之处给予严厉的批评："因自记其本朝之事，故议论背诞之处比《藏书》为略少。然冗杂颠倒，不可胜举。如一刘基也，既列之于开国名臣，又列之于开国功臣。一方孝孺也，既列之逊国名臣，又列之文学名臣。经济本无大小，安见守令设施不足以当经济，乃以经济名臣外别立郡县名臣。又王祎殉节滇南，不入忠节传中，而列之开国名臣内。种种踳驳，毫无义例，总无一长可取也。"[⑤]其分类重复、不当，有碍"即类求书，因书求学"，但批其"毫无义例，总无一长可取"，全然抹杀是书价值，从中可见《总目》对类例要求之严，从另一个侧面也可窥见《总目》对异于封建正统观念的思想痛恨之深。

郑樵论述了分类与学术源流之间的关系。他说，"观图谱者可知图谱之所始，观名数者可以知名数之相承，谶纬之学盛于东都，音韵之书传于江左，传注起于汉魏，义疏成于隋唐，观其书可以知其源流"[⑥]，阐述了图书分类与学术源流

①《总目》卷50，《史部·别史类存目》，《通志》提要，第285页。
②《总目》卷50，《史部·别史类存目》，《读史备忘》提要，第289页。
③《总目》卷50，《史部·别史类存目》，《函史上编》提要，第290页。
④《总目》卷50，《史部·别史类》，《尚史》提要，第288页。
⑤《总目》卷50，《史部·别史类存目》，《续藏书》提要，第289页。
⑥郑樵：《通志》卷71，《校雠略·编次必谨类例论》，第31页。

之间的关系。《总目》史部对此也同样重视。《总目》史部注重贯彻通过分类来阐明学术源流的原则,于每类类序之中阐述学术发展源流,比如在传记类序中阐述了传记类之起源、发展、演变,使得学者得以了解传记类之大体概貌。《隋志》杂传类目所撰写的人物十分庞杂,不分尊卑上下、贤能愚钝、列仙怪诞,如若都糅杂在一个类目之下,致使学术不能经纬分明,不利于即类求书、因书求学,因而《总目》史部于传记类(即《隋志》杂传类目)之下又类分了五属:圣贤、名人、总录、杂录、别录。圣贤记圣人和贤人,如周公、孔孟;名人记"名世之英,与文章道德之士"①;总录是指"合众人之事为一书"②,比如《列女传》、《高士传》等;杂录,著录有关传记资料之书,多为纪事之作,比如《西使记》《保越录》等;别录是指收录所谓"逆乱之人"③的传记,比如《安禄山事迹》《张邦昌事略》等。《总目》史部通过这样条分缕析,使得同一类目不同内容的图书通过区分类聚,各有所归,而不至于鱼龙混杂,经纬不分,进而达到"类例既分,学术自明"的效果,这也是书籍增多、学术发展的要求和结果。

《总目》史部还通过点、面结合的方法,把单一的书籍放在大类之中,使得观其流可以知其书,以致达到了书"虽亡而不能亡"④的效果。假设《安禄山事迹》一书在后世亡佚,因其已被收录在传记类别录之属中,别录后序又称:"以上皆叛乱之人,自为一传者,命曰别录,示不与诸传比也。其割据僭窃之雄,别附'载记';征讨削平之事,别入'杂史'。均不与此同科。"从中我们仍然可知《安禄山事迹》既不属载记,也不属杂史,而是在传记类别录之中。据此我们可以判断此书是记载安禄山叛乱之事。

《总目》作为体现封建正统思想的钦定著作,在分类上有严格的类例原则,对于符合分类原则的著作给予赞扬,反之则予以批评。这种思想也体现在提要之中。《总目》是这样考辨《北史》的分类的:

> 出郦道元于酷吏,附陆法和于艺术,离合编次,亦深有别裁。视《南史》之多仍旧本者,迥如两手。惟其以姓为类,分卷无法。《南史》以王、谢分支,《北史》亦以崔、卢系派。故家世族,一例连书。览其姓名,则同为父子。稽其朝代,则各有君臣。参错混淆,殆难辨别。甚至长孙俭附《长孙嵩传》,薛道衡附《薛辨传》,遥遥华胄,下逮云仍,隔越抑又甚矣。考延寿之叙次列

---

①《总目》卷57,《史部·传记类一》,名人之属后案,325页。
②《总目》卷58,《史部·传记类二》,总录之属后案,第332页。
③《总目》卷64,《史部·传记类存目六》,别录之属后案,第360页。
④郑樵:《通志》卷71,《校雠略·编次必谨类例论》,第31页。

传，先以魏宗室诸王，次以魏臣，又次以齐宗室，及齐臣，下逮周、隋，莫不皆然。凡勒一朝始末，限断分明，乃独于一二高门，自乱其例，深所未安。至于杨素父子，有关隋室兴亡，以其系出宏农，遂附见魏臣《杨敷传》后。又魏收及魏长贤诸人，本非父子兄弟，以其同为魏姓，遂合为一卷，尤为舛迕。观延寿叙例，凡累代相承者皆谓之家传，岂知家传之体，不当施于国史哉。①

郦道元（466 或 472—527 年）北魏地理学家，散文家。出身于官宦世家，他也先后在平城（北魏都城，今山西大同市）和洛阳担任过御史中尉等中央官吏，并且多次出任地方官。完成了地理巨著——《水经注》。本书共四十卷，记述了 1252 条河流的发源地点、流经地区、支渠分布、古河道变迁等情况，同时还记载了大量农田水利建设工程资料，以及城郭、风俗、土产、人物等。他为官"执法情刻""素有严猛之称"，颇遭皇族、豪强忌恨。北魏孝昌三年（527 年），汝南王元悦乘雍州刺史萧宝夤企图反叛之机，怂恿朝廷派郦道元去做关右大使。途中，萧宝夤派人把他和他弟弟道峻及两个儿子一同杀害。所以将热爱祖国山河、执法严格的郦道元归入酷吏传，实为不妥。因此《总目》对《北史》把郦道元析出给予赞扬——"离合编次，亦深有别裁"。而对《北史》一些混杂分类的做法则认为是"分卷无法"。

《总目》史部把图书类例和学术源流结合在一起，使我们通过图书类例进一步了解了学术的发展。

①《总目》卷 58，《史部 · 正史类》，《北史》提要，第 263 页。

第三章 《四库全书总目》史部之旨趣

历史上曾经存在"古人著书之旨晦而不明"[1]的情况。郑樵一反"循流忘源,不知大体"的学风,探求古人著述之源而知作者之旨。章学诚对此进行了评论:"郑樵生千载后,慨然有见于古人著述之源,而知作者之旨,不徒以词采为文,考据为学也……"[2]本文总体考察《总目》史部之著述源流,发现同样也是蕴含着作者之"史意"。

第一节 维护封建正统观

《总目》诞生在清代考据学兴盛之际,当时名重一时的学者,大都以考据为能事。中国历史上古来有"道""器"之分,考据家主要以"器"为对象,《总目》也可以说是出自考据家之手,而实际上《总目》也是很重视"道"的。在《总目》的整个体系之中,其"道"即主要的超文本含义就是忠君思想。"尊经、重史、轻子、鄙集"构成《总目》的总体框架,史部之中又以正史居首位,地理类之中又把帝王居住之宫殿疏设在地理类之首,其"器"之所折射出来的"道"就是封建忠君思想。兹从以下几个方面分析《总目》史部的封建正统观。

一、通过类目设置来贯彻封建等级思想

《总目》史部在进行图书归类时,始终把封建等级思想贯穿于书目之中。等级分类,乃《总目》分类之第一原则尔。[3]

《总目》史部设有传记类,其下设五属:圣贤、名人、总录、杂录、别录。此五

①章学诚:《文史通义》内篇4,《申郑》,第133页。

②章学诚:《文史通义》内篇4,《申郑》,第134页。

③程磊:《〈四库全书总目〉分类方法之研究》,《四川图书馆学报》,1989年第4期。

属的设置体现出了正统的封建思想。类例可以按书籍多寡来划分，如《七录·序》言："刘氏之世，史书盖寡，附见《春秋》，诚得其例。《七略》诗赋不从六艺诗部，盖由其书既多，所以别为一略。"传记类之第一属目是"圣贤"，如孔、孟《年谱》之类，在正编之中只收两种书，却仍设类目，而不再以书籍之多寡为标准来设类，这充分显露出《总目》史部维护封建正统思想的原则。"二曰名人，如《魏郑公谏录》之类；三曰总录，如《列女传》之类；四曰杂录，如《骖鸾录》之类"。五为"别录"。从属类设置顺序我们可以看出来，愈与中央政权正统思想相离比较远的，愈设置在类末。这种做法与维护中央政权正统思想是一脉相承的。《总目》史部认为，安禄山、黄巢、刘豫等，因为叛逆了正统王朝，不可与"圣贤、名人、总录、杂录"等人物"薰莸同器"，[1]于是把叛臣诸传专门列为一类谓之"别录"，以示警诫。

《总目》史部通过重视正史的做法，极力维护封建正统思想。在封建社会里，经部历来处于目录书之首位，以示地位尊贵。作为正统政权所下诏撰修的纪传体史书，紧居经部之后，也正是忠君思想的体现。"正史体尊，义与经配，非悬诸令典，莫敢私增，所由与稗官野记异也"[2]，因正史体尊，所以义可配经，"体尊"的原因在于它是"悬诸令典"而作，与记录"偏方割据"[3]的地方政权的"载记"截然相对。

《总目》史部也通过规范类目收书范围，来维护正史的地位。比如《隋志》杂史类把王嘉《拾遗记》《汲冢瑣语》这类近乎怪诞荒唐的史籍，竟然与《魏尚书》《梁实录》这类比较正规的史籍类分在一起。[4] 为了维护正史的"体尊"地位，《总目》史部规范了杂史的收书范围，只收录"事系庙堂，语关军国"之史籍，至于"语神怪，供诙啁，里巷锁言，稗官所述"[5]之著作，则收入杂家、小说家类，不得与正式史书相糅杂。

设置别史类目也是为了维护封建正统思想。别史类是因为"其书皆足相辅"[6]正史，而"其名则不可以并列"，因而命曰"别史"。为了进一步说明用别史服务正统政权所修之正史史书，《总目》史部还进行了比较，认为两者是"犹大宗

①《总目》卷 57，《史部·传记类序》，第 323 页。
②《总目》卷 45，《史部·正史类序》，第 256 页。
③《总目》卷 66，《史部·载记类序》，第 363 页。
④《总目》卷 51，《史部·杂史类序》，第 292 页。
⑤《总目》卷 51，《史部·杂史类序》，第 292 页。
⑥《总目》卷 50，《史部·别史类序》，第 284 页。

之有别子云尔"[①]。又如设置编年类来服务于正史。本来"编年、纪传均正史也",[②]而《总目》史部却把它从正史之中剔除出来,别立编年类,是因为对于正史,它可以"相辅而行"。在政书类设置典礼之属,《总目》史部认为:"六官之政,始于冢宰。兹职官已各自为类,故不复及。六官之序,司徒先于宗伯,今以春官所掌,帝制朝章悉在焉,取以托始,尊王之义也。"[③]设典礼之属,其目的也在于"尊王"。地理类下设九属,其实应为十属,宫殿疏虽未直接标目,但在实际设类上是位居第一的,因为宫殿大都是帝王之居所,《总目》史部便把它排在地理类的第一位,以体现尊王之义。其后案云:"《太平御览》引有汉宫殿疏,刘知几《史通》所引有晋宫阙名,皆自为纪载,不与地理类相杂。今别立子目,冠于地理类之首。"[④]为了突出帝王所居之地位的高贵,宫殿疏之属虽属地理类,却"不与地理相杂","别立子目,冠于地理之首",其"尊王"之目的暴露无遗;次总志,表示大一统的江山,次都会郡县,次河防、次边防、次山川、次古迹、次杂记、次游记、次外纪。此十属之分类及组织顺序,尊王之义甚明。

《总目》史部又设"载记类"。虽相对于《隋志》《新唐志》等的"霸史""伪史"之名称,政治色彩有所淡化,但载记类明白无误地表示其所记录的范围仅限于"偏方割据"的地方政权,是"立乎中朝以叙述列国之名"[⑤]。"载记"是和中央政权相对而言的,是等级划分的一个表现。又进一步表示:"惟《越史略》一书,为其国所自作,僭号纪年,真为伪史。"既然是伪史,《总目》史部当然不会放过,存此一书为的是"声罪示诛",以进一步维护封建政权。载记类的设置进一步强化了《总目》史部的封建正统观。

《总目》史部不再沿用前代"伪史""霸史"之名,而是从《晋书》例,这也表明了清代以强大的经济等实力为后盾而心胸开阔,进而能够以"中朝"之心来叙述列国之事。而其内在含义更在于对地方政权的重视。清朝统一中原,而西南、西北等边界却并不太平。雍正时,为了更方便对西南少数民族进行管理,实行了改土归流,给予了土著人一定的自治权。西部准噶尔部也常有叛乱。这些都提醒了清统治者地方政权在全国安全上的重要性。

提要之中也体现了《总目》史部的封建正统观。比如《汉书》提要:"……《汉书》始改《史记》之《项羽本纪》《陈胜世家》为列传,自应居列传之首,岂得移

---

①《总目》卷50,《史部·别史类序》,第284页。

②《总目》卷47,《史部·编年类序》,第268页。

③《总目》卷82,《史部·政书类二》,典礼之属后案,第436页。

④《总目》卷68,《史部·地理类一》,宫殿疏之属后案,第371页。

⑤《总目》卷66,《史部·载记类序》,第363页。

在诸王之后。其述《外戚传》第六十七,《元后传》第六十八,《王莽传》第六十九,明以王莽之势成于元后,史家微意寓焉。若移《外戚传》次于本纪,是恶知史法哉!"[①]从中可以看出,《总目》史部通过类目设置及其先后顺序,明确了占统治地位的正统思想具有不可动摇的权威,并憎恶地说"若以《外戚传》次于本纪,是恶知史法"。在《钦定续通志》中四库馆臣为贰臣别立列传,《总目》在提要中对设立此目进行了评价:"至于五朝国史,以贰臣别为《列传》,新出圣裁。于旌别淑慝之中,寓扶植纲常之意。允昭褒贬之至公,实为古今之通义。今亦格遵彝训,于前代别立此门,以昭彰瘅。"[②]《唐书》设立《奸臣》《叛臣》《逆臣传》,《明史》之《阉党》《流贼》《土司传》,虽为诸史所无,而其目实不可易。并且《总目》在《钦定续通志》中用分立此门的做法对《唐书》《明史》进行肯定。这些做法都是在维护封建统治的正统地位。

在忠君崇儒的封建社会里,无论是官修,还是私簿,无论四分,还是六分,"尊经、重史"的文化思想都处于不可动摇的地位。同时把本属正史的编年、别史等类目从正史之中剔出,别立类目,其动机亦然。正所谓"其书皆足相辅,而其名不可以并列"[③]。"有裨于正史者,固均宜择而存之矣"[④]。另外,把诏令奏议统归史部,目的也是为了"俾易与纪传互考焉"[⑤]。

《总目》史部也通过所谓的"等差有辨,旌别兼施"[⑥]来维护封建正统观。《总目》史部对于书籍严格去取,分为"著录"和"存目",不仅有学术之原因,更包含着政治和统治阶级思想等因素在内。《总目》史部对于不违背其政治标准的典籍,"各撷所长,品骘文章,不名一格,兼收并蓄,如渤澥之纳众流"[⑦],对于"离经叛道,颠倒是非者","怀诈狭私,荧惑视听者",不仅"屏斥必力",而且"掊击必严"[⑧]。如"《燕丹子》、陶潜《圣贤群辅录》之类,经圣鉴洞烛其妄者,则亦斥而存目,不使滥登"[⑨]。又如钱谦益、金堡、屈大均等著名学者的著作被认为抵触国朝,概被销毁。

《总目》史部对封建专制思想的维护,主要表现在对"经"的维护上。因为《史通》对"经"有所怀疑,于是《总目》史部在《史通》提要中说:"《疑古》《惑经》

---

①《总目》卷45,《史部·正史类一》,《汉书》提要,第258页。

②《总目》卷50,《史部·别史类》,《钦定续通志》提要,第287页。

③《总目》卷50,《史部·别史类序》,第284页。

④《总目》,《史部·总序》,第256页。

⑤《总目》卷55,《史部·诏令奏议类序》,第311页。

⑥《总目》卷首,《凡例》,第3条。

⑦《总目》卷首,《凡例》,第17条。

⑧《总目》卷首,《凡例》,第17条。

⑨《总目》卷首,《凡例》,第18条。

诸篇，世所共诟，不待言矣。即如《六家》篇讥《尚书》为例不纯，《载言》篇讥左氏不遵古法，《人物》篇讥《尚书》不载八元、八恺、寒浞、飞廉、恶来、闳夭、散宜生，讥《春秋》不载由余、百里奚、范蠡、文种、曹沫、公仪休、宁戚、穰苴，亦殊谬妄。至于史家书法，在褒贬不在名号，昏暴如幽、厉，不能削其王号也。而《称谓》篇谓晋康、穆以下诸帝，皆当削其庙号。朱云之折槛，张纲之埋轮，直节凛然，而《言语》篇斥为小辨，史不当书。"①因为这些文章对封建统治不利，在《史通通释》提要中又说道："《疑古》《惑经》诸篇，更助颓波，殊为好异。"②

《总目》史部对明代著名思想家李贽更是进行了激烈的抨击。李贽说："前三代吾无论矣。后三代汉、唐、宋是也。中间千百余年，而独无是非者，岂其人无是非哉？咸以孔子之是非为是非，固未尝有是非耳。然则予之是非人也，又安能已。"又说："《藏书》者何也？言此书但可自怡。不可示人，故名曰《藏书》也。而无奈一二好事朋友，索览不已，余又安能以已耶？但戒曰'览则一任诸君览，但无以孔夫子之定本行赏罚也，则善矣'。"《总目》史部引用李贽之言后，进行了严厉的谴责："贽书皆狂悖乖谬，非圣无法。惟此书排击孔子，别立褒贬，凡千古相传之善恶，无不颠倒易位，尤为罪不容诛。其书可毁，其名亦不足以污简牍。"既然"其书可毁，其名亦不足以污简牍"，《总目》史部为何没对其销毁不用，而是把《藏书》斥为存目呢？《总目》史部进一步阐明了这种做法的原因："特以贽大言欺世，同时若焦竑诸人，几推之以为圣人。至今乡曲陋儒，震其虚名，犹有尊信不疑者。如置之不论，恐好异者转矜创获，贻害人心。故特存其目，以深暴其罪焉。"③可见《总目》史部为维护封建思想而颇费苦心。

《总目》史部对于明代王洙所作的《宋史质》的批评更是苛刻。因《宋史质》"仿《春秋》书公在乾侯，《纲目》书帝在房州之例，荒唐悖谬，缕指难穷"④，继而批评其"自有史籍以来，未有病狂丧心如此者。其书可焚，其版可斧。其目本不宜存，然自明以来，印本已多，恐其或存于世，荧无识者之听，为世道人心之害。故辞而辟之，俾人人知此书为狂吠，庶邪说不至于诬民焉"。《总目》史部强化了封建文化专制思想。

《总目》在《宋史新编》提要之中体现出很强的维护儒学的思想，而儒学又是封建正统思想文化的核心所在。《总目》对《宋史新编》进行了审查和剖析：

---

①《总目》卷88，《史部·史评类》，《史通》提要，第460页。

②《总目》卷88，《史部·史评类》，《史通通释》提要，第460页。

③《总目》卷50，《史部·别史类存目》，《藏书》提要，第289页。

④《总目》卷50，《史部·别史类存目》，《宋史质》提要，第289页。

然托克托等作《宋史》，其最无理者莫过于道学、儒林之分传。其最有理者莫过于本纪终瀛国公而不录二王，及辽、金两朝各自为史而不用岛夷、索虏互相附录之例。盖古之圣贤，亦不过儒者而已，无所谓道学者也。如以为儒者有悖于道，则悖道之人何必为之立传。如以为儒者虽不悖道而儒之名不足以尽道，在孔子之诏子夏，其误示以取法乎下耶。妄生分别，徒滋门户。且《太平御览》五百十卷中尝引《道学传》二条，一为乐钜，一为孔总，乃清净栖逸之士。袭其旧目，亦属未安。此必宜改者也，而维骐仍之。至于元破临安，宋统已绝。二王崎岖海岛，建号于断樯坏橹之间，偷息于鱼鳖鼋鼍之窟，此而以帝统归之，则淳维远遁以后，武庚构乱之初，彼独非夏、商嫡冢，神明之胄乎？何以三代以来，序正统者不及也？他如辽起滑盐，金兴肃慎，并受天明命，跨有中原。必似元经帝魏，尽黜南朝，固属一偏。若夫南北分史，则李延寿之例。虽朱子生于南宋，其作《通鉴纲目》，亦沿其旧轨，未以为非。元人三史并修，诚定论也。而维骐强援蜀汉，增以景炎、祥兴。又以辽、金二朝置之外国，与西夏、高丽同列，又岂公论乎？大纲之谬如是，则区区补苴之功，其亦不足道也。①

《总目》认为古代圣贤盖儒者也，否定道学的存在。认为《宋史新编》“最有理者莫过于本纪终瀛国公而不录二王，及辽、金两朝各自为史而不用岛夷、索虏互相附录之”，又认为“维骐强援蜀汉，增以景炎、祥兴。又以辽、金二朝置之外国，与西夏、高丽同列，又岂公论乎”，得出结论是书大纲谬误。从中可见《总目》维护儒家正统思想、维护清朝统治的用心。

《南唐书》提要中体现出《总目》强烈的以类目设置来贯彻封建正统思想的原则：

南唐元宗于周显德五年即去帝号，称江南国主，胡恢从《晋书》之例，题曰“载记”，不为无理。游乃于烈祖、元宗、后主皆称“本纪”，且于《烈祖论》中，引苏颂之言，以《史记》秦庄襄王、项羽《本纪》为例，深斥胡恢之非。考刘知几《史通·本纪》篇尝谓：姬自后稷至于西伯，嬴自伯翳至于庄襄，爵乃诸侯，而名隶本纪，又称：项羽僭盗而死，未得成君，假使羽窃帝名，正可抑同群盗，况其名曰“西楚”，号止“霸王”，诸侯而称本纪，循名责实，再三乖谬。则司马迁之失，前人已深排之。游乃引以藉口，谬矣！得非以南渡偏

①《总目》卷50，《史部·别史类存目》，《宋史新编》提要，第289页。

安，事势相近，有所左袒于其间乎？他如后妃、诸王传，置之群臣之后，杂艺、方士传，列于忠义之前，揆以体例，亦为未允。[1]

《总目》赞扬胡恢从《晋书》之例将南唐元宗列于“载记”的做法，对陆游将其列于“本纪”的做法极为厌恶。并且通过刘知几批评司马迁的言语来进一步批驳陆游。此外还指出“他如后妃、诸王传，置之群臣之后，杂艺、方士传，列于忠义之前，揆以体例，亦为未允”。

奸臣、叛臣的存在不利国家统一，因此《总目》对其深为厌恶，赞同为其单独立传，以示警诫之意。因此，对有悖此种做法的行为则予以批评。《总目》考证《南宋书》：

去奸臣、叛臣之例，仍列于众人之中。案：《隋书》以前，奸臣、叛臣本不别传，《新唐书》始另立之，后来作者，多仍其例，亦足见彰瘅之公。今并而一之，殊失示戒之意，未足以言复古。至所增郑思肖数人列传，亦疏略不详。惟遵循古例，不以道学、儒林分传，能扫除门户之见，为短中一长耳。[2]

批评其“去奸臣、叛臣之例，仍列于众人之中”的做法，对其没像《宋史新编》一样将道学、儒林分传的做法，给予了赞扬。

《总目》在《函史上编》提要之中批评了其不为辽、金单独立传的做法：“宋、金、辽、元四史中惟录宋、元，亦不涉辽、金一字，而十六国乃得立志。舛谬颠倒，殆难仆成。”[3]维护封建正统的用意如司马昭之心路人皆知。

《总目》“尊经、重史、轻子、鄙集”的分类态度，与其说是一种文化思想，倒不如说是一种社会政治策略。[4] 这种政治策略一和社会人伦大道相切合，目录就成了“为治之具”[5]。学者便以“为天地立心，为生民立道，为往圣继绝学，为万世开太平”[6]为己任，并在这种封建正统思想中陶冶自己，成为封建正统思想里的一分子。这也正是《总目》史部分类思想之核心所在。

①《总目》卷66，《史部·载记类存目》，《南唐书》提要，第366页。

②《总目》卷50，《史部·别史类存目》，《南宋书》提要，第290页。

③《总目》卷50，《史部·别史类存目》，《函史上编》提要，第290页。

④傅荣贤：《传统目录学的核心理论》，《图书馆》，1996年第6期。

⑤《隋书》卷32，《经籍志·序》，第909页。

⑥中国历史第一档案馆：《纂修四库全书档案·附录二·清高宗·文渊阁记》，上海古籍出版社，1997年，第2721页。

二、通过"实录"书法贯彻忠君思想

维护君臣正统秩序的史学传统由来已久。晋灵公荒淫无道,被赵穿所杀,董狐却记载晋公被赵盾所杀,并公布朝廷。为何把弑君的罪名强加在多次进谏、忧国忧民的赵盾头上,而不去如实记载晋灵公的荒淫,真正的原因在于维护封建君臣的正统秩序上。史学的这种维护封建君臣正统关系的作用,从此源远流长、影响深远。"为尊者讳""为亲者讳""为贤者讳",却成为史学"书法不隐"的一个重要内容,并且贯穿于历代史书之中。

《总目》史部也不例外。比如在《尚史》提要中就暴露出《总目》这种实录思想。我们来看:

> 至于晋《逸民传》中列杜蒉、狼瞫、鉏麑、提弥明、灵辄,《逆臣传》中列赵穿而不列赵盾,《乱臣传》中列郤芮瑕、吕饴甥,《嬖臣传》中列头须,鲁《列女传》中列施氏妇,予夺多所未允。①

《总目》认为《尚史》中《逆臣传》列赵穿而不列赵盾,为例不允。这就是《总目》"为尊者讳"实录书法的本质表现。

《总目》史部虽说对每部史书一一进行了考证、辨误,但是无论怎样求实,只要一接触到君臣秩序问题,《总目》史部就采用变通的手法换用标准来进行论述。《总目》史部诞生在考据学兴盛之期,崇尚汉学,注重考证,也论述了历史事实与褒贬之间的关系:"论史主于示褒贬,然不得其事迹之本末,则褒贬何据而定?"②规制了《总目》史部要考证历史事实之本末,然后定褒贬,并且历史的作用就在于对历史事实做出褒贬。然而《总目》史部又提出:"盖千古之是非系于史氏之褒贬,史氏之是非则待于圣人之折衷。"③将"千古之是非"的最终判定权系于封建帝王一身,使历史言事实褒贬的作用依附于封建专制皇权,这必然使史学全然沦为君主专制主义的奴婢,使《总目》史部成为董狐式的历史"实录",仅仅绳之以臣,而回避君王之谬。

宋陆游之《南唐书》和胡恢、马令之著作相较,《总目》认为其"简核有法"④,但对其书法却提出异议:

---

①《总目》卷50,《史部·别史类》,《尚史》提要,第288页。

②《总目》卷首,《凡例》,第12条。

③《总目》卷88,《史部·史评类》,《御制评鉴阐要》提要,第463页。

④《总目》卷66,《史部·载记类存目》,《南唐书》提要,第366页。

南唐元宗于周显德五年即去帝号，称江南国主，胡恢从《晋书》之例，题曰“载记”，不为无理。游乃于烈祖、元宗、后主皆称“本纪”，且于《烈祖论》中，引苏颂之言，以《史记》秦庄襄王、项羽《本纪》为例，深斥胡恢之非。考刘知几《史通·本纪》篇尝谓：姬自后稷至于西伯，嬴自伯翳至于庄襄，爵乃诸侯，而名隶本纪，又称：项羽僭盗而死，未得成君，假使羽窃帝名，正可抑同群盗，况其名曰“西楚”，号止“霸王”，诸侯而称本纪，循名责实，再三乖谬。则司马迁之失，前人已深排之。游乃引以藉口，谬矣！得非以南渡偏安，事势相近，有所左袒于其间乎？他如后妃、诸王传，置之群臣之后，杂艺、方士传，列于忠义之前，揆以体例，亦为未允。①

《总目》认为胡恢从《晋书》之例列南唐元宗于载记，不为无理。而陆游列已去帝号的元宗于本纪，“有所左袒于其间”，不能秉承史家之实录精神，因此批评陆游于例不允。为了彻底贯彻实录精神，《总目》不惜把《史记》作为靶子进一步批评，并且把刘知几作为自己的支持者之一。

又如《总目》史部在《宋季三朝政要》提要中也说了类似的话，“卷末论宋之亡，君无失德，归咎权相，持论亦颇正”②，赞扬了“君无失德，归咎权相”的做法。《总目》史部继承了史学上历史悠久的“为尊者讳”的做法，用史学的手法对君臣正统秩序进行了维护。

《总目》赞扬维护封建正统思想的做法，并赞扬此种做法为“书法至明”。《钦定历代纪事年表》就体现出了这种思想：

所载事迹，上起帝尧元载甲辰，下迄元顺帝至正二十八年戊申，首末凡三千七百二十五年。其表以年为经，以国为纬，惟以正统居第一格，为全书之通例。其余时殊世异，不可限以一法，则每代变例，而各以例说系表首。大抵准《史记》年表、月表，司马光《资治通鉴目录》。惟每条多附史评，又每代各冠以《地理图》《世系图》，而总冠以《三元甲子纪年图》，为小变旧式耳。考《南史·王僧孺传》，称太史公《年表》旁行斜上，体仿《周谱》，则史表实三代之旧法。然《史记》以下，率以一类自为一表，未能贯通。《资治通鉴目录》亦粗举大纲，未能详备。近时万斯同作《历代史表》，颇称赅洽，而其大旨惟考核于封爵世系之间，亦未能上下数千年，使条目分明，脉络连属也。是书网罗历代，总括始终；记录无遗，而义例至密；剪裁得体，而书法至

①《总目》卷66，《史部·载记类存目》，《南唐书》提要，第366页。
②《总目》卷47，《史部·编年类》，《宋季三朝政要》提要，第274页。

明。诚韩愈所称"纪事必提其要"，欧阳修所称"《春秋》之文简而有法"者也。读史者奉此一书，亦可以知所津逮矣。①

《钦定历代纪事年表》"其表以年为经，以国为纬，惟以正统居第一格，为全书之通例"，《总目》赞其"书法至明"，并认为是书有"《春秋》之文简而有法"之风。

《总目》批评体例不一，书法颠舛者。如《契丹国志》提要中就表现出这种思想：

惟其体例参差，书法颠舛。忽而内宋，则或称辽帝，或称国主；忽而内辽，则以宋帝年号分注辽帝年号之下。既自相矛盾。至杨承勋劫父叛君，蔑伦伤教，而取胡安国之谬说，以为变不失正，尤为无所别裁。又书为奉宋孝宗敕所撰，而所引安国说，乃称安国之谥。于君前臣名之义，亦复有乖。今并仰遵圣训，改正其讹，用以昭千古之大公，垂史册之定论焉。

从《总目》将《越史略》列为存目的原因也可看出其维护封建正统思想的实录书法：

安南自宋以后世共职贡，乃敢乘前代失驭之际，辄窃号国中，至著之简策以妄自夸大，实悖谬不足采。然吴、楚僭王，《春秋》绝之，而作《传》者亦不没其实，故特依伪史例录之，以著其罪。②

我们通过《总目》对《明氏实录》的论述可窥《总目》维护封建正统思想的实录精神：

是书所述虽不无溢美，而次序颇详，亦足与正史相参考。"实录"之名，古人通用，故凉刘昞有《敦煌实录》，唐许嵩记六代之事称《建康实录》，而李翱有《皇祖实录》，乃其大父之行状。学可此作盖沿古名，非尊明氏父子为正史也。然五代十国记载如林，不过曰志、曰记、曰传、曰录，宋以来相沿久矣，何必定用此目乎！③

①《总目》卷50，《史部·别史类》，《钦定历代纪事年表》提要，第287页。
②《总目》卷66，《史部·载记类存目》，《越史略》提要，第367页。
③《总目》卷66，《史部·载记类存目》，《明氏实录》提要，第368页。

《总目》指出实录之名，只是古人通用，并非皆指正史，指出《明氏实录》虽有实录之名，并非正史。尽管如此《总目》还是忍不住批评道："然五代十国记载如林，不过曰志、曰记、曰传、曰录，宋以来相沿久矣，何必定用此目乎！"既然没有实录之实，何必要用实录之名呢。

《总目》通过维护帝王年号来贯彻封建正统思想。比如《翼正录》提要："至其意见偏驳，如许衡为国子监祭酒乞休事，必削元世祖年号，系于宋度宗咸淳九年之类，尤舛谬至极，不足与辨者矣。"①

《总目》对《唐余纪传》内容的考辨可窥其所谓的"实录"书法的实质：

> 大旨以南唐承唐之正统，盖与姚士粦《后梁春秋》均欲窃取《通鉴纲目》"帝蜀"之意，而不知其似是而非者。考陆游《南唐书》谓"唐宁宗第八子建王恪生超，超生志，仕为徐州判司，志生荣，荣生昪"。而欧阳修《五代史》则云"家世微贱"，与游说迥殊。则其系出唐后与否，宋代已多有异议。且自李璟已附于周，李煜又始终奉宋正朔，当时已以藩臣自居，后世忽以"正统"归之，尤为乖剌。其体例多学步《新五代史》，如唐庄宗亡于伶人，事关兴废，故欧阳修别传伶官，至申渐高等四人，其事微矣，乃亦别立传，将修唐书者必为黄幡绰等立传乎？唐六臣，《新五代史》别传，以其卖国也，乃亦摭徐铉、殷崇义、张洎、张佖、周惟简、查元方以足六臣之数，不知其随主而降，与许善心一例也。如此之类，皆有效颦之失，况既以南唐继唐，自应正其为帝，而昪曰"先主"，璟曰"中主"，煜曰"后主"。复仿陈寿《蜀志》之例，尤进退失据。②

《唐余纪传》将已经成为藩臣的南唐归以正统的做法，遭受《总目》的苛责。

《总目》对于不涉及封建正统观念的内容也能贯彻实录书法。如《总目》对《吴越世家疑辨》内容的考证便是明证：

> 明马苳臣传。苳臣始末未详。欧阳修《五代史》于《吴越世家》，极言其汰侈暴敛之事，说者或以为修有憾于钱惟演，故以此言毁之，并非实录。苳臣之师钱德洪，为钱镠十九世孙，因令苳臣历考《通鉴纲目》及他书所载钱氏爱民政绩，逐条胪列，以证《吴越世家》之妄。其书虽题苳臣名，实则德洪意也。其间援引虽富，类多以空言争论。至如吴越改元之事，尚有石刻

---

①《总目》卷89，《史部·史评类存目》，《翼正录》提要，第466页。

②《总目》卷66，《史部·载记类存目》，《唐余纪传》提要，第368页。

可据，昭然难掩，乃亦必喋喋而为之辨，且谓其本中国纪元，而史失之，尤可谓凿空妄说也矣。[1]

《总目》批驳了《吴越世家疑辨》论述不实之内容，体现出为史实录的思想。

《通鉴博论》提要也体现出了《总目》的这种思想：

钱曾《读书敏求记》曰："下卷图格中于至正二十六年丙午，书廖永忠沉韩林儿于瓜步，大明恶永忠之不义，后赐死。此非宁王之书法，而太祖之书法也。德庆一案，尽此二十一字，又何他词之说"云云。夫林儿之死，犹义帝之死也（明初奉龙凤年号）；永忠之死，亦犹淮阴之死也。诿过永忠，一语而解两失，此真舞文之曲笔。曾乃以为定案，于义殊乖。[2]

被《总目》批评为"于义殊乖"。

三、通过春秋笔法来贯彻封建正统观

中国古代春秋笔法源远流长，当董狐记载下"赵盾弑其君"时，"为尊者讳""为亲者讳""为贤者讳"的史学笔法便在封建社会中亘古不变。《春秋》这种笔法体现得尤为突出，而《春秋》三传对春秋笔法极尽解释。比如当春秋五霸之一的晋文公召集诸侯会盟，周天子应召而去，《春秋》却记载道，"天子狩于河阳"，维护了周天子为天下尊的地位，但却扭曲了根本的一个历史事实：周室衰微，诸侯兴起。而春秋笔法在王权独尊的封建时代受到青睐，从另一个侧面也暗示了历史学沦为封建专制王权的附庸。

作为继续封建政权的清皇朝，维护封建等级秩序自然是国家之一等大事。体现在反映封建意识形态的官方史书中，则是"为尊者讳""为亲者讳""为贤者讳"的"实录"书法、春秋笔法等等。我们从《总目》提要之中进行分析。

《总目》在《大金国志》提要中体现出很强的要求为"为尊者讳"的思想：

所称义宗即哀宗。《金史》谓息州行省所上谥，而此则云金遗臣所上，与史颇不合。又懋昭既降宋，即当以宋为内词。乃书中分注宋年，又直书康王出质，及列北迁宗族于献俘，殊为失体。故钱曾《读书敏求记》尝称为无礼于君之甚者。然其可疑之处，尚不止此。详悉检勘，纰漏甚多。如《进书表》题端平元年正月十五日，而金亡即在是月十日，相距仅五日，岂遽能

[1]《总目》卷66，《史部・载记类存目》，《吴越世家疑辨》提要，第368页。

[2]《总目》卷89，《史部・史评类存目一》，《通鉴博论》提要，第465页。

成书进献？又纪录蔡州破事如是之详，于情理颇不可信。又端平正当理宗时，而此书大书宋宁宗太子不得立，立其侄为理宗，于济邸废立，略无忌讳。又生而称谥，舛谬显然。又懋昭以金人归宋，乃于两国俱直斥其号，而独称元兵为大军。又称元为大朝。转似出自元人之辞，尤不可解。[①]

甚至《总目》对“宋宁宗太子不得立，立其侄为理宗”之事实的叙述，也给予了批评。

四、通过史学批评手法来贯彻封建正统观

《总目》是诞生在封建专制社会的官修史书，不可避免地会打上维护封建正统观念的烙印，并且通过各种手段和方法来贯彻之。通过史学批评手法来贯彻封建正统观的做法，就是其手段之一。

《十七史纂古今通要》提要就将《总目》的这种思想暴露无遗：

> 至议其当从《资治通鉴》帝魏，不当从朱子《纲目》帝蜀，则又以久经论定之事，务持异议以骇听，不足为一桂病也。[②]

《总目》认为《十七史纂古今通要》应该“从《资治通鉴》帝魏，不当从朱子《纲目》帝蜀”，虽然又跟着退后一步说“不足为一桂病也”，但维护封建正统的观念已经显现出来。

《总目》用对比的手法维护了封建正统观。比如《史通训故补》提要：“惟起龙于知几原书多所回护，即疑古惑经之类，亦不以为非。此书颇有纠正，差为胜之耳。”[③]《总目》用对比的手法批评了“起龙于知几原书多所回护”的做法，赞扬《史通训故补》对《史通通释》的纠正。《总目》维护封建统治者所尊崇的经的举动，就是对封建正统观念的维护。

第二节　以史为鉴，以达史学“资治”之作用

史籍之“资治”的作用由来已久。《诗经》云，“殷鉴不远，在夏之后”，成为我们以史为鉴的渊源。《易》说“君子多识前言往行，以蓄其德”，也是说的对历史知识的运用。秦亡以后，西汉贾谊作《过秦论》，就秦朝败亡之历史事实总结

①《总目》卷50，《史部·别史类》，《大金国志》提要，第286页。

②《总目》卷88，《史部·史评类》，《十七史纂古今通要》提要，第462页。

③《总目》卷89，《史部·史评类存目一》，《史通训故补》提要，第463页。

经验，为新生的西汉王朝寻找长治久安之策，其指导思想就是“前事之不忘，后事之师也”。继短暂的隋朝之后，建立起来的唐朝，也很注重从隋朝的兴亡之中寻找历史经验教训。宋朝时，出现了大部头的《资治通鉴》，司马光在呈报给皇帝的表文中，表达了希望皇帝“鉴前世之兴衰，考当今之得失，嘉善矜恶，取是舍非，足以懋稽古之盛德，跻无前之至治，俾四海群生，咸蒙其福”，彰显出“鉴于往事，有资于治道”的目的。并且司马光在他写给皇帝的《进资治通鉴表》中也很明白地表达了“资治”这一中心：“专取关国家盛衰，系生民休戚，善可为法，恶可为戒者，为编年一书。”司马光比较自觉地意识到历史对统治者的借鉴作用，并在自己的著作中竭力体现。此后，中国历史的泛政治化倾向，就更加程式化、理论化，并形成一种固定的传统。历史学沦为专制王权的附庸。

其实曾巩在《南齐书目录序》中也用史学批评的手法表现出作史的目的：

> 将以是非得失兴坏理乱之故而为法戒，则必得其所托，而后能传于久，此史之所以作也。然而所托不得其人，则或失其意，或乱其实，或析理之不通，或设辞之不善，故虽有殊功韪德非常之迹，将暗而不章，郁而不发，而梼杌蒐琐奸回凶慝之形，可幸而掩也。

曾巩的主要意思是用历史纂述的方式记载历史，“将以是非得失兴坏理乱之故”，欲使之成为后人之“法戒”。同时也对作史之人提出了要求。

时至清朝，以史为鉴的传统相沿不改。《总目》对所收录书籍提要的解释是以统治者所认可的价值评判标准来进行的。顾准在《希腊思想、基督教和中国的史官文化》中所论述的，“所谓史官文化者，以政治权威为无上权威，使文化从属于政治权威，绝对不得涉及超过政治权威的宇宙与其他问题的这种文化之谓也”，也正是《总目》政治思想之核心所在。

《总目》史部注重以史为鉴，力求发挥史学之“资治”作用。《总目》史部将诏令、奏议移居史部，不仅仅因为诏令“非仅文章类也，抑居词赋，于理为褒”①，而且将其合二为一，更可以史为鉴，力求发挥史学之“资治”作用。王皇下达之诏令与人臣上呈之奏议，自古以来便有着密不可分的关系。人臣发挥个体抑或集团的智慧，对人君进行进谏，明君善纳良言，便会下达有益于国民的诏令，比如历史上有名的人臣邹忌对齐王进谏，齐王善于纳谏，下达好的诏令，在诸侯纷争的乱世，使得国家更加强盛。唐太宗李世民与谏臣魏征，一个善于纳言，一个

①《总目》卷55，《史部・诏令奏议类序》，第311页。

善于进谏，魏征去世时，唐太宗惋惜自己失去了可以照到自己缺点的一面镜子。类似的忠臣、明君历史上不乏其人。如果君王听信佞臣谗言，便会下达损害国民的诏令，从而引起国家的动乱、衰败，甚至灭亡，比如殷纣王、秦二世，等等。《总目》史部正是看到了历史上的这些例子，透视到了君王（诏令）与人臣（奏议）之休戚相关的联系，并对这种存在了几千年的关系进行总结，才将诏令奏议合在一起，单独立为一类，使之"与纪传互考"①。《总目》史部借鉴前代，将史学之"资治"的作用发挥得淋漓尽致。

《总目》史部注重以史为鉴，赞扬能够发挥史学"资治"作用的做法。如《明史》为了从历史中汲取经验教训，根据社会发展状况和统治者的政治需要，新创三传：阉党、流贼、土司。宦官专权，淫乱朝纲，汉唐以来皆有，秦二世而亡，与宦官扰乱朝纲不无关系。而在历史上宦官为患最甚，当数明代。而明代与清在时间上距离最近，明的惨痛教训，犹在昨日，为汲取教训，警诫本朝，故在《明史》之中创立阉党类。自陈胜、吴广揭竿起义，几乎历代都有农民起义，有好多新生政权就是由农民起义胜利之后建立的，因而在一些正史史志之中就不曾立有流贼这一类目。而新生的清政权不是由农民起义建立起来的，清政府亲眼看见明朝灭亡于农民起义，并且其政权就是和农民军进行残酷的战争而得来的，因此农民起义之浩大的声势以及对原有政权的巨大杀伤力，对清统治者来说可谓是触目惊心，为了警诫本朝，而特立流贼类。《总目》史部云："闯、献二寇，至于亡明，剿抚之失，足为炯鉴，非它小丑之比，亦非割据群雄之比，故别立之。"②从中可窥，《总目》史部对于明朝镇压闯、献二人起义不力的历史教训是极为重视的。太平军起义时，清廷动用各种手段进行剿杀，《明史》流贼类的"足为炯鉴"的作用，在现实社会里得到了运用，史学之于统治者的资治作用尽现。而土司传的设立更是为对西南少数民族进行统治提供借鉴。

《总目》在《帝鉴图说》提要之中也体现出史学为现实社会提供资治的思想：

> 是编乃二人奏御之书，取尧舜以来善可为法者八十一事，恶可为戒者三十六事，每事前绘一图，后录传记本文，而为之直解。前有隆庆六年十二月进疏一篇，盖当神宗谅暗时也。疏云，善为阳、为吉，故数用九九；恶为阴、为凶，故数用六六。取唐太宗"以古为鉴"之语名之。书中所载皆史册

①《总目》卷55，《史部·诏令奏议类序》，第311页。

②《总目》卷46，《史部·正史类二》，《明史》提要，第267页。

所有。[①]

既然《总目》史部提倡史学之“资治”的作用，那它也就赞同“切于时务”[②]者。不管是“切于时务”，还是“有裨于实用”[③]，皆是经世致用之道，与史学之于统治者的“资治”作用是一脉相承的。宋陈傅良撰《历代兵制》，“是书上溯成周乡遂之法，及春秋、秦、汉、唐以来历代兵制之得失，于宋代言之尤详”。《总目》史部认为：“盖傅良当南宋之时，目睹主弱兵骄之害，故著为是书。”可见，傅良著是书是有其社会现实意义的，因而对其赞扬道，“追言致弊之本，可谓切于时务者矣”[④]，指明了是书有经世致用之作用。《总目》史部赞扬是书“切于时务”，也应是基于清廷对西南、西北用兵之故。《救荒活民书》《捕蝗考》等有关农事之书籍，论述了救荒益民等方面的内容，也被《四库全书总目》史部称赞为：“有裨于实用。”[⑤]宋赵汝愚编撰《诸臣奏议》，收集了自建隆至靖康之际诸臣的奏折，“择其至精至要，尤切于治道者”，编书之初，朱子建议其“逐人”进行编撰，而赵汝愚“仍以门分，不以人分，不用朱子之说”，《总目》史部进一步分析以门进行分类的原因：“盖以人而分，可以综括生平，尽其人之是非得失，为论世者计也。以事而分，可以参考古今，尽其事之沿革利弊，为经世者计也。”赵汝愚以事进行分类，可以“参考古今，尽其事之沿革利弊”，进而达到经世致用之目的，受到《总目》史部的赞扬：“平心而论，汝愚所见者大矣。”[⑥]《总目》史部提倡经世致用之思想可见一斑。

为了达到以史为鉴、以史“资治”的作用，《总目》提出良史的标准。如《朝鲜史略》：“钱曾《读书敏求记》以其于王氏遗臣郑梦周等欲害李成桂事，不没其实，称为良史。今观其序事详略虽不尽合体要，而裒辑遗闻颇为赅具。”[⑦]《总目》评判良史的标准为全面详细记录历史事实，只有这样统治者才能从过往历史中汲取经验教训。

《总目》史部寓道于器，我们不仅要知道作者的“著述之源”，更要据此获悉作者著述之旨。

①《总目》卷90，《史部·史评类存目二》，《帝鉴图说》提要，第466页。
②《总目》卷82，《史部·政书类二》，《历代兵制》提要，第436页。
③《总目》卷82，《史部·政书类二》，《捕蝗考》提要，第436页。
④《总目》卷82，《史部·政书类二》，《历代兵制》提要，第436页。
⑤《总目》卷82，《史部·政书类二》，《捕蝗考》提要，第436页。
⑥《总目》卷56，《史部·诏令奏议类存目》，《诸臣奏议》提要，第316页。
⑦《总目》卷66，《史部·载记类附录》，《朝鲜史略》提要，第367页。

第四章 《四库全书总目》史部提要与史学批评

《总目》史部不仅在分类上对前人成果择善而从,取得了巨大的成就,而且在撰写提要上也较前人取得了很大的成绩。《总目》批评:“巩好借题抒议,往往冗长,而本书之始末源流转从疏略。王尧臣《崇文总目》、晁公武《郡斋读书志》、陈振孙《书录解题》稍具崖略,亦未详明。马端临《经籍考》荟萃群言,较为赅博,而兼收并列,未能贯串折衷。”既然以往目录书在撰写提要上存在着缺点,那么经过对以往目录学提要之得失成败的总结,《总目》史部规制了自己撰写提要的原则:“今于所列诸书,各撰为提要,分之则散弁诸编,合之则为总目。每书先列作者爵里,以论世知人;次考本书之得失,权众说之异同,以及文字增删,篇帙分合,皆详为订辨,巨细不遗。而人品学术之醇疵,国纪朝章之法戒,亦未尝不各昭彰瘅,用著劝惩。其体例悉承圣断,亦古来之所未有。”①认为提要应该“详明”“赅博”。《总目》史部每篇提要大致从书名,卷数,献书人,作者及其年代、爵里、生平事迹,到著作的内容提要,长短得失,别本异文,典籍源流等几个方面入手进行提要撰写,而其中最重要的莫过于史学批评思想。《总目》史部对两千一百余部史籍进行了批评。本章着重从提要之中《总目》史部的史学批评做一剖析。

第一节 博采善择

刘知几于《史通》中明确提出“博采善择”的原则。他说,“盖珍裘以众腋成温,广厦以众材合构。自古探穴藏山之士,怀铅握椠之客,何尝不征求异说,采

①《总目》卷首,《凡例》,第9条。

摭群言,然后能成一家,传诸不朽”[①],强调了博采资料的重要性。然而“讹言难信,传闻多失”,材料真伪混杂,不加别择难以成信史。因而刘知几说:“异词疑事,学者宜善思之。”[②]又进一步说:“然则刍荛之言,明王必择;葑菲之体,诗人不弃。故学者有博闻旧事,多识其物。若不窥别录,不讨异书,专治周孔之章句,直守迂固之纪传,亦何能自致于此乎?且夫子有云:‘多闻择其善而从之,知之次也。’苟如是,则书有非圣,言多不经,学者博闻,盖在择之而已。”[③]这里论述了收集资料不仅要博采,更要在此基础上善择的原则,论述了博采史料与善择史料之间的辩证关系。

《总目》在资料的撰述上也要求博采善择。正如《史部》总序所说,“苟无事迹,虽圣人不能作《春秋》”,强调了历史事实对于书籍撰述的重要作用。而对历史事实进行批评首先要对史料进行批评。史部提要之中对史书的取材和史料的应用做了许多评论和分析。

一、广泛地占有材料

《总目》史部总序曰,“然虽有疑狱,合众证而质之,必得其情。虽有虚词,参众说而核之,亦必得其情”,说明广泛占有材料的必要性。

《总目》史部提倡大量占用材料,赞扬能够广泛占有材料的史书。如司马光撰《资治通鉴》,广泛占有材料,“一事用三四出处纂成,用杂史诸书凡二百二十二家……草稿盈两屋。”[④]《资治通鉴》对史料的采摭,可谓网罗宏富,正是因为有了这浩博的材料,司马光等人才能“先为长编,后为考异”,而成史学“绝作”[⑤]。因此,才受到《总目》史部“网罗宏富,体大思精,为前古之所未有”[⑥]的赞扬。《总目》史部注重广泛占用材料的做法于此可见一斑。史学家李心传含亡国之痛,撰成《建炎以来系年要录》,叙述高宗朝36年史迹。《总目》史部赞赏此书取材的广泛,肯定其非凡的史料价值,认为:“其书以国史、日历为主,而参之以稗官、野史、家乘、志状、案牍、奏议、百司提名。无不胪采异同,以待后来论定。故文虽繁而不病其冗,论虽歧而不病其杂。在宋人诸野史中,最足以资考证。”[⑦]

另一史家徐梦莘,“嗜学博闻,生平多所著述……每念生靖康之乱,思究见

---

①刘知几:《史通》内篇卷5,《采撰》。
②刘知几:《史通》内篇卷5,《采撰》。
③刘知几:《史通》内篇卷10,《杂述》。
④《总目》,《史部·总序》,第256页。
⑤《总目》,《史部·总序》,第256页。
⑥《总目》卷47,《史部·编年类》,《资治通鉴》提要,第270页。
⑦《总目》卷47,《史部·编年类》,《建炎以来系年要录》提要,第273页。

颠末，乃网罗旧闻，荟萃同异，撰成《三朝北盟汇编》一书”，记录徽宗、钦宗、高宗三朝宋金之间通和、用兵之事。《总目》史部在其书提要中评论道：“凡敕制、诰诏、国书、书疏、奏议、记序、碑志，登载靡遗……所引书一百二种，杂考私书八十四种，金国著录十种，共一百九十六种。而文集之类，尚不数焉。史所言者，殊未尽也，凡宋、金通和用兵之事，悉为诠次本末，年经月纬，案月胪载。”①其取材之广也得到《总目》史部的赏识。

宋王益之认为司马光《资治通鉴》仅取材班、马以及荀悦《汉纪》，取材尚不充分。于是他广泛收集材料，写成《西汉纪年》共三十卷，《总目》认为它“广征博引”，“视《通鉴》较为详密”②。《西汉纪年》因为取材更为丰富，所以受到了《总目》的赞扬。

《总目》赞扬取材广博的思想也体现在《建康实录》提要之中：

> 然引据广博，多出正史之外，唐以来考六朝遗事，多援以为证。如张彦远《历代名画记》，引以证曹不兴、顾恺之、陆探微画品。郑文宝《南唐近事》，引以证玄武湖。刘羲仲《通鉴问疑》载《宋书·高祖纪》景平二年书日食外误，刘恕修长编，定日食在是年二月癸巳朔。皆取此书为据。又陈后主时覆舟山及蒋山松柏常出木醴，俗呼雀饧之类，《陈书》遗漏不载。王巩《甲申杂录》亦取此书为据。谢尚谓蔡谟读《尔雅》不熟，几为《劝学》死（案《劝学》，《荀子》第一篇。蟹有六跪二螯，即是篇之语）。《晋书》误作勤学。姚宽《西溪丛语》亦据此书驳正。又裴子野《宋略》，当时所称良史，沈约自以为不及者，今已不传。《资治通鉴》载有论赞数条，亦多首尾不具。而是书于刘宋一代，全据为蓝本，并子野论赞之词，尚存什一。是亦好古者所宜参证矣。③

“唐以来考六朝遗事，多援以为证”“皆取此书为据”“亦取此书为据”“亦据此书驳正”，足以证明《建康实录》不仅引据广博，而且材料确凿，可谓信史。

《总目》赞扬《历代史表》取材广博，并肯定其有助于史学：

> 其书自正史本纪、志、传以外，参考《唐六典》《通典》《通志》《通鉴》《册府元龟》诸书，及各家杂史。次第汇载，使列朝掌故，端绪厘然，于史学

①《总目》卷49，《史部·纪事本末类》，《三朝北盟汇编》提要，第280页。
②《总目》卷47，《史部·编年类》，《西汉纪年》提要，第273页。
③《总目》卷50，《史部·别史类》，《建康实录》提要，第285页。

殊为有助。[1]

《春秋纪传》提要中也体现出了《总目》赞扬取材广博的思想：

其征引以《左传》《国语》为主，辅之以《公》《穀》《檀弓》《国策》《家语》等书，搜罗考核，颇为详备。惟采摭繁富，而皆不著其出典，是其所短。其《列国世系图》全取马骕《绎史》，亦嫌讳所自来也。[2]

同时《总目》也指出，尽管是书"采摭繁富"，但"皆不著其出典"，损折是书的学术价值。

《总目》提倡取材广博的思想也体现在赞扬取正史所未取之材料的做法。如《南诏事略》提要：

是书乃应祥巡抚云南时所撰，大约摭拾各史蛮夷传及滇中旧志参订而成，其诸书与史互异者，皆别作按语，详为考证诠注，叙次颇为简洁，至所载郑氏世次及一切事实，皆《五代史》及《五代会要》《文献通考》诸书所未载，亦足稗史之阙也。惟六诏创置，载于各史者，名号俱符，滇中志、乘，悉引为依据。[3]

《总目》批评取材不广的做法。比如《东观汉记》提要中就体现出这种思想：

本朝姚之骃撰《后汉书补逸》，曾搜集遗文，析为八卷。然所采只据刘昭《续汉书十志补注》《后汉书注》、虞世南《北堂书钞》、欧阳询《艺文类聚》、徐坚《初学记》五书。又往往掇拾不尽，挂漏殊多。今谨据姚本旧文，以《永乐大典》各韵所载，参考诸书，补其阙逸，所增者几十之六。[4]

《总目》"谨据姚本旧文，以《永乐大典》各韵所载，参考诸书，补其阙逸，所增者几十之六"，足见原书取材不广。

---

①《总目》卷 50，《史部 · 别史类存目》，《历代史表》提要，第 288 页。
②《总目》卷 50，《史部 · 别史类存目》，《春秋纪传》提要，第 292 页。
③《总目》卷 66，《史部 · 载记类存目》，《南诏事略》提要，第 368 页。
④《总目》卷 50，《史部 · 别史类》，《东观汉记》提要，第 284 页。

《总目》提倡取材要广博，并不意味着可以杂取无据之材料，来滥竽充数，以达广博。这种思想我们可以通过《路史》提要来了解：

皇古之事，本为茫昧。泌多采纬书，已不足据。至于《太平经》《洞神经》《丹壶记》之类，皆道家依托之言，乃一一据为典要，殊不免庞杂之讥。《发挥》《余论》皆深斥佛教。而说易数篇，乃义取道家。其青阳遗珠一条，论大惑有九，以贪仙为材者之惑、谀物为不材之惑，尤为偏驳。然引据浩博，文采瑰丽。刘勰《文心雕龙·正纬》篇曰：羲、农、轩、皞之源，山、渎、钟律之要，白鱼、赤乌之符，黄金、紫玉之瑞，事丰奇伟，词富膏腴。无益经典，而有助文章。是以后来词人，采摭英华。泌之是书，殆于此类。至其《国名纪》《发挥》《余论》，考证辨难，语多精核，亦颇有祛惑持正之论，固未可尽以好异斥矣。①

《总目》虽赞是书"引据浩博"，但所引材料"已不足据"，且是书"文采瑰丽"，"无益经典，而有助文章"，以至于"是以后来词人，采摭英华。泌之是书，殆于此类"，有失史书为信史之原则。"至其《国名纪》《发挥》《余论》，考证辨难，语多精核，亦颇有祛惑持正之论"为《总目》所赞赏。

《总目》要求撰写史书要取材广博、丰富，但更要求考证精审。此种思想体现在《钦定续通志》提要之中：

《二十略》中，变其例者亦有三。一为《艺文略》。郑氏但列卷数书名。今各补撰人名氏爵里。一为《图谱略》。郑氏原以《索象》《原学》《明用》三篇辨其源流。又以《记有》《记无》二篇考其存佚。今删除诸名，别以《经学》《天文》《地理》《世系》《兵刑》《食货》《算术》《儒学》《医药》为子目。一为《昆虫草木略》。所纪动植之类，不比文章典制，有时代可分。考郑氏原书，惟以所撰《诗名物志》《尔雅补注》《本草外类》约而成编。如百蔬未列瓠匏，九谷不收辫麦，释鱼则存鳣遗鲔，释兽则有虎无貔，混菖于琼茅之菖，合芸苔于夫须之台，舛漏不一而足。今惟于未载者补其阙遗，已载者正其讹误。至其炼石煮丹之类，事涉迂怪，则概不续增。盖虽同一传而条理倍为分明，虽同一略而考证益为精核。②

①《总目》卷50，《史部·别史类》，《路史》提要，第286页。

②《总目》卷50，《史部·别史类存目》，《钦定续通志》提要，第288页。

《总目》批评《通志》取材舛漏，并且“炼石煮丹之类，事涉迂怪”。

《总目》提倡“撰述欲其简，考证欲其详”，要想考证精详就必须充分运用材料，因此引用材料过简者就成为《总目》批评的对象。《征吾录》提要中就表露出《总目》的这种思想：

> 晓初撰《吾学篇》，记当时之事。又条分缕析，为《今言》三百四十余条。复刊汰二书，撮其指要，以成是编。体例略与纪事本末相近。凡三十一篇。然事迹本繁，而篇帙太简。荀悦删班固之书，尚不能不至三十卷。而欲以寥寥两卷，包括一朝，此虽左氏、司马迁之史才，恐亦不能综括也。①

《总目》批评引用史料过简的做法也体现在《史略详注补遗大成》提要之中：

> 初，元庐陵曾先之撰《十八史略》，至宋而止。明初临川梁孟寅益以元事，名《十九史略》。嘉靖戊戌，纪夏以旧注未备，为增补以成是编。然弇陋亦甚。据所列引用书目仅十余种，曰万氏《史略筌蹄》，曰郭氏《帝王世纪》，曰朱子《四书》，曰倪氏《四书辑释》，曰蔡氏《书传》，曰邹氏《音释》，曰陈氏《礼记集说》，曰朱子《诗传》，曰《资治通鉴》，曰吕氏《集注》，曰刘氏《翰墨金书》，曰《左氏春秋》，曰林朱《音训》，曰李氏、刘氏《宋鉴》。是恶足以谈史乎？②

是书引用材料过简，以致《总目》不满地发出疑问：“是恶足以谈史乎？”

只要一涉及义例，即便是取材广博，也会受到《总目》的评判和指责。如《识大录》提要之中便体现出这种思想：

> 大抵以实录为本，而旁采诸家文集铭志之类。然叙述疏舛，义例杂糅，不足自名一书也。③

“实录为本，而旁采诸家文集铭志之类”，可谓取材广博，但因“叙述疏舛，义例杂糅”，《总目》批评道：“不足自名一书也。”

①《总目》卷50，《史部·别史类存目》，《征吾录》提要，第289页。

②《总目》卷50，《史部·别史类存目》，《史略详注补遗大成》提要，第289页。

③《总目》卷50，《史部·别史类存目》，《识大录》提要，第291页。

明蒋之翘病《晋书》“以诸家小说，烦碎猥杂及抵牾错互之处，皆所不免”，为了“正其遗阙”而撰写《晋书别本》。通过《总目》对《晋书别本》所撰写的提要，可见《晋书别本》引用材料之简繁：

凡节原文者十之四，全删者十之二，正其舛误者十之三。其文义漏略者则据《元经》《十六国春秋》《世说注》《华阳国志》等书，各加润色，而稍细书以别之。其事有异同，亦仿《通鉴考异》之例，诠注于下，虽体例不尽精核，然亦犁然有序。其间失之过简者，如《职官志》《艺文传》则全删之，武十三王传删其七，简文四王传删其二，四夷诸国删其十，甚至明穆皇后、孙惠等传有关国是者亦多所刊削，未免矫枉过直。又踵宋祁之说，汰去骈体诏令，而于他文亦多评骘优劣，凡《文选》所已载者，即不具录，殊非史体。又首载《列籍志》，全用焦竑《经籍志》。年表全用郑樵《通志·年谱》。尤无谓也。①

《总目》肯定了《晋书别本》补注《晋书》漏略之处的做法，同时肯定了其用心考证的作风。同时对是书取材过简也提出批评。

《总目》对于取材简略的史书也能以论世知人的态度给予理解。比如《东都事略》提要中就体现出这种思想：

虽不免间有牴牾，然宋人私史，卓然可传者，唯偁与李焘、李心传之书而三。固宜为考《宋史》者所宝贵矣。②

尽管《总目》提倡撰史要详采史料，但也并不主张凡事皆繁。这种思想体现在《总目》所撰写的《南唐书》提要之中：

于诗话、小说不能割爱，亦不免芜杂琐碎，自秽其书。又如《建国谱》之叙地理，仅有军、州而无县，则省不当省，《世系谱》不过出自唐吴王恪，于先主书首一句可毕，而复述于唐书以前，尤繁不当繁，亦乖史体，均不及陆游重修之本。③

①《总目》卷50，《史部·别史类存目》，《晋书别本》提要，第290页。
②《总目》卷50，《史部·别史类》，《东都事略》提要，第286页。
③《总目》卷66，《史部·载记类存目》，《南唐书》提要，第366页。

同时《总目》批评了是书因选材不精而自秽其书。

二、善择史料

《总目》史部不仅提倡广泛取材，而且也要求善择史料，反对取材不精，重视史料来源。

1. 反对取材不精

为了说明这一点，《总目》史部曾专门分析了属于史料方面的书籍和小说杂家之书的区别："既系史名，事殊小说……大抵取其事系庙堂，语关军国。或但具一事之始末，非一代之全编；或但述一时之见闻，只一家之私记。要期遗闻旧事，足以存掌故、资考证，备读史者之参稽云尔。若夫语神怪，供诙嘲，里巷琐言，稗官所述，则别有杂家、小说家存焉。"①这段话清楚地指明了史书取材的范围和性质，也可以说是《总目》史部要求善择史料原则的一个方面。

《总目》在《江南别录》提要中的论述表现出其精择史料的原则："其书颇好语怪，如'徐知海妻吕氏为祟''陈仁杲神助战''赵希操闻鬼语'诸体，皆体近稗官。又元宗初名景通，即位后改名璟，既称臣于周，避周讳又改名景，而此书乃谓初名景，与史不和。又烈祖迁吴让皇于润州，一年而殂，又一年始迁其族于泰州，而此书并叙于烈祖受禅之初，端绪亦未分明。"②《总目》评判其取材不严，以致"体近稗官"；考核不精，而"与史不和"；叙事不完整，导致"端绪亦未分明"。同样的原则也体现在别史类《通志》提要之中：

> 且《氏族略》多挂漏，《六书略》多穿凿，《天文略》只载丹玄子《步天歌》。《地理略》则全钞杜佑《通典·州郡总序》一篇，前虽先列水道数行，仅杂取《汉书·地理志》及《水经注》数十则，即《禹贡》山川亦未能一一详载。《谥略》则别立数门，而沈约、扈琛诸家之谥法悉删不录，即《唐会要》所载杲字诸谥，亦并漏之。《器服略》，器则所载尊彝爵觯之制，制既不详，又与《金石略》复出；服则全钞杜佑《通典》之《嘉礼》。其《礼》《乐》《职官》《食货》《选举》《刑法》六略亦但删录《通典》。无所辨证。至《职官略》中，以《通典》注所引之典故，悉为案语大书，更为草率矣。

《总目》认为为史者所选材料要精审、确凿，这种思想在《十国春秋》提要中有很明确的表示：

①《总目》卷51，《史部·杂史类序》，第292页。

②《总目》卷66，《史部·载记类》，《江南别录》提要，第365页。

任臣以欧阳修作《五代史》于十国仿《晋书》例为载记，每略而不详，乃采诸霸史、杂史以及小说家言，并证以正史，汇成是书。凡吴十四卷，南唐二十卷，前蜀十三卷，后蜀十卷，南汉九卷，楚十卷，吴越十三卷，闽十卷，荆南四卷，北汉五卷，十国纪元世系表合一卷，地理志二卷，藩镇表一卷，百官表一卷。其诸传本文之下，自为之注，载别史之可存者，盖用萧大圜《淮海乱离志》、杨衒之《洛阳伽蓝记》、宋孝王《关东风俗传》、王邵《齐纪》之例。刘知几《史通·补注》篇所谓"躬为史臣，手自刊削除繁，则意有所吝，毕载则言有所妨，遂乃定彼榛楛，列为子注"者也。其间于旧说虚诬，多所辨证，如田颙擒孙儒年月，则从吴《录》，而不从薛《史》；吕师周奔湖南年月，则从《通鉴》而不从《九国志》；《南唐烈祖世家》则从刘恕《十国纪年》及欧《史》，而不从《江南野史》《吴越备史》。皆确有所见。其他类是者甚多。①

《十国春秋》所引材料对于"旧说虚诬"，"多所辨证"，可见是书有较高的学术价值。

《总目》反对取材不精的做法。《荒史》提要中很明确地表达了这种思想：

是书述洪荒开辟之事。九头等十纪之前，增以《元始本纪》，言盘古，《二灵本纪》言天皇、地皇，共为十二纪。《疏仡纪》则至帝挚止焉，共为三卷。帝师、帝臣、叛臣三传各一卷。大抵以罗泌《路史》为蓝本，而稍附益之。皆恍惚无稽之说。胡宏《皇王大纪》未至侈谈神异，陈振孙《书录解题》已有无征不信之疑，况动引《道藏》以为史乎？②

《荒史》所记载之内容不可避免地要涉及一些神怪之说，但《总目》考证与《荒史》性质相近的胡宏《皇王大纪》也未侈谈神异，况且《荒史》违背了"无征不信"的原则，评判其取材不精。

在《三国志》提要中同样表达出《总目》反对取材不精的做法：

宋元嘉中，裴松之受诏为注，所注杂引诸书亦时下己意。综括其大致，约有六端：一曰引诸家之论以辨是非，一曰参诸书之说以核讹异，一曰传所有之事详其委曲，一曰传所有之事补其阙佚，一曰传所有之人详其生平，一曰传所无之人附以同类。其中往往嗜奇爱博，颇伤芜杂。如《袁绍传》中之

①《总目》卷66，《史部·载记类存目》，《十国春秋》提要，第367页。
②《总目》卷50，《史部·别史类存目》，《荒史》提要，第289页。

胡母班，本因为董卓使绍而见，乃注曰："班尝见太山府君及河伯，事在《搜神记》，语多不载。"斯已赘矣。《钟繇传》中乃引陆氏《异林》一条，载繇与鬼妇狎昵事。《蒋济传》中引《列异传》一条，载济子死为泰山伍伯，迎孙阿为泰山令事。此类凿空语怪，凡十余处，悉与本事无关，而深于史法有碍，殊为瑕颣。又其初意似亦欲如应劭之注《汉书》，考究训诂，引证故实。故于《魏志·武帝纪》沮授字，则注"沮，音菹"。犷平字则引《续汉书·郡国志》，注"犷平，县名，属渔阳"。甬道字则引《汉书》，"高祖二年与楚战，筑甬道"。赘旒字则引《公羊传》，先正字则引《文侯之命》。释位字则引《左传》。致届字则引《诗》。绥爰字、率俾字、昏作字则皆引《书》。纠虔天刑字则引《国语》。至《蜀志·郤正传》释诲一篇，句句引古事为注，至连数简。又如《彭羕传》之"革不讯老"，《华佗传》之"专本似专"，《秦宓传》之"棘革异文"，《少帝纪》之"叟更异字"，亦间有所辨证。其他传文句则不尽然。然如《蜀志·廖立传》首，忽注其姓曰"补救切"，《魏志·凉茂传》中，忽引《博物记》注一"繦"字之类，亦间有之。盖欲为之而未竟，又惜所已成，不欲删弃，故或详或略，或有或无，亦颇为例不纯。然网罗繁富，凡六朝旧籍今所不传者，尚一一见其厓略，又多首尾完具，不似郦道元《水经注》、李善《文选注》，皆剪裁割裂之文。故考证之家，取材不竭，转相引据者，反多于陈寿本书焉。①

尽管《三国志》取材不精"其中往往嗜奇爱博，颇伤芜杂"，有伤取材可以"辨是非""核讹异""详其委曲""补其阙佚""详其生平""传所无之人附以同类"之意。但是书毕竟"网罗繁富，凡六朝旧籍今所不传者，尚一一见其厓略，又多首尾完具，不似郦道元《水经注》、李善《文选注》，皆剪裁割裂之文"，"考证之家，取材不竭，转相引据者，反多于陈寿本书焉"，也可说明是书所用材料之丰。

由于《邃古记》取材不精，《总目》批评是书不是信史：

是书所记，始于盘古，迄于有虞。提纲纪事，而杂引诸书以为目。大抵出入于刘恕《外纪》、胡宏《皇王大纪》、罗泌《路史·前纪》、金履祥《通鉴前编》之间。所引多纬书荒诞之说，既非信史，又鲜异闻。谋玮号为博洽，平生著述一百余种，今不尽传。其传者，此为最劣矣。②

①《总目》卷45，《史部·正史类一》，《三国志》提要，第261页。
②《总目》卷50，《史部·别史类存目》，《邃古记》提要，第290页。

《总目》认为这是作者所流传下来的最劣质的作品。

《总目》重视史书所采史料，反对取材无据。我们从《春秋战国异辞》提要之中就可以窥见这种思想：

> 是编采群书所载与《春秋》三传、《国语》、《战国策》有异同者，分国编次，以备考证，亦间为辨定。又取《史记》《十二诸侯表》《六国年表》合而联之，为《通表》二卷。其诙谈琐记、神仙艺术，无关体要，难以年次者，别为《摭遗》一卷，以附于后。其《通表》排比详明，颇有条理。《异辞》以切实可据者为正文，而百家小说悠谬荒唐之论皆降一格，附于下。亦颇有体例。虽其间真赝杂糅，如《庄》《列》之寓言，《亢仓子》之伪书，皆见采录，未免稍失裁断。而采摭浩繁，用力可称勤至。又所引诸书，多著明某篇某卷，盖仿李涪《刊误》、程大昌《演繁露》之例。令观者易于检核，亦无明人杜撰炫博之弊。盖马骕《绎史》用袁枢纪事本末体，厚耀是书则用齐履谦诸国统记体。而骕书兼采《三传》《国语》《战国策》，厚耀则皆摭于"五书"之外，尤独为其难。虽涉芜杂，未可斥也。厚耀所著《春秋长历》及《春秋世族谱》，皆与是编相表里。而自言平生精力，用于是书者多云。①

是书取"《史记》《十二诸侯表》《六国年表》合而联之，为《通表》二卷"，"其诙谈琐记、神仙艺术，无关体要，难以年次者，别为《摭遗》一卷，以附于后"，此种安排受到《总目》称赞。"《异辞》以切实可据者为正文，而百家小说悠谬荒唐之论皆降一格，附于下"的做法，也受到《总目》赞扬。而对于一些伪史的采录，则受到《总目》的批评。同时运用对比的手法肯定"厚耀则皆摭于'五书'之外，尤独为其难。"

取材不精会影响史书的学术价值，《晋书》之所以猥杂，就是因为喜欢引用小说之故。刘知几曾在《采撰》篇对此有所评论："《晋书》多采《语林》《世说》《幽明录》《搜神记》，或诙谐小辨，或神鬼怪物，其事非圣，扬雄所不观，其言乱神，仲尼所不语。"而认为《晋书》繁冗的《晋史删》则也因取材不精受到《总目》批评：

> 国缙乃多取琐碎故实，及清谈谑语，与房乔等所见正同。是如涂涂附矣。至于以一传原文而前后分移置，又有节录传中数语，移为他传之分注，

---

①《总目》卷 50，《史部·别史类》，《春秋战国异辞》提要，第 288 页。

大都徒见纷更，而毫无义例。以是而改《晋书》，恐无以服修《晋书》者之心也。①

虽说《总目》提倡广博材料，但也要求取材有据，使史书不失为信史。如《三国志补注》提要中就体现出这种思想。

松之注捃摭繁富，考订精详，世无异议。世骏复掇拾残剩，欲以博洽胜之，故细大不捐，瑕瑜互见。如某人宅在某乡，某人墓在某里，其体全类《图经》。虞荔之《鼎录》，陶宏景之《刀剑录》，皆按年编入，而钟繇等传《书评》《书品》，动辄连篇，其例又如杂记。至于神怪妖异，如嵇康见鬼，诸葛亮祭风之类，稗官小说累牍不休，尤诞谩不足为据。他如魏文帝角巾弹棋，裴注已引《博物志》，而又引《世说》。曹操之发丘摸金，裴注已载《陈琳檄》，而又引《宋书·废帝纪》，书名有异，而事迹不殊，亦何取乎屋上之屋。至于崔琰捉刀，刘孝标《世说注》中已辨裴启《语林》之误，乃弃置刘语而别引《史通》之文。张飞豹月乌本出叶廷珪《海录碎事》，乃明标叶书，又冠以"汇苑"之目。大抵爱博嗜奇，故蔓引卮词，多妨体要。又"异苑"王粲识礜石事，佚其荆州刘表数言；诸葛亮《梁甫吟》不载出《艺文类聚》。辗转稗贩，疏漏亦多。然如《魏文帝纪》之王凌谢亭侯一条，《明帝纪》之孔晏父一条，陈寿年三十六一条，《臧洪传》之徐众一条，《崔琰传》之陈炜一条，《华歆传》之东海郡人一条、严包交通一条，《蒋济传》之弊勉一条，《张辽传》之大呼是名一条，《楚王彪传》之徒封白马一条，《蜀志·先主传》之谯周为从事一条，《后主传》之不置史官一条，《诸葛亮传》之躬耕南阳一条，《邓芝传》之廖化襄阳人一条，《吴志·孙休传》二子之名一条，《太史慈传》之神亭一条，《黄盖传》之黄子廉一条，《贺齐传》之徐盛失矛一条，皆参校异同，颇为精核。余如黄初五经课试之法，王昶考课五事之目，司马芝复钱之议，王肃秘书监之表，王象、谬袭之撰《皇览》，引《正义》辨郑玄解稽古同天之讹，引《后汉书》注证宗贼之义，引《风俗通》证周生为复姓，引《困学纪闻》证况长宁为蜀人，亦皆足以资考证。故书虽芜杂，而亦未可竟废焉。末附《诸史然疑》一卷，亦世骏所撰，皆纠史文之疏漏。凡《后汉书》十四条，《三国志》六条，《晋书》三条，《宋书》三条，《魏书》八条，《北史》六条，《陈书》三条，盖后人钞其遗稿，录之成帙。其中引《史通》一条云："习凿齿以刘为伪国者。

①《总目》卷50，《史部·别史类存目》，《晋史删》提要，第290页。

盖定邪正之途,明顺逆之理尔。而檀道鸾称其当桓氏执政,故撰此书,欲以绝彼瞻乌,妨兹逐鹿。"审若所言,则凿齿似未尝尊蜀者。案此条见《史通·探赜》篇。核其上下文义,盖传写《史通》者,误于"以刘"二字之上脱一"不"字,其《称谓》篇中自注有曰:"习氏《汉晋春秋》以蜀为正统,其叙事皆谓蜀先主为昭烈帝。"本书之内,证佐甚明。近时浦起龙刻《史通》以此句文义违背,改刘为魏,犹无大害。世骏竟据误本,遽发创论,殊失之不考。牛继马后一条,责《晋书》不当袭旧史,全因《史通》之说,亦不免剿袭。至于三老五更一条,据杨赐、伏恭、周泽三传补杜佑《通典》之阙,则蔓延于本书之外,于《后汉书》绝不相关,亦为自乱其例。然大致订讹考异,所得为多,于史学不为无补。以篇页无多,附载《三国志补注》之后,今亦并录存之,以资参订云。①

《三国志补注》因"捃摭繁富",从而保证了可以"考订精详"的一个条件。而世骏"欲以博洽胜之",故"细大不捐,瑕瑜互见",以至于"神怪妖异,稗官小说累牍不休",取材不精,影响了史书为信史的原则。"曹操之发丘摸金,裴注已载《陈琳檄》,而又引《宋书·废帝纪》,书名有异,而事迹不殊,亦何取乎屋上之屋",出现了材料重叠的现象,遭到《总目》的批评。

《总目》史部反对盲目取材。《证明》评判《唐余纪传》取材"杂采稗官,漫无刊削"②。《总目》史部分析《新唐书》道,"史官记录,具载旧书,今必欲广所未备,势必搜及小说,而至于猥杂"③,一针见血地指出其盲目取材造成的弊端。

刘勰《文心雕龙·史传》篇曾批评一种史学现象:"俗皆爱奇,莫顾实理,传闻而欲伟其事,录远而欲详其迹。"这样必然会出现一些"诬矫"、不实。《总目》史部对这种史学现象持批评态度。比如《总目》史部是这样对《路史》大加批评的:"皇古之事,本为茫昧。泌多采纬书,已不足据。至于《太平经》《洞神经》《丹壶记》之类,皆道家依托之言,乃一一据为典要,殊不免庞杂之讥。"④又在《三国志》提要之中进行批评道,"其中往往嗜奇爱博,颇伤芜杂。……凿空语怪,凡十余处,悉与本事无关,而深于史法有碍,殊为瑕疵"⑤,认为为史者若不能善择史料,则是有碍史法,使史书有失信史。

①《总目》卷45,《史部·正史类一》,《三国志补注》提要,第260页。
②《总目》卷66,《史部·载记类存目》,《唐余纪传》提要,第368页。
③《总目》卷45,《史部·正史类》,《新唐书》提要,第264页。
④《总目》卷50,《史部·别史类》,《路史》提要,第286页。
⑤《总目》卷45,《史部·正史类一》,《三国志》提要,第261页。

刘知几在《史通·采撰》篇中归纳出为史者采撰失误的三个方面的原因：一是“郡国之记，谱牒之书，务欲矜其州里，夸其氏族”；二是轻信“讹言”与“传闻”，以致事同说异，“是非无定”；三是“古今路阻，视听壤隔，而谈者或以前为后，或以有为无，泾渭一乱，莫之能辨。而后来穿凿，喜出异同，不凭国史，别讯流俗”。这三个方面从门阀家族、传说异闻、地域阻隔等方面论述了采撰失误的原因，可谓切中时弊。同时刘知几也单独指出采撰方面的人为因素：“夫传闻失真，书事失实，盖事有不获已，人所不能免也。至于故为异说，以惑后来，则过之尤甚者矣。”①《总目》在此基础上对采撰史料问题进行了更全面的批评。

除了取材精到之外，注重取材来源，也是善择史料的一个原则。

2. 重视史料来源

注明史料来源，可使学者有据可依，便于翻检，并且可以根据史料之来源判断所引史料是否可信，这也是考证之学的一个体现。

《总目》史部重视史料来源，极力赞扬重视史料来源者。如清初学者马骕作《绎史》，此书虽说是仿效袁枢纪事本末之体，但它很重视所引史料来源，对所博引之古籍，一一注明出处，对于有异同、伪舛者，则附于条下疏通辩证，《总目》赞扬此书：“搜罗繁富，词必有征，实非罗泌《路史》、胡宏《皇王大纪》所可及。”《总目》史部重视史料来源的做法不证自明。

《总目》重视史料来源，于提要之中考证了所收书籍的材料出处。如对《契丹国志》进行了考证：

> 钱曾《读书敏求记》称其书法谨严，笔力详赡，有良史风。而苏天爵《三史质疑》则谓隆礼不及见国史，其说多得于传闻，讥其失实甚多。今观其书，大抵取前人纪载原文，分条采摘，排比成编。穆宗以前纪传，则本之《资治通鉴》。穆宗以后纪传及诸杂纪，则本之李焘《长编》等书。其《胡峤陷北记》，则本之欧史《四夷附录》。《诸番记》及达锡伊都等传，则本之洪皓《松漠记闻》。《杂记》，则本之武圭《燕北杂记》（案：圭书，今不传，其言略见曾慥《类说》），皆全袭其词，无所更改。间有节录，亦多失当。如《通鉴》载太祖始立为王事，上云“持强不受代”，故下云“七部求如约”。今此书删去“不受代”之文，则所谓如约者果何事乎？《长编》载圣宗南侵事，云“天雄军闻契丹至，阖城惶遽。契丹潜师城南，设伏狄相庙，遂南攻德清。王钦若遣将追击，伏起，天雄兵不能进退”。其情事甚明。今此书于“阖城惶遽”

①《史通通释》卷18《杂说下》。

下即接“伏起”云云，而尽删其潜师设伏之文。则所伏者果谁之兵乎？又《松漠记闻》载“黄头女真，金人每当出战，皆令前驱”。盖洪皓所亲见，其为金人，事甚明。今此书乃径改金人为契丹，采入辽志，则益为颠倒事实矣。又《帝纪》中凡日食、星变诸事，皆取《长编》所记，案年胪载。然辽、宋历法不齐，朔闰往往互异。如圣宗开泰九年，辽二月置闰，宋十二月置闰，宋之七月，在辽当为八月。而此书仍依宋法书七月朔日食。此类亦俱失考。①

《总目》考证了《契丹国志》的史料来源，并指出其史料失当之处，以及取材不精。

《总目》对于不注材料出处的做法给予了批评：

惜其抄撮具有苦心，惟各条之末不疏明出何书。明人之习，大都若是，所讥诚中其病。②

《总目》分析《春秋别典》不注出处的做法是“明人之习，大都若是”，从中也可窥《总目》对明人的成见。

对于不注明史料来源、无益于“参稽考证”者，《总目》史部则给予批评。如清人姚之骃作《后汉书补逸》，《总目》史部对此批判道：“其捃拾细琐，用力颇勤。惟不著所出之书，使读者无从考证，是其所短。”③又清人张庚为了纠正《通鉴纲目集览》《质实》之荒陋，作了《通鉴纲目释地纠谬》，却又不注明所引典籍之出处，《总目》史部对此批评道：“今既与人辨矣，则宜原原本本，详引诸书，使沿革分合，言言有据。庶几以有证之文，破无根之论。而所纠所补，乃皆不著出典，则终不能关其口也。”④不注明所引史料来源，说服力大打折扣，且给人随意拈取材料之嫌。

《总目》不仅注明所引材料出处，而且说明之所以如此取材的原因。比如《后汉书补逸》提要之中就体现出这种思想：

是编搜辑《后汉书》之不传于今者八家。凡《东观汉记》八卷，谢承《后

①《总目》卷50，《史部·别史类》，《契丹国志》提要，第286页。
②《总目》卷50，《史部·别史类》，《春秋别典》提要，第287页。
③《总目》卷50，《史部·别史类》，《后汉书补逸》提要，第288页。
④《总目》卷48，《史部·编年类存目》，《后通鉴纲目释地纠谬》提要，第277页。

汉书》四卷，薛莹《后汉书》、张璠《后汉记》、华峤《后汉书》、谢沈《后汉书》、袁山松《后汉书》各一卷，司马彪《续汉书》四卷。刘知几《史通》称范蔚宗所采，凡编年四族、纪传五家。今袁宏《书》尚有传本，故止于八也。①

《总目》提倡撰写史书要据事实、据典，但一涉及书法精神，《总目》便改变了自己的原则。比如我们看《续后汉书》提要：

初，常父寿朋，病陈寿《三国志》帝魏黜蜀，欲为更定，未及成书而卒。常因述父志为此书。以昭烈帝为正统，作《帝纪》二卷、《年表》二卷、《列传》十八卷，以《吴》《魏》为《载记》，凡二十卷。又别为《音义》四卷、《义例》一卷。于《蜀志》增《传》三十二，废《传》四。移《魏志》传入汉十。《吴志》废《传》二十。《魏志》废《传》八十九。多援裴《注》以入传。其增传亦皆取材于注。间有注所未及者，建安以前事则据范《书》，建安以后则不能复有所益。盖其大旨在书法，不在事实也。然其义例精审，实颇得史法。如魏、吴诸臣本附见二国《载记》之后，而中有一节可名，如孟宗、陈表等，则别入《孝友传》；杜德、张悌等，则别入《忠义传》；管宁、吴范等，则别入《隐逸》《方技传》。其体实本之《晋书》。又曹操封魏公，加九锡等事，《陈志》皆称天子命公，而此乃书操自为云云，则本之范蔚宗《后汉书·本纪》。其他笔削，亦类多谨严。惟《陈志·先主传》称封涿县陆城亭侯，而常于《昭烈纪》但云封陆城侯。陈《志》建安十四年魏延为都督，而常则云拔魏延为镇远将军。裴《注》概无此语，不知常何所本。然常之所长，不在考证。殆偶然笔误，非别有典据也。②

宋萧常撰《续后汉书》更陈寿《三国志》之谬，以昭烈帝为正统；但是书所取材料"建安以后则不能复有所益"，是为此书之短。针对这种取材之缺憾，《总目》为其辩护说："盖其大旨在书法，不在事实也。"《续后汉书》所增之传皆取材于裴《注》，"惟《陈志·先主传》称封涿县陆城亭侯，而常于《昭烈纪》但云封陆城侯。《陈志》建安十四年魏延为都督，而常则云拔魏延为镇远将军"，裴《注》概无此语，且不注明出处。对此《总目》为之辩护认为"然常之所长，不在考证"，并且进一步为之找借口："殆偶然笔误，非别有典据也。"《总目》前后不一的变通思想将维护封建正统统治的用心暴露无遗。

①《总目》卷50，《史部·别史类》，《后汉书补逸》提要，第288页。
②《总目》卷50，《史部·别史类》，《续后汉书》提要，第287页。

《总目》重视取材，重视史料来源，就治学而言是为重视史学的学术价值。而其对《永乐大典》辑佚本的编辑校正也是其重视史学学术价值的体现。比如《续后汉书》提要之中就体现出这种思想：

是书与经所撰《陵川集》，皆延祐戊午，官为刊行。然明以来绝少传本。惟《永乐大典》所载尚多。核以原目，惟《年表》一卷、《刑法录》一卷，全佚不传。其全篇完好者犹十之六七。其《序文》《议赞》，存者亦十之八九。今各据原目，编辑校正。所分子卷，悉仍其旧。间有残阙，其文皆已具于陈《志》，均不复采补，以省繁复。又经所见乃陈《志》旧本，其中字句，与今本往往异同，谨各加案语标明，以资考证。①

是书"明以来绝少传本"，而《永乐大典》所载亦有残缺，《总目》辑佚本与郝经所据陈《志》所撰本之字句往往有异同，因此，《总目》"各加案语标明"，便于考证，体现出很强的学术思想。此举与重视史料来源有异曲同工之妙。

同样的思想也体现在《春秋战国异辞》：

是编采群书所载与《春秋》三传、《国语》、《战国策》有异同者，分国编次，以备考证，亦间为辨定。②

《总目》史部提倡博采善择，它虽是《四库全书》的目录书，但在存目之中也著录大量的为全书所不录之典籍，保存了大量的历史资料，此亦可谓是其博采善择的一个表现。

第二节　史实与褒贬

《总目》史部在收集史料上重视博采善择，但是由于种种原因，文献资料也存在不少失实的地方。其中，有的是由于史官的故意歪曲，有的是由于记录人的认识不足，有的则由于传闻的失误。还有的由于多年的传抄、刊刻，文字上的伪误脱衍倒错也不少。像这样的材料都有待于考订以后，才能使用。③ 所以《总目》史部对历史事实进行考证是极有必要的。同时也体现出《总目》在学术上的

①《总目》卷50，《史部·别史类》，《续后汉书》提要，第287页。

②《总目》卷50，《史部·别史类》，《春秋战国异辞》提要，第288页。

③白寿彝：《中国通史》（第一卷），上海人民出版社，1989年，第295页。

一个特点：注重考证，疏于发挥、议论，从而对宋明之际好发议论者持有异议。

一、对历史事实进行考证

宋人吴缜从理论上对历史事实之批评做出明确概括，他认为："夫为史之要有三：一曰事实，二曰褒贬，三曰文采。有是事而如是书，斯谓事实。因事实而寓惩劝，斯谓褒贬。事实、褒贬既得矣，必资文采以行之，夫然后成史。至于事得其实矣，而褒贬、文采则阙焉，虽未能成书，犹不失为史之意。若乃事实未明，而徒以褒贬、文采为事，则是既不成书，而又失为史之意矣。"①这一段话，阐述了"事实""褒贬""文采"这三个方面之于史书的关系，而其中"事实"尤其重要。这种思想实质上是对历史上由来已久的曲笔手法提出了挑战。吴缜极其明确地把史学批评的理论建立在尊重历史事实的基础上，从中我们可以理解为史学应是独立的、不应是依附封建政权的。因为只有事实确凿，才可以在此基础上进行褒贬及讲求文采。"文胜质则野"，实事求是则是叙述事件的基本。

吴缜所撰《新唐书纠谬》，既为纠谬之书，就会用到自己认为为信史的历史材料。因此在史学批评理论方面，吴缜提出什么是"信史"，并在《新唐书纠谬·序》中给信史所涵括的范围做了概括：

> 必也编次、事实、详略、取舍、褒贬、文采，莫不适当，稽诸前人而不谬，传之后世而无疑，粲然如日星之明，符节之合，使后学观之而莫敢轻议，然后可以号信史。反是，则篇帙愈多，而讥谯愈众，奈天下后世何！

我们认为，随着时代的发展和技术的进步，以及考察历史主体对事物的认识愈加丰富，再加之考察历史的手段和方法愈加之多，会对前代所记载的历史之缺漏、舛误有更深刻的认识，这就会出现像吴缜所说"篇帙愈多，而讥谯愈众"。以"编次、事实、详略、取舍、褒贬、文采，莫不适当"，以致"后学观之而莫敢轻议"，来作为信史的一个标准也是有一定见解的。

而《总目》史部注重对历史事实的考证，也包含着考证所记载历史事实是否为信史的因素在内。《总目》声明"主于考订异同，别白得失"②，而内容又以"辨驳之文为多"，同样体现出了对历史事实进行考证的必要性，并为史学批评提供了一个得以评价的基础。《总目》史部总序也表达了同样的观点："鲁史所录，具载一事之始末，圣人观其始末，得其是非，而后能定以一字之褒贬，此作史之资考证也。丘明录以为传，后人观其始末，得其是非，而后能知一字之所以褒贬，

---

①吴缜：《新唐书纠谬·序》，上海人民出版社，1989年，丛书集成初编。

②《总目》卷首，《凡例》，第20条。

此读史之资考证也。苟无事迹，虽圣人不能作《春秋》；苟不知其事迹，虽圣人读《春秋》，不知所以褒贬。”同样强调了事实的重要性。并且只有在事实的基础上进行褒贬，才可以知道其“所以褒贬”。

《总目》史部重视对历史事实的考证。如康熙年间大学士勒德洪等奉敕撰《平定三逆方略》，此书提要中说：“伏读实录，载康熙二十五年十一月大学士勒德洪，以此书进呈。蒙谕其中舛错，如王辅臣由云南援剿总兵官，授为陕西提督，今谓由陕西总兵官升任。至论赞中援宋太祖杯酒释兵权事，吴三桂非宋功臣可比，乃唐藩镇之流，敕酌改之。仰见深筹远虑，事事皆经圣心，即一二小节，亦毫发无遗，益征神谋独断，非廷臣所能参赞者矣。”[①]康熙帝指出了吴三桂不能和宋代功臣相比，他只能类似于唐代藩镇之流。康熙修正了历史事实的舛错，并对康熙“一二小节，亦毫发无遗”的求实精神加以赞扬。

《总目》史部在历史事实上注重实事求是，因而对于一些能够保存有用历史资料，且可以藉此了解历史事实的书籍，给予了肯定。被以往的目录学家讥为“无所发明”“无甚新解”的辑录体目录书，因其能够保存各种典籍资料，而受到《总目》史部的肯定。它评价《文献通考》：“其条分缕析，使稽古者可以案类而考。”[②]又评价《经义考》说：“然上下二千年间，元元本本，使传经原委一一可稽，亦可以云详赡矣。”[③]可见《总目》史部对可以藉以考证的目录书甚是称赞。又在《文渊阁书目》提要中说：“今以《永乐大典》对勘，其所收之书，世无传本者，往往见于此目，亦可知其储庋之富。……惟藉此编之存，尚得略见一代秘书之名数，则亦考古所不废也。”[④]极力赞扬《文渊阁书目》保存了世所难见的史料，于考证有功。《旧五代史》虽文辞不及欧阳，但当时秉笔之臣“尚多逮事五代，见闻较近，纪传皆首尾完具，可以征信”，并且司马光撰《资治通鉴》“专据薛史，不取欧史”，说明《旧五代史》保存了大量的史实，《总目》史部因其“事迹较备”[⑤]，而使之与欧阳修书并存于正史，可见《总目》史部对事实的重视。

《总目》史部对“秉笔直书”、有助于考证的史书也给予了肯定。《总目》史部分析《平台纪略》道：“盖鼎元之兄廷珍，时为南澳总兵官，与福建水师提督施世骠合兵进讨，七日而恢复台湾，旋擒一贵……鼎元在廷珍军中，一一亲见，故记载最悉。其叙述功罪，亦无所避忌，颇称直笔。”[⑥]这里既分析了此书切合历史

---

①《总目》卷49，《史部·纪事本末类》，《平定三逆方略》提要，第280页。

②《总目》卷81，《史部·政书类一》，《文献通考》提要，第429页。

③《总目》卷85，《史部·目录类一》，《经义考》提要，第449页。

④《总目》卷85，《史部·目录类》，《文渊阁书目》提要，第448页。

⑤《总目》卷46，《史部·正史类二》，《旧五代史》提要，第264页。

⑥《总目》卷49，《史部·纪事本末类》，《平台纪略》提要，第283页。

事实的可能性——作者蓝鼎元曾经亲历平台战事,也赞扬了作者“无所避忌”的求实精神,进而肯定了是书内容的可信性。《总目》史部分析《资治通鉴考异》说:“高似孙《纬略》,载光编集《通鉴》有一事用三四出处纂成者……其间传闻异词,稗官既喜造虚言,正史亦不皆实录。光既择可信者从之,复参考同异,别为此书。辨正谬误,以祛将来之惑。昔陈寿作《三国志》,裴松之注之,详引诸书错互之文,折衷以归一是,其例最善。而修史之家,未有自撰一书,明所以去取之故者。有之,实自光始。其后李焘《续通鉴长编》、李心传《建炎以来纪年要录》,皆沿其义。虽散附各条之下,为例小殊,而考订得失,则一也。”①司马光“择可信者从之”的求实精神,裴松之广引资料以核本书之误的态度,有利于考证历史事实,得到《总目》史部的极大赞扬。

此外,《总目》史部对于史书内容的真伪性也做了考证,如《旧五代史记》是“奉诏撰述,本在宋初。其时秉笔之臣,尚多逮事五代,见闻较近,纪传皆首尾完具,可以征信。故异同所在,较核事迹,往往以此书为证”②。而《新五代史记》“事实则不甚经意……薛史如左氏之记事,本末赅具,而断制多疏;欧史如《公》《穀》之发例,褒贬分明,而传闻多谬”。③《旧五代史记》便于考证历史事实,《新五代史记》虽褒贬分明,但传闻多谬。《总目》史部对二书之长短进行了考证,便于学者了解、使用。

此外,《总目》史部对历史事实的考证还体现在对卷数、书名等内容的考证上。

比如对卷数的考证。《文渊阁书目》提要说,“旧本不分卷数,黄虞稷《千顷堂书目》作十四卷,不知所据何本,殆传写者以意分析?厘定为四卷云”④,考证、确定了《文渊阁书目》的卷数。考证《五代史记纂误》时云,“然晁公武《读书志》、陈振孙《书录解题》载此五卷,《宋史·艺文志》载此书三卷……谨以《宋史》目次,厘为三卷”⑤,确定了《五代史记纂误》卷数。

《总目》史部考究书名。如在《遂初堂书目》提要中说:“杨万里《诚斋集》有为袤作《益斋书目序》,其名与此不同,然《通考》引万里序列《遂初堂书目》条下,知即一书。”⑥又在《崇文总目》条云:“因诏翰林学士王尧臣、史馆检讨王洙、馆阁校勘欧阳修等校正条目,讨论撰次,定著三万六百六十九卷,分类编目,总

①《总目》卷47,《史部·编年类》,《资治通鉴考异》提要,第270页。
②《总目》卷46,《史部·正史类二》,《旧五代史记》提要,第264页。
③《总目》卷46,《史部·正史类二》,《新五代史记》提要,第264页。
④《总目》卷86,《史部·目录类一》,《文渊阁书目》提要,第448页。
⑤《总目》卷46,《史部·正史类二》,《五代史记纂误》提要,第365页。
⑥《总目》卷86,《史部·目录类一》,《遂初堂书目》提要,第448页。

成六十六卷,于庆历元年十二月己丑上之,赐名曰《崇文总目》。后神宗改崇文院曰秘书省,徽宗时因改是书曰《秘书总目》。然自南宋以来,诸书援引,仍谓之《崇文总目》,从其朔也。"[①]如唐樊绰《蛮书》书名比较混乱,《总目》云:"《新唐书·艺文志》著于录,《宋史·艺文志》则有绰所撰《云南志》十卷,而不称《蛮书》,《永乐大典》又题作《云南史记》,名目错异。今考司马光《通鉴考异》、程大昌《禹贡图》、蔡沈《书集传》所引《蛮书》之文,并与是编相同,则《新唐书志》为可信。……仍依《新唐书志》题曰《蛮书》,从其朔也。"[②]考证书名便于我们了解异名同书之关系,方便我们对材料的掌握和运用。

《总目》史部考证了史书的卷数、书名等内容,体现出了为史的基本原则——"实录"。

《总目》史部对不注重考察历史事实的史书给予了毫不留情的批判。如《总目》史部在目录类存目《读书敏求记》提要中讥讽道:"其中解题,大略多论缮写刊刻之工拙,于考证不甚留意。如《韵略》《易通》至谬之本,而以为心目了然。《东坡石鼓文全本》,实杨慎伪托,而以为篆籀特全。《臞仙史略》载元顺帝为瀛国公子,诬妄无据,而以为修《元史》者见不及此。《了证歌》称杜光庭,《太素脉法》称空峒仙翁,本皆伪托,而实以为然。《玄珠密语》最为妄诞,而以为申《素问》六气之隐奥。李商隐《留赠畏之》诗后二首,本为误失原题,而强生曲解。《声画集》本孙绍远撰,而以为无名氏。《岁寒堂诗话》本张戒撰,而以为赵戒。魏校《六书精蕴》最穿凿,而谓徐官《音释》六书之学极佳。《四声等子》与刘鉴《切韵指南》异同不一,而以为即一书。古三坟书及东家杂家记之琴歌,伪托显然,而依违不断。萧常《续后汉书》正《三国志》之误,而大以为非。王弼注《老子》,世有刻本,而以为不传。庞安常圣散子方,宋人已力辨苏轼之误信,而复称道其说。屈原赋、宋玉赋、汉《艺文志》有明文而斥钱杲之谓《离骚》为赋之非。欧阳詹赠妓诗真迹,至邵伯温时犹在,而以为寄怀隐士之作。皆不为确论。"《总目·史部》严厉地批评了《读书敏求记》不进行考证、主观臆断的对历史不负责任的态度,其内容被《总目》史部斥为"皆不为确论",认为是书失却了为史的"实录"精神。

《总目》史部极力发挥考据学之能事,对历史事实进行考证,提倡"史之为道,撰述欲其简,考证则欲其详",从各个方面对于有助于得到历史真相的史书给予好评,反之,则给予批评。

此外,《总目》在提出一种说法和现象之后就用一些史学批评的手法进行具

---

①《总目》卷86,《史部·目录类一》,《崇文总目》提要,第447页。

②《总目》卷66,《史部·载记类》,《蛮书》提要,第365页。

体分析考证，体现出对历史事实进行严谨求是考证的历史唯物主义态度。我们来具体分析。

《总目》在《四明它山水利备览》提要中首先肯定他山之水利作用：

鄞故有它山一水，其始大溪与江通流，咸潮冲接，耕者弗利。唐大和七年，邑令王元暐始筑堰以捍江潮。于是溪流灌注城邑，而鄞西七乡之田皆蒙其利。岁久废坏，宋嘉定间，岘言于府，请重修，且董兴作之役，因为是书记之。上卷杂志源流规制，及修造始末，下卷则皆碑记与题咏诗也。

然后运用辨彰学术、考镜源流的手法进行了具体的考证：

案《新唐书·地理志》，载明州鄮县（案：鄞县在唐为鄮县）南二里有小江湖，溉田百顷。开元中，令王元纬置。东二十五里有西湖，溉田五百顷。天宝二年，令陆南金开广之。今此编称它山水入于南门，潴为日、月二湖。其日湖即小江湖，月湖即西湖。谓二湖皆王元暐所浚，而不言有天宝之陆南金，似有阙略。至其以元暐为元纬，以开元中为大和七年，则此编所载诸碑记及唐僧元亮诗，证佐显然，足以纠正《唐志》之谬，不得以与史异文为疑矣。此书在地志之中颇为近古，宋《四明郡志》尝采其说。然传本颇稀，几于泯没而无可考。明崇祯辛巳，郡人陈朝辅始得旧帙梓行，版亦散佚。首有岘及朝辅二序，而末以《四明志序》附焉，盖即从陈本录出者也。①

从《四明它山水利备览》提要我们可以清晰地看到《总目》严于求是的历史唯物主义态度。

同样的思想运用也体现在《河防一览》提要之中：

季驯在嘉靖、万历间，凡四奉治河之命。在事二十七年，着有成绩。尝于万历七年工成时，汇集前后章奏及诸人赠言，纂成一书，名《塞断大工录》。既而以其犹未赅备，复加增削，辑为是编。首《敕谕图说》一卷，次《河议辨惑》一卷，次《河防险要》一卷，次《修守事宜》一卷，次《河源河决考》一卷，次前人文章之关系河务及诸臣奏议凡八十余篇，分为九卷。明代仰东南转漕，以实京师。又泗州祖陵，逼近淮、泗，故治水者必合漕运与陵

①《总目》卷69，《史部·地理类二》，《四明它山水利备览》提要，第380页。

寝而兼筹之。中叶以后，溃决时闻，议者纷如聚讼。季驯独力主复故道之说，塞崔镇，堤归仁，而黄不北；筑高家堰、黄浦八浅，而淮不东。创为减水顺水坝、遥堤、缕堤之制，而蓄泄有所赖。其大旨谓通漕于河，则治河即以治漕；会河于淮，则治淮即以治河；合河、淮而合入于海，则治河、淮即以治海。故生平规画，总以束水攻沙为第一义。考《汉书》载王莽时征治河者，大司马史张戎已有"水自刮除成空"语，是借水刷沙，古人已露其意，特从未有见诸行事者。季驯乃斟酌相度，神而明之，永为河渠利赖之策。后来虽时有变通，而言治河者终以是书为准的。阎若璩《潜邱札记》有《与刘颂眉书》曰："考万历六年，潘司空季驯河工告成，其功近比陈瑄，远比贾鲁，无可移易矣。乃十四年河决范家口，又决天妃坝；二十三年河、淮决溢，邳、泗、高、宝等处皆患水灾；天启元年河决王公堤。安得云潘司空治后无水患六十年！大抵潘司空之成规具在，纵有天灾，纵有小通变，治法不出其范围之外。故曰《河防一览》为平成之书"云云。若璩居于山阳，于河渠利病得之目睹，斯可谓平情之论矣。[①]

《总目》分析了《河防一览》的水利思想："塞崔镇，堤归仁，而黄不北；筑高家堰、黄浦八浅，而淮不东。创为减水顺水坝、遥堤、缕堤之制，而蓄泄有所赖。其大旨谓通漕于河，则治河即以治漕；会河于淮，则治淮即以治河；合河、淮而合入于海，则治河、淮即以治海。故生平规画，总以束水攻沙为第一义。"紧跟着运用一些史学批评的手法进行分析考证。首先考辨此种做法最先源于《汉书》，潘季驯斟酌而用之。再通过阎若璩《与刘颂眉书》进一步了解潘季驯治水之实际效果。

二、史实与褒贬

《总目》史部对有"是事"是否"如是书"进行了考证之后，便"因事实而寓惩劝"，即在史实的基础上进行褒贬。正如《总目·凡例》所言，"论史主于示褒贬，然不得其事迹之本末，则褒贬何据而定"，说明褒贬是建立在对历史事实进行考证的基础之上的。

《总目》史部在考证事实的基础上进行褒奖。如《总目》史部是这样评《三国志》的："网罗繁富，凡六朝旧籍今所不传者，尚一一见其崖略。"在此基础上进而赞扬道："又多首尾完具，不似郦道元《水经注》、李善《文选注》，皆剪裁割裂之文。"[②]又称赞《三国志》"简质有法，古称良史"[③]。《金史》之体例、取材皆有

①《总目》卷69，《史部·地理类二》，《河防一览》提要，第380页。

②《总目》卷45，《史部·正史类一》，《三国志》提要，第260页。

③《总目》卷45，《史部·正史类一》，《三国志辨误》提要，第260页。

典据,比如“历志则采赵知微之《大明历》,而兼考浑象之存亡。……《百官志》之首叙建国诸官,咸本本元元,具有条理……”《总目》史部赞扬《金史》道:“皆切中事机,意存殷鉴,卓然有良史之风。”①《总目》史部在《通鉴纪事本末》提要中对纪事本末体进行了分析:“纪传之法,或一事而复见数篇,宾主莫辨;编年之法,或一事而隔越数卷,首尾难稽。枢乃自出新意,因司马光《资治通鉴》,区别门目,以类排纂,每事各详起讫,自为标题,每篇各编年月,自为首尾……遂使纪传编年贯通为一。”纪事本末体综合了纪传与编年体的优点,而又能避免两者的不足。鉴于此《总目》发出了由衷的赞叹:“实前古之所未见也。”②《总目》目录类《钦定天禄琳琅书目》记载版刻年代、刊印、流传、庋藏、鉴赏、采择等,《总目》史部对是书颇为推重,赞扬此书道:“然藏书著录,则未有辨订及此者。即钱曾于《也是园书目》之外,别出《读书敏求记》,述所藏旧刻、旧钞亦粗具梗概,不能如是之条析也。”司马光所撰《资治通鉴考异》也受到表扬:“昔陈寿作《三国志》,裴松之注之,详引诸书错互之文,折衷以归一是,其例最善。而修史之家,未有自撰一书,明所以去取之故者,有之实自光始。”③这也是对开创考异之体的热情赞扬。欧阳修撰《五代史》“义存褒贬,而考证则往往疏舛”,吴缜《五代史记纂误》对此多有纠谬,《总目》史部对吴缜赞扬道:“缜一一抉其阙误,无不疏通剖析,切中症结,故宋代颇推重之。”④

《总目》史部也对有失考证者给予了批评。《总目》史部分析明代薛应旂的《宋元资治通鉴》说:“永宁公主贴绣铺翠襦,入宫中请以金饰肩舆,为艺祖所戒,既载于开宝五年矣,复见于开宝八年,而讹为永康公主。”《总目》史部对这种忽于事实考证的情况进行了批评:“凡一人两传,一事互见者,异同详略,无所考证,往往文繁而事复。”⑤沈约《宋书》各志追述前代,补记典章制度沿革原由,可谓有功,但究其“州郡惟据太康地志及何承天、徐爰原本,于侨置创立,并省分析,多不详其年月”,即于此《总目》史部对它批评道:“亦为疏略。”⑥

《总目》史部也采用比较的手法进行褒贬,进而阐明事实。比如《总目》史部在评价《太平治迹统类前集》时,就与江少虞《皇朝事实类苑》和李攸《皇朝事实》进行了比较,它说:“少虞书采摭虽富,而俳谐琐事,一一兼载,体例颇近小说;攸书于典制特详,记事颇略。惟此书于朝廷大政及诸臣事迹,条分缕析,多

---

①《总目》卷46,《史部·正史类二》,《金史》提要,第266页。

②《总目》卷49,《史部·纪事本末类》,《通鉴纪事本末》提要,第279页。

③《总目》卷47,《史部·编年类》,《资治通鉴考异》提要,第270页。

④《总目》卷46,《史部·正史类二》,《五代史记纂误》提要,第265页。

⑤《总目》卷48,《史部·编年类存目》,《宋元资治通鉴》提要,第278页。

⑥《总目》卷45,《史部·正史类》,《宋书》提要,第261页。

可与史传相参考。虽传写久讹,而规模终具。阙其断烂之处,而取其可以考见端委者,固与李心传《建炎以来朝野杂记》均一代记载之林。"[①]《皇朝事实类苑》接近小说,《皇朝事实》记事颇略,均与考证历史事实有碍;《太平治迹统类前集》记事条分缕析,颇有章法,与李心传《建炎以来朝野杂记》一样是一代记载之林。从中我们可以了解到《太平治迹统类前集》详于记载,有利于事实的考证。清代疆域广阔,《总目》史部用对比的方法说明这一事实。它说,"昔唐分天下为十道,陇右道本居第六,李吉甫《元和郡县志》乃退列为第十,以其地已陷没吐蕃故也。宋之疆域最狭,欧阳忞《舆地广记》其于所不能有者,别立化外州之名,已为巧饰。至祝穆《方舆盛览》则并淮北亦不及一字矣。盖衰弱之朝,土宇日蹙,故记载不得不日减。圣明之世昄章日扩,故编摩不得不日增。"[②]用唐宋时之版图与清代版图作比较,突出清代乃强盛之朝,"世昄章日扩,故编摩不得不日增",进而"区分九州为十二",《总目》史部自豪地宣称:"又何足与昭代比隆哉!"[③]《总目》史部运用对比的方法准确、形象地说明了事实。

《总目》史部提要对所收书籍评论有褒有贬,客观公允。《总目》史部虽批评《路史》"多采纬书,已不足据",然而对于其绚丽多彩的文辞,还是发出了"引据浩博,文采瑰丽……事丰奇伟,词富膏腴。无益经典,而有助文章"[④]的由衷赞叹。《总目》在《隋书》提要中批评道:"惟《经籍志》编次无法,述经学源流,每多舛误。如以《尚书》二十八篇为伏生口传,而不知伏生自有《书》教齐、鲁间。以《诗》序为卫宏所润益,而不知传自毛亨。以《小戴礼记》有《月令》《明堂位》《乐记》三篇,为马融所增益,而不知刘向《别录·礼记》已载此三篇,在十志中为最下。"然而《总目》史部也不没其长:"然后汉以后之艺文,惟藉是以考见源流,辨别真伪,亦不以小瑕为病矣。"对《隋书·经籍志》之长也做出了赞扬。

《总目》史部以考据学的精神孜孜不倦地对历史事实进行了考证,并在此基础上对各种历史现象做出了恰当的评价。

《总目》一丝不苟地对历史事实进行了考辨,充分体现出有清一代的学术特点:注重考证,疏于发挥、议论,从而对宋明之际好发议论者持有异议。我们通过提要内容进行具体分析。明李维桢作《史通评释》,从《总目》对其所作提要进行分析:

①《总目》卷51,《史部·杂史类》,《太平治迹统类前集》提要,第295页。

②《总目》卷68,《史部·地理类》,《大清一统志》提要,第372页。

③《总目》卷68,《史部·地理类》,《大清一统志》提要,第372页。

④《总目》卷50,《史部·别史类》,《路史》提要,第286页。

明李维桢评，郭孔延附评并释。维桢字本宁，京山人。隆庆戊辰进士，官至南京礼部尚书。事迹具《明史·文苑传》。孔延始末未详。《史通》旧刻，传世者稀。故《永乐大典》网罗繁富，而独遗是书。其后有蜀本、吴本，文句脱略，互有异同。万历中复有张氏刻本，增七百三十余字，删六十余字。复于《曲笔》《因习》二篇补其残阙，遂为完书。不知其所增益果据何本。然自是以后，皆以张本为祖矣。维桢因张氏之本，略为评论。孔延因续为评释，杂引诸书以证之。凡每篇之末标"评曰"字者，皆维桢语；标"附评"字者，则孔延所补也。维桢所评，不出明人游谈之习，无足置论。孔延所释，较有引据，而所征故事，率不著其出典，亦颇有舛漏。故王维俭以下注《史通》者数家，皆嫌其未惬，多所纠正焉。①

从提要分析，我们发现《史通》"传世者稀"，后经万历中张氏增益始为完本，但《总目》"不知其所增益果据何本"，对此《总目》持存疑态度。李维桢、郭孔延给其做评和评释。《总目》对孔延所做评释进行评价："较有引据，而所征故事，率不著其出典，亦颇有舛漏"，有褒有贬。对李维桢所做评之分析为："不出明人游谈之习。"从三处评价的对比可以看出《总目》对明人持有成见。

我们再来看别史类《东都事略》提要：

宋王偁撰。偁，字季平，眉州人。父赏，绍兴中为实录修撰。偁承其家学，旁搜九朝事迹，采辑成编。洪迈修《四朝国史》，奏进其书，以承议郎知龙州，特授直秘阁。其书为《本纪》十二、《世家》五、《列传》一百五、《附录》八。叙事约而该，议论亦皆持平。如康保裔不列于《忠义》，张方平、王拱辰不讳其瑕疵，皆具史识。熙宁之启衅、元符之绍述，尤三致意焉。《朱勔传》后附载僧祖秀《艮岳记》，盖仿《三国志·诸葛亮传》后附载《文集目录》及陈寿进表之例。虽非史法，亦足资考证。而南宋诸人，乃多不满其书。盖偁闭门著述，不入讲学之宗派。党同伐异，势所必然，未可据为定论也。

《总目》评价《东都事略》"叙事约而该，议论亦皆持平"，并有例为证："康保裔不列于《忠义》，张方平、王拱辰不讳其瑕疵，皆具史识。熙宁之启衅、元符之绍述，尤三致意焉。《朱勔传》后附载僧祖秀《艮岳记》，盖仿《三国志·诸葛亮传》后附载《文集目录》及陈寿进表之例。虽非史法，亦足资考证。"但南宋诸人却不满

①《总目》卷89，《史部·史评类存目一》，《史通评释》提要，第463页。

是书,《总目》认为这种现象是因为王偁闭门著述,不参与宗派之故,也就是说是党同伐异的结果,而完全否定了南宋诸人对《东都事略》批评的可取之处。

我们来看《总目·凡例》对宋明人的评论,即可知道《总目》对宋明人好发议论的厌恶和排斥:

> 汉唐儒者谨守师说而已。自南宋至明,凡说经、讲学、论文,皆各立门户,大抵数名人为之主,而依草附木者嚣然助之。朋党一分,千秋吴越,渐流渐远,并其本师之宗旨亦失其传。而仇隙相寻,操戈不已,名为争是非,实则争胜负也。人心世道之害,莫甚于斯。伏读御题朱弁《曲洧旧闻》,致遗憾于洛党,又御题顾宪成《泾皋藏稿》,示炯戒于东林,诚洞鉴情伪之至论也。我国家文教昌明,崇真黜伪,翔阳赫耀,阴翳潜消,已尽涤前朝之敝俗。然防微杜渐,不能不虑远思深,故甄别遗编,皆一本至公。铲除畛域,以预消芽蘖之萌,至诗社之标榜声名,地志之矜夸人物,浮辞涂饰不尽可凭,亦并详为考订,务核其真,庶几公道大彰,俾尚论者知所劝戒。①

又如《南诏事略》提要:

> 兹书以越析诏作治么些,邆赕诏作邓赕,并炎阁子盛罗皮之作晟罗皮,与史传悉异,而未著其所出。盖明人著书之疏漏,往往如斯矣。②

《总目》批评《南诏事略》引用史料"未著其所出",并将此归因于"明人著书之疏漏,往往如斯矣",一个"往往"道出《总目》对明人的成见。

第三节 论世知人

一、"古人之世""古人之身处"与"护惜古人之心"

著名学者章学诚曾对"古人之世""古人之身处"进行这样的论述,他说:"不知古人之世,不可妄论古人文辞也;知其世矣,不知古人之身处,亦不可以遽论其文也。"③概而言之,就是必须知道"古人之世""古人之身处"才可以批评前人的得失,表现出一种"护惜古人之心"。《总目》史部继承和发展了这一史学

①《总目》卷首,凡例,第15条。

②《总目》卷66,《史部·载记类存目》,《南诏事略》提要,第368页。

③章学诚:《文史通义》内篇2,《文德》,第60页。

批评原则。

《总目》云:“每书先列作者之爵里,以论世知人。”[①]《总目》的“论世知人”观也是为史求实的一种表现。孟子也说,“诵其诗,读其书,不知其人可乎?是以论其世也,是尚友也”[②],道出了叙述作者之世、之身处等事项的重要性。如若著者于正史列传之中有记载,《总目》史部便指明其人、事迹之所在。如《三朝北盟会编》作者徐梦莘,《总目》史部叙其爵里、仕履之后,便指出其“事迹具《宋史·儒林传》”[③],便于读者全面了解作者。著述著者时代及仕履,即把史家及史著还原在当时的时代背景和客观环境之中,并且在这种背景和环境中讨论史家和史著的价值,使读者了解时代与著述之间的关系,避免妄论古人。《总目》史部于每篇提要之中对作者所处之世、作者之身处进行了论述和考证,在“论世知人”方面堪称楷模。

历史上存在魏、蜀正统之争的情况。历史上对此情况屡有论述,比如刘知几批评《三国志》说:“曲称曹美,而虚说刘非,安有背曹而向刘,疏魏而亲蜀也?”[④]刘知几是尊汉的,认为刘备“方诸帝王,可比少康、光武;譬以侯伯,宜辈秦缪、楚庄”,可是陈寿却“抑其所长,攻其所短”。刘知几认为曹操是“罪百田常,祸千王莽”式的人物,曹丕也不是像样的君主,而陈寿对他们却“皆依违其事,无所措言”。因此刘知几认为陈寿“曲称曹美,而虚说刘非”。刘知几尊汉情重,对此缺乏冷静分析。章学诚也在《文史通义·文德》篇中转述了一种流行的说法,“昔陈寿《三国志》,纪魏而传吴、蜀,习凿齿为《汉晋春秋》,正其统矣;司马《通鉴》仍陈氏之说,朱子《纲目》又起而正之”,即对《三国志》《通鉴》以魏为正统叙三国史事所受到的批评,可见此种说法影响之大。《总目》史部以“论其世”的态度分析了其中之原因:“以理而论,寿之谬万万无辞。以势而论,则凿齿帝汉顺而易,寿欲帝汉逆而难。盖凿齿时晋已南渡,其事有类乎蜀,为偏安者争正统,此孚于当代之论者也。寿则身为晋武之臣,而晋武承魏之统,伪魏是伪晋矣。其能行于当代哉?此犹宋太祖篡立近于魏,而北汉、南唐迹近于蜀,故北宋诸儒皆有所避而不伪魏。高宗以后,偏安江左,近于蜀,而中原魏地全入于金,故南宋诸儒乃纷纷起而帝蜀。此皆当论其世,未可以一格绳之。”[⑤]陈寿虽是蜀汉臣子,但后为西晋史官,他撰《三国志》,对于魏、蜀何为正统,也颇为为难,但

---

①《总目》卷首,《凡例》,第9条。

②朱熹:《孟子集注》卷10,《万章章句下》,上海古籍出版社,1987年,第82页。

③《总目》卷49,《史部·纪事本末类》,《三朝北盟会编》提要,第280页。

④刘知几:《史通》内篇7,《探赜》。

⑤《总目》卷45,《史部·正史类一》,《三国志》提要,第260页。

西晋“受禅”于魏，当时以魏为“正朔之国”，除此之外，实难择它。生活在西晋的陈寿帝魏，生活在东晋的习凿帝蜀，皆因其所处之世不同之故。并且陈寿于《蜀书》之中称刘备为先主、刘禅为后主，也隐约可见其不曾忘记曾是蜀汉之臣的心迹。《总目》的分析为我们提供了著者在当时历史状况下所作所为的背景材料，使我们可以了解事情之所以然，因而不妄下结论，体现出护惜古人之意。

历史上对《契丹国志》的评论也多有不同。《总目》史部在是书提要中先后引用了钱曾和苏天爵的评价：“钱曾《读书敏求记》称其书法谨严，笔力详赡，有良史风；而苏天爵《三史质疑》则谓隆礼不及见国史，其说多得于传闻，讥其失实者甚多。”二人孰是孰非呢？且《契丹国志》有记载历史事实不确的现象，如：“《通鉴》载太祖始立为王事，上云恃强不受代，故下云七部求如约，今此书删去不受代之文，则所谓如约者果何事乎？又《长编》载圣宗南侵事，云天雄军闻契丹至，阖城惶遽。契丹潜师城南，设伏狄相庙，遂南攻德清。王钦若遣将追击，伏起，天雄兵不能进退，其情事甚明。今此书于阖城惶遽下即接伏起云云，而尽删其潜师设伏之文，则所伏者果谁之兵乎？又《松漠记闻》载黄头女真，金人每当出战，皆令前驱。盖洪皓所亲见，其为金人，事甚明。今此书乃径改金人为契丹，采入《辽志》，则益为颠倒事实矣。又《帝纪》中凡日食、星变诸事，皆取《长编》所记，案年胪载。然辽、宋历法不齐，朔闰往往互异。如圣宗开泰九年，辽二月置闰，宋十二月置闰，宋之七月，在辽当为八月。而此书仍依宋法书七月朔日食。此类亦俱失考。”《总目》史部对此书进行了如是详细考证后得出结论：“盖隆礼生南渡后，距辽亡已久，北土载籍，江左亦罕流传，仅据宋人所修史传，及诸说部，钞撮而成，故本末不能悉具。苏天爵所论，深中其失，钱曾盖未之详核也。”①《总目》以“知人论世”的历史主义态度，论述了叶隆礼《契丹国志》“不及见国史，其说多得于传闻”，是因为“距辽亡已久，北土载籍，江左亦罕流传”之故。

《总目》以知人论世的态度，设身处地地替作者着想。比如在《续后汉书》中对作者所记年号的错误给予了理解：

> 考经以庚申使宋，则是《序》当作于壬申岁，而书中不书至元九年。盖时南北隔绝，尚不知中统之改为至元也。②

别史类中《后汉书补逸》所录材料有限，对此《总目》给予了理解：

---

①《总目》卷50，《史部·别史类》，《契丹国志》提要，第286页。

②《总目》卷50，《史部·别史类》，《续后汉书》提要，第287页。

至《东观汉记》，核以《永乐大典》所载，较之驷所录，十尚多其五六。盖秘府珍藏，非草茅之士所能睹，亦不能以疏漏咎之驷也。①

中国封建社会的政治制度决定了当代人不敢轻写当代史，否则极有可能招致封建政权淫威的追杀。《总目》也把这种为史者不能如实反映时代事实的尴尬情况考虑到作史之中。比如《古今纪要》提要就反映出这种为史的尴尬：

所叙前代诸臣，各分品目。惟北宋诸臣事迹较历代稍详，而无忠佞标题，盖不敢论定之意也。朱子作《通鉴纲目》，始遵习凿齿《汉晋春秋》之例，黜魏帝蜀。同时张栻作《经世纪年》，萧常作《续后汉书》，持论并同。震传朱子之学，故是书亦用《纲目》之例。其谓论昭烈者每以族属疏远为疑。使昭烈果非汉子孙，曹操盖世奸豪，岂不能声其罪而诛其伪。今反去之千百载下，而创疑其谱牒耶。其所发明可谓简而尽矣。②

《总目》认为考证史书除了要了解"古人之世""古人之身处"外，还可以人品论文品。比如元朝郝经撰《续后汉书》，提要之中就表露出这种思想：

揆诸义例，均属未安。然经敦尚气节，学有本原，故所论说，多有裨于世教。且经以行人被执，困苦艰辛，不肯少屈其志。故于气节之士，低徊往复，致意尤深。读其书者，可以想见其为人。③

《总目》认为是书"敦尚气节，学有本原，故所论说，多有裨于世教"，"读其书者，可以想见其为人"，体现出以人品论文品的思想。而郝经之所以在论著中如此提倡气节也与其身处有直接的关系：

经以中统元年使宋，为贾似道所拘，留居仪真者十六年。于使馆著书七种，此即七种之一也。④

①《总目》卷50，《史部·别史类》，《后汉书补逸》提要，第288页。
②《总目》卷50，《史部·别史类》，《古今纪要》提要，第287页。
③《总目》卷50，《史部·别史类》，《续后汉书》提要，第287页。
④《总目》卷50，《史部·别史类》，《续后汉书》提要，第287页。

作者被拘,所著史书充满气节也有自我鼓励之意。而《总目》之所以如此看重是书,也暗含了规劝臣民培养忠于清政府的气节。

《总目》史部将著者及其著述放在当时历史背景之中进行考察和分析,藉以最大限度客观地接近历史的真实,使我们能够较全面地了解和理解历史。

我们除了考察著者及其著述所在的历史背景和客观情况之外,记录历史事件本身的著者的“史德”因素,也是决定历史事件是否真实的一个重要原因。

二、史德

曾巩在《南齐书目录序》中用史学批评的手法对作史者提出要求:

> 将以是非得失兴坏理乱之故而为法戒,则必得其所托,而后能传于久,此史之所以作也。然而所托不得其人,则或失其意,或乱其实,或析理之不通,或设辞之不善,故虽有殊功韪德非常之迹,将暗而不章,郁而不发,而梼杌嵬琐奸回凶慝之形,可幸而掩也。

若“所托不得其人”,则所记载的历史事实就会“失其意”“乱其实”“析理之不通”“设辞之不善”。“意”“实”“析理”“设辞”则包含了对史家在历史见识、历史撰述上的要求。

刘知几则提出了史才、史学、史识,章学诚又提出史德。史才、史学、史识、史德,遂成为中国古代史学批评的几个主要标准。章学诚说:“能具史识者,必知史德。史德者何?谓著书之心术也。夫秽史者所以自秽,谤书者所以自谤,素行为人所羞,文辞何足取重!……而文史之儒,竞言才、学、识而不知辨心术,以议史德,呜乎可哉!”[①]在这里说明史学著作史德之重要性。

《总目》史部“论世知人”的批评原则,论述了时代环境对史家的制约,使读者对古代典籍的风貌或缺陷有较为客观的认识。除了了解著者由于所处的客观历史环境的限制所表现出的无奈和苦衷之外,我们还可以通过了解著者的“史德”来最大限度地了解历史真相。比如汉、魏、六朝人所作书叙,多叙其人平生之事迹及其学问得力之所在。[②] 可见读其书,也要知其人。

《总目》也很重视作者之史德。《总目》凡例云:“而人品学术之醇疵,国纪朝纲之法戒,亦未尝不各昭彰瘅,用著劝惩。”[③]又说:“文章德行,在孔门既已分科,两擅厥长,代不一二。今所录者,如龚诩、杨继盛之文集,周宗建、黄道周之

---

①章学诚:《文史通义》内篇5,《史德》,第144页。

②余嘉锡:《目录学发微》,第35页。

③《总目》卷首,《凡例》,第9条。

经解，则论人而不论其书。耿南仲之说《易》，吴幵之诗评，则论书而不论其人。凡兹之类，略示变通，一则表章之公，一则节取之义也。至于姚广孝之《逃虚子集》、严嵩之《钤山堂诗》，虽词华之美足以方轨文坛，而广孝则助逆兴兵，嵩则怙权蠹国，绳以名义，匪止微瑕。凡兹之流，并著其见斥之由，附存其目，用见圣朝彰善瘅恶，悉准千秋之公论焉。"[①]其中虽不乏政治标准，但从中也可以看出《总目》非常注意把人品和文品结合起来。"人品学术"在这可以理解为著者的"史德"。人品不好者，文品"虽词华之美足以方轨文坛"，也被斥在存目之中，"人品学术"好者，则"论人而不论其书"，可见《总目》对著者史德的重视。

从中我们也可以窥见，《总目》把著者"心术之公私"与"学术之真伪"联系起来，力图通过论著者其人而知历史之事实。认为人品好者，所撰之事多为信史；反之，则不然。也就是说，秉笔直书、实事求是构成了著者史德的一个重要方面，也是"知人论事"之史学批评的重要方面。

史学上秉笔直书的传统源远流长。司马迁写出"其文直，其事核，不虚美，不隐恶"[②]的《史记》。到了清朝，《总目》仍旧提倡秉笔直书、实事求是的优良史学作风，极力赞扬史家之史德。比如《总目》史部称赞《平台纪略》道，"记载最悉。其叙述功罪，亦无所避忌，颇称直笔"[③]，称赞《平台纪略》"直笔"。在《资治通鉴》提要中，赞扬胡三省所注《通鉴》，"能参证明确，而不附会以求其合，深得注书之体。较尹起莘《纲目发明》，附和回护，如谐臣媚子所为者，心术之公私，学术之真伪，尤相去九牛毛也"[④]，将胡三省所注《通鉴》与尹起莘《纲目发明》从著者史德方面进行比较，将作者"心术之公私"与"学术之真伪"对应起来，除了赞扬胡三省具有史德不做"附和回护"外，也论述了胡三省所注《通鉴》内容之可信。李心传《建炎以来系年要录》，讲述高宗朝三十六年事迹。心传于"淮西富平之偾事，曲端之枉死，岳飞之见忌，一一据实直书。虽朱子《行状》亦不据以为信，初未尝以乡曲之私稍为回护"[⑤]，从中可见作者心术之公正。

《总目》史部不仅对实事求是的精神非常赞赏，而且对著者偶然"疏漏"也给予设身处地的理解，体现出"论古必恕"的思想。古代史学上对于北齐魏收《魏书》之批评，千百年来成为久论不绝的聚讼。《魏书》一经脱稿，便被北齐的一些显贵指斥为"不实"；隋文帝时，命魏澹另撰一部以西魏为正统的《魏书》，

①《总目》卷首，《凡例》，第 16 条。

②《汉书》卷 62，《司马迁传 · 赞》，第 2738 页。

③《总目》卷 49，《史部 · 纪事本末类》，《平台纪略》提要，第 283 页。

④《总目》卷 47，《史部 · 编年类》，《资治通鉴》提要，第 270 页。

⑤《总目》卷 47，《史部 · 编年类》，《建炎以来系年要录》提要，第 273 页。

这也是对魏收的不满；贞观十年(636 年)，李百药指斥《魏书》为“秽史”；刘知几承袭“秽史”说，并指责魏收《魏书》“谄齐氏，于魏室多不平。既党北朝，又厚诬江左”，进而“由是世薄其书，号为‘秽史’”[①]；宋人刘攽、刘恕撰《〈魏书〉目录叙》说，魏收“党齐毁魏，褒贬肆情，时论以为不平”，“众口沸腾，号为‘秽史’”。《魏书》“秽史”说，千百年中遂成定论。《总目》史部对《魏书》是这样评价的：“但互考诸书，证其所著，亦未甚远于是非，‘秽史’之说，无乃已甚之词乎！”[②]《总目》史部认为《魏书》虽有曲笔，但冠以‘秽史’，实乃过之。并以“论古必恕”的态度，对《魏书》进行评论，“平心而论，人非南董，岂信其一字无私”，体现出很强的人道主义精神。又如《总目》史部编年类评价《纲目分注补遗》说：“盖是非者，天下之公。苟一间未达，于圣人不能无误。”即使圣人也不可能不犯错误，何况平常人乎！从中可见《总目》史部“论古必恕”的思想。

《总目》史部对于不讲史德之著者则给予严厉的批评。如《总目》史部在《周书》之中对《郡斋读书志》做了批驳，“晁公武《读书志》祖述其语，掩为己说。听声之见，尤无取焉”[③]，批评了《读书志》不以事实为基础的不良文品。

史家主观上的失职，也受到《总目》史部的责备。如《辽史》成书匆忙，对于史料收集也甚为缺漏。虽说当时辽代所存资料很少是客观事实，但是其作者没有从宋代典籍和当时碑刻铭文中寻找材料，没有贯彻“考证欲其详”的原则，因而《总目》对它进行了批评：“然辽典虽不足征，宋籍非无可考……此则考证未详，不得委之文献无征矣。”[④]这里考证了撰修《辽史》没有查用宋籍的不足，批评《辽史》的作者惰于收集资料的失职行为。

《总目》史部主张“论世知人”“知人论事”，体现出了一种客观考察历史的求实精神，把各种束缚限制史家、史书的可能条件再现出来，以便学者设身处地地了解和理解历史。

第四节 提要内容与史学批评

一、前人史学批评之积累

史学批评可以简称为史评，晁公武《郡斋读书志》较早将其独立出来单独作为一类，此种做法足以证明人们评论意识的进一步增强。宋代可谓是史学批评

①刘知几：《史通》外篇卷 2，《古今正史 · 右说十六国春秋》。
②《总目》卷 45，《史部 · 正史类一》，《魏书》提要，第 262 页。
③《总目》卷 45，《史部 · 正史类》，《周书》提要，第 262 页。
④《总目》卷 45，《史部 · 正史类》，《辽史》提要，第 265 页。

的繁盛期，仅以其为例，剖析史学批评的源流。

《册府元龟·国史部》序和《新唐书纠谬》序可谓是在史学批评方面理论上的突出代表。《册府元龟·国史部》在编纂思想上有很明确的批评意识，其公正、采撰、议论、记注、疏谬、不实、非才等门的序，以及国史部总序，在史学批评上都提出了自己的看法。

国史部总序从总体上剖析了自上古至五代的史官制度之沿革流变，其核心是关系到史学批评的史官修史的经验教训。而其对史家修史活动中之主体作用进行了更为全面、更为深入的分析。我们来看《册府元龟》在其总序中对史家修史活动的批评：

> 原夫史氏之职，肇于上世，所以记人君之言动，载邦国之美恶，著为典式，垂之来裔，申褒贬之微旨，为惩劝之大法。故其司笔削之任，慎良直之选。历代审官，莫斯为重。今之所纪者，凡推择简任之尤异，讨论撰述之始末，家世职业之嗣掌，扬榷雠对之裁议，冲识方正以无忒，恩遇宠待而隆重，咸用标次，以彰厥善。其有疏略差戾受嗤于作者，构虚失实有紊乎书法，乃至以鄙浅之识，贻叨据之诮，亦用参纪，申儆于后。其有注录之部次，谱籍之名学，方志之辨析，世绩之敷述，皆司籍之事，资博闻之益，咸用缀辑，以成伦要。

因为“史氏之职”之重要性，所以“笔削之任，慎良直之选”，史官若“疏略差戾”“构虚失实”“鄙浅之识”，则不仅有碍史书的史学价值，而且后世作史者也应尽力避免这种情况的出现。

此外《议论》门序说：“至于考证先民之异同，论次一时之类例，断以年纪，裁以体范，深述惩劝之本，极谈书法之事，或列于封疏，或形于奏记。”对前人的议论进行归纳，这也属于史学理论的范畴。同时，是书在《公正》《恩奖》《疏谬》《不实》《非才》等门中都提出了很有价值的史学批评见解。并且我们还可以看到《册府元龟》国史部在撰述思想上很多是继承了刘知几《史通》的思想的。

《新唐书纠谬》《五代史记纂误》为吴缜所撰，都是就一部史书的“谬”“误”进行批评。如《新唐书纠谬》按其所举之谬误，取其同类，加以整比，厘为二十门，即：以无为有，似实而虚，书事失实，自相违舛，年月时世差互，官爵姓名谬误，世系乡里无法，尊敬君亲不严，纪志表传不相符合，载述脱误，事状丛复，宜削而反存，当书而反阙，义例不明，先后失序，编次未当，与夺不常，事有可疑，字书非是。所列批评项目之多，可见吴缜批评之用心。在史学批评理论方面他提出两个问题。第一,什么是信史,并给信史涵盖的范围做了界定:“必也编次、事实、详略、取舍、褒贬、文采,莫不适当,稽诸前人而不谬,传之后世而无疑,粲然如日星之明,符节之合,使后学观之而莫敢轻议,然后可以号信史。反是,则篇帙愈多,而讥谯愈众,奈天下后世何!”第二,提出史学批评的标准:

> 夫为史之要有三:一曰事实,二曰褒贬,三曰文采。有是事而如是书,斯谓事实。因事实而寓惩劝,斯谓褒贬。事实、褒贬既得矣,必资文采以行之,夫然后成史。至于事得其实矣,而褒贬、文采则阙焉,虽未能成书,犹不失为史之意。若乃事实未明,而徒以褒贬、文采为事,则是既不成书,而又失为史之意矣。①

并且强调事实为褒贬和文采之基石,对应其强调信史的思想。吴缜极其明确地强调史学批评应建立在尊重历史事实的基础之上,这对史书撰写上存在的为了某个人或阶级的私利,不能如实记载历史事实的现象是一个重大的冲击,是为中国古代史学批评史上的新发展。

曾巩撰有《战国策目录序》《南齐书目录序》《梁书目录序》《陈书目录序》等文,表现出自己在史学批评上的见解。他在《南齐书目录序》中提出作史的目的:

> 将以是非得失兴坏理乱之故而为法戒,则必得其所托,而后能传于久,此史之所以作也。然而所托不得其人,则或失其意,或乱其实,或析理之不通,或设辞之不善,故虽有殊功韪德非常之迹,将暗而不章,郁而不发,而梼杌嵬琐奸回凶慝之形,可幸而掩也。

作史之目的是“将以是非得失兴坏理乱之故而为法戒”。为了这样的目的对作史者提出了要求,不可“失其意”、不可“乱其实”、不可“析理之不通”、不可“设辞之不善”,若则史书将达不到彰善抑恶的目的。同时他以“良史”为标准,对作史者又提出一些要求:“古之所谓良史者,其明必足以周万事之理,其道必足以适天下之用,其智必足以通难知之意,其文必足以发难显之情,然后其任可得而称也。”良史之标准即是:“明”“道”“智”“文”。而“理”“用”“意”“情”则是良史所达到的实际效果。这在理论上更加丰富了对史学的认识。

①吴缜:《新唐书纠谬·序》,上海人民出版社,1989年,丛书集成初编。

洪迈的史学批评主要体现在三个方面：一是指出前人所撰史书存在的疏误；二是以比较的方法揭示前人所撰史书的各自特点或长短得失；三是对前人所撰史书在表述上的审美判断。其批评的着眼点主要放在史书上。

叶适关于史学的批评可以归结为"史法"，大致涉及史学的几个主要问题。一是史家的史笔或曰书法，二是史书的内容之真伪，三是史书的体裁，四是史家褒贬的尺度，五是史家是否应有独立的见解。这里既包含对史家的要求，也包含了对史著的要求。

宋代史学批评处于繁荣、活泼期，产生了大量优秀的史学理论及史学批评方面的著述，为后人在史学批评上进一步发展提供了理论及实践上的给养。

而在中国古代关于史学批评方面的理论就个体而言有两个大家，即刘知几和章学诚。关于两者在史学理论及史学批评方面的内容，将在论述《总目》史部关于史学批评见解的内容时涉及。

二、《总目》史部之史学批评

尽管《总目》厌恶学子议论，但还是在类目设置中保留了史评类，并且其在每篇提要之中都对所收史书进行了批评，也可以说《总目》史部就是一部史评书籍。《史通》《史通析微》《五代史纂误》等为史学批评之书，《历代史赞论》《唐史要论》《唐鉴》等为历史评论之书。《总目》作为目录书，其批评倾向主要是在史学批评方面，但由于它是书之提要，所以也有很多的历史评论，并且在前人进行史学批评的基础之上进行了更加全面、更加深刻的史学批评。

刘知几作为史学理论方面重要和著名的评史之家，其史学批评的主要思想主要包含在《史通》之中。《总目》史部史评类对《史通》从以下几个方面进行了批评。一是考辨《史通》成书原因："此书成于景龙四年。凡内篇十卷，三十九篇；外篇十卷，十三篇。盖其官秘书监时与萧至忠、宗楚客等争论史事不合，故发愤而著书者也。"《总目》将《史通》成书原因归结为"与萧至忠、宗楚客等争论史事不合"因而"发愤而著书"的批评有失全面。刘知几对于自己因何修《史通》在《史通·自叙》中给予明确的说明：

> 既朝廷有知意者，遂以载笔见推。由是三为史臣，再入东观。每惟皇家受命，多历年所，史官所编，粗为记录。至于纪、传及志，则皆未有其书。……凡所著述，尝欲行其旧议。而当时同作诸士及监修贵臣，每与其凿枘相违，龃龉难入，故其所载削，皆与俗浮沉。虽自谓依违苟从，然犹大为史官所嫉。嗟乎！虽任当其职，而吾道不行；见用于时，而美志不遂。郁怏孤愤，无以寄怀。必寝而不言，嘿而无述，又恐没世之后，谁知予者。故退而

私撰《史通》,以见其志。

刘知几对于自己私撰《史通》大致从四个方面进行了说明:一,"史官所编,粗为记录,至于纪、传及志,则皆未有其书";二,"当时同作诸士及监修贵臣,每与其凿枘相违,龃龉难入,故其所载削,皆与俗浮沉";三,"依违苟从,然犹大为史官所嫉";四,"凡所著述,尝欲行其旧议",而"吾道不行;见用于时,而美志不遂"。《总目》对刘知几私撰《史通》之原因认识不够已彰然可见。

二是对《史通》之篇第梗概进行评价:

> 其内篇《体统》《纰缪》《弛张》三篇,有录无书。考本传已称著《史通》四十九篇,则三篇之亡,在修《唐书》以前矣。内篇皆论史家体例,辨别是非。外篇则述史籍源流,及杂评古人得失。文或与内篇重出,又或抵牾。观开卷《六家》篇,首称自古帝王文籍,外篇言之备矣。是先有外篇,乃撷其精华以成内篇,故删除有所未尽也。①

评价了《史通》篇第梗概及优缺点,并分析了其中之原因。

三是对《史通》之史意进行了分析。《史通》:《六家》篇讥《尚书》为例不纯,《载言》篇讥左氏不遵古法,《人物》篇讥《尚书》不载八元、八恺、寒浞、飞廉、恶来、闳夭、散宜生,讥《春秋》不载由余、百里奚、范蠡、文种、曹沫、公仪休、宁戚、穰苴。对此《总目》认为:"亦殊谬妄。"并且更加严厉的批评道:"《疑古》《惑经》诸篇,世所共诟,不待言矣。"《总目》对《史通》之义例进一步分析道:

> 至于史家书法,在褒贬不在名号。昏暴如幽、厉,不能削其王号也。而《称谓》篇谓晋康、穆以下诸帝,皆当削其庙号。朱云之折槛,张纲之埋轮,直节凛然。而《言语》篇斥为小辨,史不当书。蘧瑗位列大夫,未尝栖隐。而《品藻》篇谓《高士传》漏载其名。孔子门人,欲尊有若,事出《孟子》,定不虚诬。而《鉴识》篇以《史记》载此一事,其鄙陋甚于褚少孙。皆任意抑扬,偏驳殊甚。其他如《杂说》篇指赵盾鱼飧,不为菲食,议《公羊》之诬。并州竹马,非其土产,议《东观汉记》之谬,亦多琐屑支离。且《周礼》太史掌国之六典,小史掌邦国之志,则史官兼司掌故,古之制也。②

①《总目》卷 88,《史部·史评类》,《史通》提要,第 461 页。
②《总目》卷 88,《史部·史评类》,《史通》提要,第 460 页。

《总目》批评了《史通》"晋康、穆以下诸帝，皆当削其庙号""朱云之折槛，张纲之埋轮，直节凛然。而《言语》篇斥为小辨，史不当书""《杂说》篇指赵盾鱼飧，不为菲食"等内容。而《史通》之著述宗旨在于批评，刘知几自己在《史通》原序称此书"商榷史篇，下笔不休"，在《史通 · 自叙》中也有论述："多讥往哲，喜述前非。"对此《总目》也有共识："子玄之意，惟以褒贬为宗，余事皆视为枝赘。"刘知几既然退而私撰《史通》必定凭个人性情及多年积累的史学认识撰述史著。所以《史通》之中包含了刘知几个人极有见解的史意，即"凡所著述，尝欲行其旧议"。刘知几久在史职对史馆制度官僚专制的作风深有体会和厌恶，而体现在史书上即是对经书的质疑，这就遭到《总目》的激烈批评。对《史通》的这种史意之原因，《总目》也有认识：

> 子玄于史学最深，又领史职几三十年，更历书局亦最久。其贯穿今古，洞悉利病，实非后人之所及。而性本过刚，词复有激，诋诃太甚，或悍然不顾其安。

久憋之肺腑之言终于可以畅所欲言，刘知几畅言之余难免"悍然不顾其安"。金毓黻在评价《史通》对《晋书》所论甚当之际，也认为其放言无忌，则为后来所仅见。①

四是评价《史通》史法。自司马迁开创纪传体，表、志二体在正史中相沿不改。且由于表的特殊内容，非具有博识者不能为文。而史学批评家刘知几重在史学批评，欲去表、志。对此《总目》做了如是批评："故《表历》《书志》两篇，于班、马以来之旧例，一一排斥，多欲删除，尤乖古法。"《总目》对《史通》欲删除表、志持批评态度，认为"尤乖古法"。

五是批评《史通》在取材上的错误。刘知几关于为史采择史料有很精辟的见解：

> 然则刍荛之言，明王必择；葑菲之体，诗人不弃。故学者有博闻旧事，多识其物。若不窥别录，不讨异书，专治周孔之章句，直守迁固之纪传，亦何能自致于此乎？且夫子有云：'多闻择其善而从之，知之次也。'苟如是，则书有非圣，言多不经，学者博闻，盖在择之而已。②

①金毓黻：《中国史学史》，北京：商务印书馆，2003 年，第 301 页。

②刘知几：《史通》内篇卷 10，《杂述》。

对于史料"知之次也",关键在于"择其善而从之",博采与善择的关系一目了然。刘知几还说,"异词疑事,学者宜善思之"①,更说明要慎重对待史料。正如刘知几在批评经书的同时提倡和维护名教一样,他自己所提出的慎择史料的一些原则,在自己所著的史书中并未完全贯彻。我们通过《总目》史部提要可见端详:

> 余如讥《后汉书》之采杂说,而自据《竹书纪年》《山海经》,讥《汉书·五行志》之舛误,而自以元晖之《科录》为魏济阴王晖业作,以《后汉书·刘虞传》为在《三国志》中。小小疏漏,更所不免。②

在《史通》之中他也引用一些缥缈之事,是为不慎择史料之表现。

刘知几将史书体例作为史学批评的一个重要内容来看待。他在《序例》篇中说:"夫史之有例,犹国之有法。国无法,则上下靡定;史无例,则是非莫准。"例即法,法即例,将史书体例上升到法的高度。《总目》也很重视史书体例。比如《史通通释》提要之中就体现出这种思想:"至于句解章评,参差连写,如坊刻古文之式,于注书体例更乖。使其一评一注,厘为二书,则庶乎离之双美矣。"在这里批评了《史通通释》之体例。

《总目》运用欲扬先抑的手法批评史书体例方面存在的问题。比如《班范肪截》提要:

> 国朝张笃庆撰。笃庆字历友,号厚斋,又号昆仑外史,淄川人。康熙丙寅拔贡。王士祯《渔洋诗话》称其淹博华赡,千言可以立就。是书即两汉史事稍加论断,大抵皆属常谈。亦有仅节录数语,不置一词者。其中旁掇应劭《风俗通》、蔡邕《独断》、刘珍《东观汉记》之类,则颜师古、李贤、刘昭注中所引也。似史评而非史评,似说部而非说部。殆随笔偶记之书,故漫无体例欤?③

《总目》借用王士祯《渔洋诗话》称赞是书"淹博华赡,千言可以立就",但通过分析"是书即两汉史事稍加论断,大抵皆属常谈。亦有仅节录数语,不置一词者。其中旁掇应劭《风俗通》、蔡邕《独断》、刘珍《东观汉记》之类,则颜师古、李贤、

①刘知几:《史通》内篇卷5,《采撰》。

②《总目》卷88,《史部·史评类》,《史通》提要,第460页。

③《总目》卷90,《史部·史评类存目二》,《班范肪截》提要,第469页。

刘昭注中所引也”,《总目》发现是书“似史评而非史评,似说部而非说部”,从而批评是书“漫无体例”。

《总目》从史书句式上进行批评。比如《诗史》提要:

> 是书于历代帝王各以四言韵语括其始末。起自盘古,终于有明。据康熙癸未钟国玺序,其书尚有全注,此特先刊其正文。然读史之学,在于周知兴废始末。此书如为童稚设,则事无注释,断乎不解为何语,诵之何益!如曰成人读之,可不须注。世乌有已成人尚诵此种书者乎?所谓进退无据也。①

《诗史》“于历代帝王各以四言韵语括其始末”,对此《总目》进行了批评:“此书如为童稚设,则事无注释,断乎不解为何语,诵之何益!如曰成人读之,可不须注。世乌有已成人尚诵此种书者乎?所谓进退无据也。”《总目》批评是书在句式上进退无据。

《总目》从书名、序言、书籍内容等的统一性方面论述了史书的体例。比如《史拾载补》提要就体现出《总目》的这种思想:

> 是编取《史记》八《书》及《儒林》《循吏》《游侠》《酷吏》《滑稽》《日者》《龟策》《货殖》《匈奴》《西南夷》《大宛》列传十一篇,加以圈点,并略附笺注评语于篇后。前有自序,似乎先著一书名《史拾》,而此补之者。又冠以苏辙《古史跋》,似乎补所未收者。其体例殊不可解。又有郎壁金序,称其旅摭稗收,凡天经、地志、昆蠕、草卉之事,汇纂成书,缀之简裔。更与本书不相应,亦莫能详也。②

《总目》分析其“前有自序,似乎先著一书名《史拾》,而此补之者。又冠以苏辙《古史跋》,似乎补所未收者。其体例殊不可解”,又分析“郎壁金序,称其旅摭稗收,凡天经、地志、昆蠕、草卉之事,汇纂成书,缀之简裔”,是书书名、序言、书籍内容等不相统一,体例不纯。

《总目》从史意方面分析了史书的体例。比如《狂狷裁中》提要就体现出《总目》的这种思想:

---

①《总目》卷90,《史部·史评类存目二》,《诗史》提要,第469页。

②《总目》卷90,《史部·史评类存目二》,《史拾载补》提要,第467页。

是编上起战国，下迄金、元，取忠臣、孝子、志士、仁人之事而论说之。其自序曰："凭虚不如履实，异撰不如庸行。"又云："考览千古，未闻志士、仁人、忠臣、孝子之外，别有所谓进取不为者。私为尚论，取实代虚。凡忠孝、志仁、正骨、奇气，虽不袭狂名，不矜狷迹，而强名为狂狷焉。即于孔、孟之旨茫无取裁，而律以成章进取，则庶乎不悖尔矣。"此其撰述之大意也。然其中所载如豫让、聂政诸人，犹谓节取其义烈。而魏延、马谡、华歆、郗虑亦并收入，未免芜杂不伦矣。①

《总目》分析了是书撰述史意："凭虚不如履实，异撰不如庸行。"又云："考览千古，未闻志士、仁人、忠臣、孝子之外，别有所谓进取不为者。私为尚论，取实代虚。凡忠孝、志仁、正骨、奇气，虽不袭狂名，不矜狷迹，而强名为狂狷焉。即于孔、孟之旨茫无取裁，而律以成章进取，则庶乎不悖尔矣。"但在具体撰述过程中却不曾遵循此意，比如载如豫让、聂政诸人，犹谓节取其义烈。而魏延、马谡、华歆、郗虑亦并收入，未免芜杂不伦矣。此也谓体例不纯。

《总目》对《廿一史独断》之体例进行了分析：

是书于二十一史，各纠其失，每一史为一卷。其中纠体例之失者十之三四，纠议论之失者十之六七。而所谓体例之失者，不过某人之传不当在某人前，某人之传不当在某人后，及某人当与某人合传，某人不当与某人合传而已。大抵取其篇目论赞，互相比勘，而断以己意。非能旁引曲证，一一究其异同，核其虚实也。其凡例谓先儒已驳者不复置喙，性耻蹈袭，绝无剿说。然如开卷论《史记·项羽本纪》《陈涉世家》，即皆刘知几《史通》之说。是亦未及博征之一验矣。②

《总目》先分析其作史之目的："是书于二十一史，各纠其失，每一史为一卷。"然后分析其内容："纠体例之失者十之三四，纠议论之失者十之六七。而所谓体例之失者，不过某人之传不当在某人前，某人之传不当在某人后，及某人当与某人合传，某人不当与某人合传而已。"所以《总目》批评其："大抵取其篇目论赞，互相比勘，而断以己意。非能旁引曲证，一一究其异同，核其虚实也。"又分析是书凡例："其凡例谓先儒已驳者不复置喙，性耻蹈袭，绝无剿说。"但"然如开卷论《史记·项羽本纪》《陈涉世家》，即皆刘知几《史通》之说"。此仍为体例不纯。

①《总目》卷90，《史部·史评类存目二》，《狂狷裁中》提要，第468页。
②《总目》卷90，《史部·史评类存目二》，《廿一史独断》提要，第468页。

《读史辨惑》也体现出内容与书名的不统一:"是书成于康熙四十一年。虽以读史为名,而考其所引,实皆坊刻《凤洲纲鉴》也。"①

《总目》通过分析《通鉴大感应录》发现是书也存在体例不纯的现象:

> 此集前有镜自序,谓《资治通鉴》乃古今来一大感应篇。录其彰明较著者,俾览之者有所观感云云。大抵如《迪吉录》《劝善图说》等书,取以醒世,非史学也。如论皋陶谓之士而兼师,全柄生杀之权,故子孙不王。则尤附会之论矣。唐、虞至治,尧、舜至明,皋陶之刑果干天罚,能见用于二帝之世乎?②

是书自序谓:"谓《资治通鉴》乃古今来一大感应篇。录其彰明较著者,俾览之者有所观感"。但所取书籍"大抵如《迪吉录》《劝善图说》等书,取以醒世,非史学也"。并且进一步举例说:"论皋陶谓之士而兼师,全柄生杀之权,故子孙不王。则尤附会之论矣。唐、虞至治,尧、舜至明,皋陶之刑果干天罚,能见用于二帝之世乎?"

《总目》对《唐纪》之体例进行分析批评:

> 其体例参取于编年、纪传之间,以诸臣列传分附于本纪之后。盖仿前代实录附载诸臣列传之例,亦未为特创。至删《宰相世系表》,惟存《宰相》《方镇》《公主》三表,义例亦允。然《宰相》《方镇》皆甚略。《公主》仍是删节新书之文,殊非表体。盖散附本纪则不能各成一传,总为一传又自乱其例。改题曰表,亦不得已之变例也。至删除诸志,而云欲通汉、唐、宋合为一志。其意盖仿《宋书》《隋书》。然宋去汉、晋不远,事多相因,不得不原其沿革。唐享国三百余载,自有一代之典制,其事迥殊。《隋志》则本名《五代史志》,不过附编于《隋书》,益不可为例矣。③

是书"盖仿前代实录附载诸臣列传之例,亦未为特创",《总目》接着分析"删《宰相世系表》,惟存《宰相》《方镇》《公主》三表,义例亦允",紧接着分析了其不当之处"《宰相》《方镇》皆甚略。《公主》仍是删节新书之文,殊非表体。盖散附本纪则不能各成一传,总为一传又自乱其例。改题曰表,亦不得已之变例也。至

①《总目》卷 90,《史部・史评类存目二》,《读史辨惑》提要,第 469 页。
②《总目》卷 90,《史部・史评类存目二》,《通鉴大感应录》提要,第 469 页。
③《总目》卷 50,《史部・别史类存目》,《唐纪》提要,第 291 页。

删除诸志，而云欲通汉、唐、宋合为一志”，并分析了如此做的内在原因：“其意盖仿《宋书》《隋书》。”

《总目》用史学批评的手法分析了《从龙谱》的体例：

> 其书诸家书目皆不著录。前无序例。大概抄撮宋、元《通鉴纲目》续编而为之。从龙之名，不知义何所取。宋谱则题《历朝从龙谱》。首载《谱系图》，而名之曰《南北宋赵氏谱系》，称名已误。而以《夏元昊窃据谱系》与宋并列。次《太祖纪》。次为《家谱》，载宣祖及太后、皇后、太子、皇弟。次《前朝附谱》，专载周恭帝及诸臣事。次《藩国谱》，载南汉刘𬬮、蜀孟昶、北汉刘钧、南唐李煜、吴越钱俶及周行逢、符彦卿二人。次《文武人才谱》，则载太祖时诸臣事。太宗以下至宋末，则皆先帝纪，次《藩国》，或曰《藩寇》，或曰《镇国叛寇谱》。《文武人才谱》，或曰《文武臣谱》，或曰《文武大臣谱》，或曰《诸臣士行谱》，或曰《文武官士民谱》。皆随笔起例，茫无定法。《金元谱系图》则列于徽宗之前。金、辽两朝事实散附于徽、钦以后及南渡各帝之末，元宪宗以上亦散附焉。又有《南宋黑白谱》，则又专纪元太祖以至宪宗及诸臣事，以黑●白○黑、白为标识。元世祖则独立一部，止名曰《从龙黑白谱》，亦不标元国号。而诸臣之谱则又称《元朝从龙黑白谱》。成宗以下九帝则并不列谱。进退颠倒，体例淆杂，全无伦理。而验其细字密行，朱墨甲乙，尚是当年手钞之稿，亦可谓劳而罔功矣。①

《从龙谱》所录内容“次《太祖纪》。次为《家谱》，载宣祖及太后、皇后、太子、皇弟。次《前朝附谱》，专载周恭帝及诸臣事。次《藩国谱》，载南汉刘𬬮、蜀孟昶、北汉刘钧、南唐李煜、吴越钱俶及周行逢、符彦卿二人。次《文武人才谱》，则载太祖时诸臣事。太宗以下至宋末，则皆先帝纪，次《藩国》，或曰《藩寇》，或曰《镇国叛寇谱》。《文武人才谱》，或曰《文武臣谱》，或曰《文武大臣谱》，或曰《诸臣士行谱》，或曰《文武官士民谱》”，却无体例，《总目》批评其“皆随笔起例，茫无定法”。《总目》进一步对其体例分析“《金元谱系图》则列于徽宗之前。金、辽两朝事实散附于徽、钦以后及南渡各帝之末，元宪宗以上亦散附焉。又有《南宋黑白谱》，则又专纪元太祖以至宪宗及诸臣事，以黑●白○黑、白为标识。元世祖则独立一部，止名曰《从龙黑白谱》，亦不标元国号。而诸臣之谱则又称《元朝从龙黑白谱》。成宗以下九帝则并不列谱”，对此《总目》提出严厉批评，

---

①《总目》卷 50，《史部·别史类存目》，《从龙谱》提要，第 291 页。

称其“进退颠倒,体例淆杂,全无伦理”。

章学诚提出“史意”的说法。其在《文史通义·家书二》中曾说过:“不知刘言史法,吾言史意。”他在《言公》上篇说道:“作史贵知其义,非同于掌故,仅求事、文之末也。”章学诚所谓“义”应为史著之灵魂。那他所谓的“义”到底指的是什么呢?《文史通义·答客问上》给出了答案:

> 史之大原本乎《春秋》,《春秋》之义昭乎笔削。笔削之义,不仅事具始末、文成规矩已也,以夫子义则窃取之旨观之,固将纲纪天人,推明大道,所以通古今之变而成一家之言者,必有详人之所略,异人之所同,重人之所轻,而忽人之所谨,绳墨之所不可得而拘,类例之所不可得而泥,而后微茫杪忽之际,有以独断于一心,及其书之成也,自然可以参天地而质鬼神,契前修而俟后圣,此家学之所以可贵也。

“史意”则是史家的思想体系,并且通过“详人之所略,异人之所同,重人之所轻,而忽人之所谨,绳墨之所不可得而拘,类例之所不可得而泥”,之后可以产生创新思想。

《总目》也很重视史书之“史意”,并将其作为史学批评的一个重要方面。我们来看《总目》史评类《通鉴问疑》提要:

> 《通鉴》帝魏,朱子修《纲目》改帝蜀。讲学家以为申明大义,上继《春秋》。今观是书,则恕尝以蜀比东晋,拟绍正统,与光力争而不从。是不但习凿齿、刘知几先有此说,即修《通鉴》时亦未尝无人议及矣。末附羲仲与范祖禹书一篇,称其父在书局,止类事迹,勒成《长编》。其是非予夺之际,一出君实笔削,而羲仲不及见君实,不备知凡例中是非予夺所以然之故。

《总目》对《通鉴问疑》之史意进行评论,并从书法源流的高度肯定了作史者应有史意。

《总目》史评类《小学史断》“道学之盛衰,定帝王之优劣”,因而“遇先儒之论则收之,不敢有所异同”。我们来看是书提要:

> 前有端平丙申自序。其中持论最悖者,如谓始皇当别为后秦,晋元帝当复姓牛氏,皆祖胡寅之说,不能纠正。盖其书全取旧文,有如集句。遇先儒之论则收之,不敢有所异同故也。《续集》一卷,明庐陵晏彦文所编宋、元

二代之事，附以辽、金，又附以西夏、安南，殊无义例。其以宋之南渡为道学之功，宋之不能恢复由伪学之禁。又以理宗能尊周、程，为知复古帝王之治。其大旨以道学之盛衰，定帝王之优劣。而一切国计民生，皆视为末务。视靖一原书，尤迂而寡当矣。①

因是书“大旨以道学之盛衰，定帝王之优劣”，所以“一切国计民生，皆视为末务”。

《总目》从史意的角度评价了《六朝通鉴博议》：

史称焘尝奏孝宗以即位二十余年，志在富彊，而兵弱财匮，与教民七年可以即戎者异。又孝宗有功业不足之叹，焘复言：“功业见于变通，人事既修，天应乃至。”盖其纳规进诲，惟拳拳以立国根本为先，而不侈陈恢复之计。是书之作，用意颇同。后其子壁，不能守其家学，附合韩侂胄之意，遂生开禧之兵端。然后知焘之所见，固非主和者所及，亦非主战者所及也。②

《总目》论证了《六朝通鉴博议》之史意在于“以立国根本为先，而不侈陈恢复之计”。《总目》评价其“非主和者所及，亦非主战者所及也”。可见《总目》于国家之事上首先关注有关国家根本之事。

《总目》运用分析史书史意的做法对《史通会要》进行了分析：

深尝以唐刘知几《史通》刊本多误，为校定之，凡补残刓谬若干言。又以其《因习》上篇阙佚，乃订正《曲笔》《鉴识》二篇错简，类为一篇以还之。复采其中精粹者，别纂为《会要》三卷。而附以后人论史之语，时亦以己见参之。深集中别载《史通》二跋，大略言，知几是非任情，往往捃摭圣贤，是其所短。至于评骘文体，亦可谓当。又言，知几尝谓国史叙事，以简为主，而其书之冗长乃不少。观其议论，可以见其去取之旨矣。③

《史通会要》“以唐刘知几《史通》刊本多误，为校定之，凡补残刓谬若干言”，选用材料之去取是有自己的用意的，如“订正《曲笔》《鉴识》二篇错简”，“复采其中精粹者，别纂为《会要》三卷。而附以后人论史之语，时亦以已见参之”。又如

①《总目》卷89，《史部·史评类存目一》，《小学史断》提要，第464页。

②《总目》卷88，《史部·史评类》，《六朝通鉴博议》提要，第461页。

③《总目》卷89，《史部·史评类存目一》，《史通会要》提要，第464页。

"知几尝谓国史叙事,以简为主,而其书之冗长乃不少"。《总目》剖析了其史意。

刘知几、钱大昕等都曾提出过史德的思想。章学诚从理论上对史德、心术进行了思辨性的分析。他在《文史通义·史德》篇中对心术进行了理论分析:

> 所患夫心术者,谓其有君子之心,而所养未底于粹也;夫有君子之心,而所养未粹,大贤以下所不能免也,此而犹患于心术,自非夫子之《春秋》不足以当也。以此责人,不亦难乎?是亦不然也。盖欲为良史者,当慎辨于天人之际,尽其天而不益以人也。尽其天而不益以人,虽未能至,苟允知之,亦足以称著书者之心术亦。

章学诚从人道主义的高度来理解心术。因为"夫有君子之心而所养未粹,大贤以下所不能免",至纯至粹的境界一般人很难达到,如果以此来要求史家就是苛责史家,所以,他认为"盖欲为良史者,当慎辨于天人之际,尽其天而不益以人也",退一步说如果达不到这种境界,只要"尽其天而不益以人,虽未能至,苟允知之",即便这样也可以说是具有"著书者之心术亦"。

《总目》也将作史者之心术作为史学批评的一个重要方面来看待。比如《通鉴问疑》提要:

> 范淳父亦尝预修《通鉴》,乃书所疑问焉,所举凡八事。复载得祖禹答书,具为剖析,乃深悔其诘难之误。且自言恐复有小言破言,小道害道,如己之所云者,故载之使后世有考焉。其能显先人之善,而又不自讳其所失。尤足见涑水之徒,犹有先儒质直之遗也。

《通鉴问疑》"哀录恕与光往还论难之词",而"范淳父亦尝预修《通鉴》,乃书所疑问焉,所举凡八事",刘羲仲"复载得祖禹答书,具为剖析,乃深悔其诘难之误",并且进一步说明此举是为"使后世有考"。对此《总目》赞扬道:"其能显先人之善,而又不自讳其所失。尤足见涑水之徒,犹有先儒质直之遗也。""犹有先儒质直之遗也"即是对刘羲仲心术之肯定。刘羲仲所为虽未能涉及章学诚所说的主观与客观的统一,但其能直陈其误,可见刘羲仲是位治学严谨、心底纯正之君子也。《总目》从作史者之严于自我剖析出发进行了史学批评,可谓是对章学诚心术批评之一发展。

《总目》对于史家不得已而为之的一些做法给予了设身处地的理解。比如

《经幄管见》提要:“彦约是书,于进读《符瑞》诸篇,虽不免有所回护,要亦当时臣子之词,不得不尔。”①

《总目》对于一些作史者不能把人物放在客观环境中进行分析提出了批评。比如《读史管见》提要:

是编乃其谪居之时读司马光《资治通鉴》而作。前有嘉定丙寅其犹子大壮序,称“书成于绍兴乙亥”,又称其父安国受知高宗,奉诏修《春秋传》。宏纲大义,日月著明,二百四十二年之后,至于五代。司马光所述《资治通鉴》,事虽备而立议少,实因用《春秋》经旨,尚论详评云云。案,胡安国之传《春秋》,于笔削大旨虽有发明,而亦颇伤于深刻。是以《钦定春秋传说汇纂》于其已甚之词,多加驳正,以持褒贬之平。寅作是书,因其父说,弥用严苛。大抵其论人也,人人责以孔、颜、思、孟;其论事也,事事绳以虞、夏、商、周。名为存天理,遏人欲,崇王道,贱霸功,而不近人情,不揆事势,卒至于窒碍而难行。王应麟《通鉴答问》谓,但就一事诋斥,不究其事之始终。诚笃论也。又多假借论端,自申己说,凡所论是非,往往枝蔓于本事之外。赵与时《宾退录》曰:“胡致堂著《读史管见》,主于讥议秦会之,开卷可见也。如桑维翰虽因契丹而相,其意特欲兴晋而已,固无挟敌以自重,劫国以盗权之意,犹足为贤。”尤为深切。②

《读史管见》仿效胡安国之传《春秋》“弥用严苛”。因此,《读史管见》“大抵其论人也,人人责以孔、颜、思、孟;其论事也,事事绳以虞、夏、商、周”。而实际生活上却是人非圣贤,孰能无过?所以是书“名为存天理,遏人欲,崇王道,贱霸功,而不近人情,不揆事势,卒至于窒碍而难行”。其表现形式大致有二:一如王应麟《通鉴答问》所说“但就一事诋斥,不究其事之始终”;二“多假借论端,自申己说,凡所论是非,往往枝蔓于本事之外”。对此《总目》借赵与时《宾退录》进行了批驳:“胡致堂著《读史管见》,主于讥议秦会之,开卷可见也。如桑维翰虽因契丹而相,其意特欲兴晋而已,固无挟敌以自重,劫国以盗权之意,犹足为贤。”并认为批评的“尤为深切”。对于不将人物放在客观环境中进行批评的做法,《总目》是持反对态度的。

《总目》在《新旧唐书杂论》提要之中对作史者之私心也进行了剖析:

---

①《总目》卷88,《史部·史评类》,《经幄管见》提要,第461页。

②《总目》卷89,《史部·史评类存目一》,《读史管见》提要,第464页。

然东阳依违避祸，固位取容。其论宋璟不与反正之功，无害宰相之体，实阴以自解。其论狄仁杰、褚遂良优劣，谓二人易地，仁杰必能强谏于武后初立之时，遂良必不能成功于武后既篡之后。及论德宗猜忌，元载凶嫉，李泌能周旋其间，亦隐然自以调停为功。其驳胡寅论高力士一条，及论姚崇任谄用诈一条，亦欲以持论之正，自盖其所为也。①

《总目》分析了"东阳依违避祸，固位取容"之私心："其论宋璟不与反正之功，无害宰相之体，实阴以自解""及论德宗猜忌，元载凶嫉，李泌能周旋其间，亦隐然自以调停为功""其驳胡寅论高力士一条，及论姚崇任谄用诈一条，亦欲以持论之正，自盖其所为也"。此种现象之下隐藏的都是作史者不能客观撰写史书的私心。

刘知几对历史之功用也进行了比前人更深刻的论述。他在《史官建置》篇中说：

苟史官不绝，竹帛长存，则其人已亡，杳成空寂，而其事如在，皎同星汉。用使后之学者，做披囊箧，而神交万古，不出户庭，而穷览千载，见贤而思齐，见不贤而内省。若乃《春秋》成而贼子惧，南史至而贼臣书，其记事载言也则如彼，其劝善惩恶也又如此。由斯而言，则史之为用，其利甚博，乃生人之急务，为国家之要道。有国有家者，其可缺之哉！

史书可以记录过往之事，通过阅读史书可以达到"见贤而思齐，见不贤而内省"，这是从个体的自我修养上论述的；可以达到"贼子惧""贼臣书"，这是从国家统治阶层论述的。所以史学的作用很大，"乃生人之急务，为国家之要道"。

《总目》也是很重视史学的功用的。比如史评类《经幄管见》提要，"其余诸篇，则皆能旁证经史，而归之于法诫，亦可谓不失启沃之职者矣"，赞扬了《经幄管见》从历史得到借鉴，启迪后学之功用。

《总目》从关乎国家大计方面评价了《涉史随笔》：

是书前有自序，大略谓微官洎布衣求进谒于庙堂者，自丐进乞怜外，往往讫无他说，是直相与为欺而已。洪不敢为欺，比以忧居，取历代史温绎，间有所见，随而笔之，因择其可裨庙论者二十六篇以献。则是编乃洪官未

①《总目》卷89，《史部 · 史评类存目一》，《新旧唐书杂论》提要，第465页。

达时献于时相之作，故所论皆古大臣之事。其中论田歆一条，谓歆果介然自立，人自不敢干之以私。贵戚敢于请托，仍歆之罪。论韦澳一条，谓是非虽当顺乎人情，亦当断以己见。所言殊凿然有理。①

从"国家之要道"方面评价了《涉史随笔》，认为其所论"皆古大臣之事"。为了能给当时士大夫提供可资借鉴的经验和启发，《涉史随笔》"论田歆一条，谓歆果介然自立，人自不敢干之以私"，促人警醒。对韦澳一事，《涉史随笔》主张"顺乎人情"，但更"当断以己见"，给人以思考。对此种评述，《总目》极为欣赏，赞其"殊凿然有理"。

《总目》也分析了史学为政治服务的方面。比如《四明尊尧集》提要："瓘以绍圣史官专据王安石《日录》改修《神宗实录》，变乱是非，不可传信，因作是书以辨其妄。"②宋代神宗支持王安石变法，形成了维护新法和维护成法的派系之争。《四明尊尧集》即是抨击新法之论著，实际上是为维护成法者进行政治斗争服务的。

《总目》从史学之功用方面评价了《六朝通鉴博议》：

史称焘尝奏孝宗，以即位二十余年志在富强，而兵弱财匮，与教民七年可以即戎者异。又孝宗有功业不足之叹，焘复言："功业见于变通，人事既修，天应乃至。"盖其纳规进诲，惟拳拳以立国根本为先，而不侈陈恢复之计。是书之作，用意颇同。后其子壁，不能守其家学，附合韩侂胄之意，遂生开禧之兵端。然后知焘之所见，固非主和者所及，亦非主战者所及也。③

《总目》认为史学之根本功用在于修人事，在于立国大事。

《总目》将史学是否能为现实社会服务作为史学批评的一个方面来看待。比如《大事记讲义》提要：

凡政事制度及百官贤否，具载于编。论中所议选举资格及茶盐政制诸条，颇切宋时稗政。又所载铨选之罢常参，任子之多裁汰，三司之有二司，税茶之易刍粮，皆《宋史》各志及马端临《文献通考》所未备者。又所载朋党诸人事实，及议新法诸人辨论，皆与《宋史》列传多有异同，亦足资史学之

①《总目》卷88，《史部·史评类》，《涉史随笔》提要，第461页。

②《总目》卷88，《史部·史评类存目一》，《四明尊尧集》提要，第463页。

③《总目》卷88，《史部·史评类》，《六朝通鉴博议》提要，第461页。

参证。①

是书"议选举资格及茶盐政制诸条",《总目》赞其"颇切宋时稗政"。而其"所载铨选之罢常参,任子之多裁汰,三司之有二司,税茶之易刍粮","皆《宋史》各志及马端临《文献通考》所未备者"。而"所载朋党诸人事实,及议新法诸人辨论",又"皆与《宋史》列传多有异同"。铨选与变法都是关乎宋代社会现实的国家大事,《总目》赞其"足资史学之参证"。可见《总目》赞扬史学发挥为社会现实服务的功用。

史学应反映社会现实。《总目》在进行史学批评时也贯彻了这种思想。比如《历代名贤确论》提要就反映出《总目》的这种思想:

> 所引唐人之文,如罗隐论子高梅子真,卢藏用论纪信,张谓论刘宋代晋诸篇,皆《唐文粹》诸书所未录。盖宋时经义、诗赋两科,皆试策论,故书坊多刻此种以备揣摩之用。然去取较有剪裁,视陈继儒《古论大观》之庞杂丛脞者,固不可同年语矣。②

《历代名贤确论》用了很多《唐文粹》所不录的事实,《总目》分析其原因是"盖宋时经义、诗赋两科,皆试策论,故书坊多刻此种以备揣摩之用"。所以《历代名贤确论》所用之材料反映了一种社会现实存在。并且"去取较有剪裁",更使此书粲然生辉。

《总目》运用史学应反映现实社会的思想对《三国六朝五代纪年总辨》进行了分析:

> 考魏仲举乃建阳书贾,今所传《五百家注韩柳文集》即出其家,盖以刊书射利者。又吴焕然序,首以用兵立言,中复有"灵旗北指,诸君封侯之秋"语。盖开禧丁卯,正韩侂胄肇衅败盟之时。时方竞讲北征,故仲举于《纪年备遗》之中,摘刊割据战伐之二十八卷,以备程试答策之用。观序末有"上可发前人未尽之蕴,下可以为学者进取之阶"语。则书肆之曲投时局以求速售,其大旨了然著矣。卷端冠以三国、两晋、南北朝、五代世系与地理攻守之图。又《甲子纪元总要》一卷,于曹丕、朱温皆纪其年号,与本书乖剌。知亦仲举所加,非黼之旧也。案《平阳县志》,黼字文昭,隐居南荡山,终于

①《总目》卷88,《史部·史评类》,《大事记讲义》提要,第461页。
②《总目》卷88,《史部·史评类》,《历代名贤确论》提要,第462页。

布衣，尝受业陈傅良之门。傅良喜议论，有《止斋论祖》一书，为当时举子所重。故黼亦研心史事，以作是编。其原书虽不可尽睹，然二十八卷之中，大抵愤南渡之积弱，违心立论，强作大言。谓南可并北，北不可以并南。侂胄轻举攻金，浮动者哗然和之，卒召败衄，未必非黼等偏僻之说有以荧惑众听矣。①

《总目》从三个方面分析了史学源于社会现实并反映社会现实：一，"魏仲举乃建阳书贾，今所传《五百家注韩柳文集》即出其家，盖以刊书射利者""观序末有'上可发前人未尽之蕴，下可以为学者进取之阶'语。则书肆之曲投时局以求速售，其大旨了然著矣"；二，"又吴焕然序，首以用兵立言，中复有'灵旗北指，诸君封侯之秋'语。盖开禧丁卯，正韩侂胄肇衅败盟之时。时方竞讲北征，故仲举于《纪年备遗》之中，摘刊割据战伐之二十八卷，以备程试答策之用"；三，"其原书虽不可尽睹，然二十八卷之中，大抵愤南渡之积弱，违心立论，强作大言。谓南可并北，北不可以并南。侂胄轻举攻金，浮动者哗然和之，卒召败衄，未必非黼等偏僻之说有以荧惑众听矣"。

对于不能反映社会现实的书籍《总目》表示了不满。比如《学史》提要之中就反映出这种思想：

其间如记《后汉书》谯元用弟服去官，戴封用伯父丧去官事，以为辟世与人。不知后汉人情淳朴，其以期功丧解官持丧者，见于史册，不一而足。宝疑为托故而逃，未免失之不考。②

《总目》批评其记述社会现实却不考其背后所隐藏的社会习俗，而将"谯元用弟服去官，戴封用伯父丧去官事"，误作"托故而逃"，《总目》批评其作者"未免失之不考"，其内涵即批评其为史不能反映社会现实的弊病。

《总目》从时代的角度分析了文风特点。比如《史义拾遗》提要：

大抵杂举史事，自为论断。上自夏商，下迄宋代。中有作补辞者，如子思荐苟变书，齐威王宝言是也。有作拟辞者，如孙膑祭庞涓文，梁惠王送卫鞅还秦文是也。有作设辞者，如毛遂上平原君书，唐太宗责长孙无忌是也。大都借题游戏，无关事实。考同时王祎集中亦多此体。盖一时习尚如斯，

①《总目》卷89，《史部·史评类存目一》，《三国六朝五代纪年总辨》提要，第464页。

②《总目》卷88，《史部·史评类》，《学史》提要，第462页。

非文章之正格，亦非史论之正格，以小品视之可矣。①

《史义拾遗》"大都借题游戏，无关事实"，《总目》经过考证发现"盖一时习尚如斯"。

《总目》重考证。我们来看《历朝通略》提要："是书虽撮叙大纲，不免简略，而持论醇正，以资考证则不足，以论是非则读史者固有取焉。"②《总目》评论《历朝通略》虽"持论醇正"，而叙事简略，所以"以论是非则读史者固有取焉"，而"资考证则不足"。《总目》重考证之意跃然纸上。

《总目》将史书叙事之详略也作为史学批评的一个方面。比如《历朝通略》提要："是编叙历代兴废得失，各为论断，每一代为一篇。自伏羲至五代为二卷，北宋、南宋则各占一卷，盖详近略远之意也。"③《总目》分析是书"自伏羲至五代为二卷"，而"北宋、南宋则各占一卷"，是为"详近略远"。

正如刘知几在《史通·采撰》篇中所说："史文有阙，其来尚矣。"而古代对一些历史事实的论述也是"其来尚矣"，所以要颠覆以前的观点，非是博雅君子不能为。对此《总目》也进行了史学批评。比如《三国杂事》提要：

陈振孙《书录解题》称，庚之文长于议论，今观其论诸葛亮宽待法正，及不逾年改元事，论荀彧争曹操九锡事，皆故与前人相反。至亮之和吴，本为权计，而以为王道之正。亮拔西县千余家，本以招安，而以为扰累无辜，皆不中理。又谓商无建丑之说，谓张掖石图即河洛之文，而惜无伏羲、神农以识之，尤为纰缪。④

《总目》对《三国杂事》与前人相左的观点给予分析，得出"皆不中理""尤为纰缪"的结论。可见《总目》反对无据妄发议论。

我们从《晋记》提要来分析《总目》认为立论之难的思想：

是书前有伦《自序》，称读《晋书·荀勖传》，至"高贵乡公欲为变"一语，以为大悖于理。又如宣、景、文，及身不帝，而列诸本纪。孙旂、牵秀，助乱之徒，乃与缪播、阎鼎同列。贾充、姚苌传述鬼神事，竟如优俳。诸国载

①《总目》卷89，《史部·史评类存目一》，《史义拾遗》提要，第464页。

②《总目》卷88，《史部·史评类》，《历朝通略》提要，第462页。

③《总目》卷88，《史部·史评类》，《历朝通略》提要，第462页。

④《总目》卷88，《史部·史评类》，《三国杂事》提要，第461页。

记，不年不月，复杂而无章。谯登、许肃之忠义，阙而不载。潘岳诸人之文，无关治乱，乃皆胪之本传。其间谋臣硕士，如张华、羊枯、杜预、王濬、刘琨、祖逖、陶侃、王导、温峤、谢安之谟猷，以及刘、石诸人之雄武，而本传芜冗，曾不足发其不可磨灭之概。至清言娓娓，乃司马氏所以乱亡，而缕述不衰。皆取舍失衷，是非瞀乱。因重为刊定，勒成此编。其中唯诸志稍有可观，悉仍旧贯，其余皆删其冗琐，更易旧文。为世系一、本纪三、内纪一、志八、列传四十一、十六国录十四，积十五年乃成。较原本颇明简。然亦有体例未善者。如司马懿父子改为世系是已。至于《吕后本纪》见于《史记》，实以临朝。范史沿流，已失编年之本义。伦改传为纪，于例殊乖。平吴功臣，别立名目，史家亦无此法。推其根据，盖袭《史记》高祖功臣。然彼自表例，非传例也。《五行志》散入本纪，固足破附会之论。若删除列女，使因事附见于诸传。设如陶婴之类，黄鹄不双，既与时事无关，又无族属可系者，将竟遗之乎。阮籍虽未仕晋，然《劝进》一笺，本集具载。此其意存党篡，百喙无词。自当以徐昂发《畏垒笔记》所论为是，载之《晋史》，所以诛心。乃附之《阮咸传》中，俾与陶潜称晋为一例，非至公也。桓温虽未亲篡，而跋扈不臣，至擅废立。其先导桓玄，何啻曹操之开曹丕。律以无将之义，书叛何词。伦故未减之，亦为好持异论。他如史家之难，莫过表志，《晋书》既不立表，自宜补作。诸志漏略颇多，地理尤无端绪，亦急宜掇拾放逸，为之葺完，乃惮于改作，竟仍其旧，是亦未免因陋就简者矣。①

郭伦认为《晋书》之撰写有很多悖理和瞀乱之处，因此“更易旧文”作《晋记》，虽“较原本颇明简”，“然亦有体例未善者”。《总目》对此做了分析：“如司马懿父子改为世系是已。至于《吕后本纪》见于《史记》，实以临朝。范史沿流，已失编年之本义。伦改传为纪，于例殊乖。平吴功臣，别立名目，史家亦无此法。推其根据，盖袭《史记》高祖功臣。然彼自表例，非传例也。《五行志》散入本纪，固足破附会之论。若删除列女，使因事附见于诸传。设如陶婴之类，黄鹄不双，既与时事无关，又无族属可系者，将竟遗之乎。阮籍虽未仕晋，然《劝进》一笺，本集具载。此其意存党篡，百喙无词。自当以徐昂发《畏垒笔记》所论为是，载之《晋史》，所以诛心。乃附之《阮咸传》中，俾与陶潜称晋为一例，非至公也。桓温虽未亲篡，而跋扈不臣，至擅废立。其先导桓玄，何啻曹操之开曹丕。律以无将之义，书叛何词。伦故未减之，亦为好持异论。他如史家之难，莫过表志。

①《总目》卷 50，《史部·别史类存目》，《晋纪》提要，第 292 页。

《晋书》既不立表，自宜补作。诸志漏略颇多，地理尤无端绪，亦急宜掇拾放逸，为之葺完，乃惮于改作，竟仍其旧，是亦未免因陋就简者矣。”《晋记》虽为纠谬而作，但自身却存在众多缺点，可见批驳对方，重新立论之难。

《总目》对于立论无据者提出批评。比如《汉史亿》提要：

是编取司马、班、范三史所载事实，随笔论断，共二百余条。中多与于慎行《读史漫录》议论相同者。自序谓与之暗合，故不复删。其论留侯子辟疆始谋分王诸吕，谓辟疆深沉多智，无忝厥父，有安刘氏之功。夫诸吕分王，刘氏危于累卵。特以禄、产庸才，遽释兵柄，诸大臣得而诛之。辟疆以一孺子首倡乱谋，几覆邦国。乃以能安刘氏称之，不亦傎乎！①

是书“取司马、班、范三史所载事实，随笔论断”，但所论多谬误，比如“其论留侯子辟疆始谋分王诸吕，谓辟疆深沉多智，无忝厥父，有安刘氏之功。夫诸吕分王，刘氏危于累卵。特以禄、产庸才，遽释兵柄，诸大臣得而诛之。辟疆以一孺子首倡乱谋，几覆邦国。乃以能安刘氏称之，不亦傎乎”。《总目》批评其议论无据、谬误。

《雪航肤见》谓“司马迁、扬雄所论皆谬”，从而提出己说，却被《总目》批评为“论多迂阔，亦颇偏驳”。我们来看《雪航肤见》提要：

杂论史事，上自羲农，下及有宋。论多迂阔，亦颇偏驳。其中如论项羽杀宋义为是，先儒断其矫杀为非。又论杀秦王子婴、屠其宗族、伐其陵墓为是，先儒论其暴横为非。又论项羽不杀沛公，有人君之度，先儒不能表而出之。又论项羽获太公、吕后，三年无淫杀之心，闻吾翁即若翁之言，即舍太公，则笃于朋友之义，而先儒不能察。又论羽之才美，亘古无伦，乌江之死，本实天亡，而非羽罪。司马迁、扬雄所论皆谬。殊乖剌不协于理，宜为陶辅《桑榆漫志》所驳。然辅不驳此条之颠倒，而别举羽弑义帝一事，谓虽有善无足称。则所见亦与弼等矣。②

其中“如论项羽杀宋义为是，先儒断其矫杀为非。又论杀秦王子婴、屠其宗族、伐其陵墓为是，先儒论其暴横为非。又论项羽不杀沛公，有人君之度，先儒不能表而出之。又论项羽获太公、吕后，三年无淫杀之心，闻吾翁即若翁之言，即舍

①《总目》卷90，《史部·史评类存目二》，《汉史亿》提要，第465页。

②《总目》卷89《史部·史评类存目一》，《雪航肤见》提要，第463页。

太公，则笃于朋友之义，而先儒不能察。又论羽之才美，亘古无伦，乌江之死，本实天亡，而非羽罪”，皆“偏驳”“殊乖剌不协于理”。而陶辅《桑榆漫志》不驳此条之颠倒，“而别举羽弑义帝一事，谓虽有善无足称。则所见亦与弼等矣”，这是《总目》通过批评《桑榆漫志》进一步来评判《雪航肤见》持论之不允。

《责备余谈》“杂取古人行事为世所称者，摘其瑕疵”，认为“贤知之过，立言制行，或不近人情，不合中道，往往载诸典籍，学者喜谈而误效之”，为了纠正这种状况“直指而极论焉，以自附于《春秋》责备之意”，却被《总目》指责为“持论刻核，时多乖谬”。我们来看《责备余谈》提要：

> 是书杂取古人行事为世所称者，摘其瑕疵。自序谓贤知之过，立言制行，或不近人情，不合中道，往往载诸典籍，学者喜谈而误效之。故直指而极论焉，以自附于《春秋》责备之意。然持论刻核，时多乖谬。如《谷梁》谓隐公可谓轻千乘之国，蹈道则未，其言允矣。今并谓轻千乘之国为非。至陈师道不肯假赵挺之之衣，亦排诋之。所谓不乐成人之美者欤？①

《古质疑》欲仿《春秋》阐释大义，却在议论上自相矛盾。我们来看是书提要：

> 是编评论史事凡三十八条，自伏羲至周平王止。窥其微意，似欲为《春秋》前编也。中如论女娲补天，乃张湛《列子注》之绪言。论黄帝铸鼎，乃宋人伪《子华子》之旧说。以至姜嫄履武，玄鸟生商，亦多先儒所已论，无庸剿袭陈言。至太甲条称《竹书》为伪，高宗、幽王二条，又引《竹书》为证。数页之中，自相矛盾。王季一条，前后文义不相属。其殆传写讹脱欤？②

《总目》重视史料采择，也表现在考证史料的出处上，因此对于不考证史料出处的做法表示了不满。比如对《史通通释》进行了批评：

> 其中如《曲笔》篇称：“秦人不死，验符生之厚诬；蜀老犹存，知葛亮之多枉。”三家皆不注，起龙亦仅引《困学纪闻》，谓王应麟不知所出，定为无考。而不知秦人事出《洛阳伽蓝记》，蜀老事出《魏书·毛修之传》。又如“阑单失力”，但引卢照邻赋旁证，而不知《清异录》实有训释，不烦假借。小小疏

①《总目》卷89，《史部·史评类存目一》，《责备余谈》提要，第465页。

②《总目》卷90，《史部·史评类存目二》，《古质疑》提要，第467页。

漏，亦不能无。[①]

《总目》对于《史通通释》不能确切指出“秦人不死，验符生之厚诬；蜀老犹存，知葛亮之多枉”“阑单失力”之出处的做法给予了批评。

《总目》对于引材广博且精审的史书是极力赞扬的。比如《通鉴问疑》提要：

> 凡所辨论，皆极精核。史所称笃好史学，自太史公所记，下至周显德末，私记杂说，无所不览。上下数千载间，巨细之事，如指诸掌者，殆非虚语。[②]

因其“自太史公所记，下至周显德末，私记杂说，无所不览。上下数千载间，巨细之事，如指诸掌者，殆非虚语”，达到了“凡所辨论，皆极精核”。

《总目》在批评史书取材方面运用了辨章学术、考镜源流的手法。比如《经幄管见》提要：

> 是书盖彦约侍讲筵时所辑，皆取《三朝宝训》，反覆阐明，以示效法。盖即范祖禹《帝学》多陈祖宗旧事之义。考仁宗天圣五年，允监修王曾之请，采太祖、太宗、真宗事迹不入正史者，命李敬等别为《三朝宝训》三十卷。宝元二年十二月，诏以进读。嗣是讲幄相沿，遂为故事。[③]

《总目》考辨了曹彦约撰是书效仿了范祖禹《帝学》之例。

《总目》不仅重视取材，而且通过取材作为标准判断了作史者属于考证之家还是讲学之家。我们来看《小学史断》提要：

> 所采《读史管见》《说斋讲义》为多，《通鉴》及程朱《语录》、《吕祖谦集》次之。至邵子之诗，亦摘句缀入。其他苏洵父子之属，则寥寥数则而已。知为讲学家也。[④]

①《总目》卷88，《史部·史评类》，《史通通释》提要，第460页。

②《总目》卷88，《史部·史评类》，《史鉴问疑》提要，第461页。

③《总目》卷88，《史部·史评类》，《经幄管见》提要，第461页。

④《总目》卷89，《史部·史评类存目一》，《小学史断》提要，第464页。

《史通通释》作为《史通》注本之书，不但句解章评不应有误，即便字句也应确凿无误，《史通通释》在这方面存有问题。对此《总目》提出批评：

然大致引据详明，足称该洽。惟《疑古》《惑经》诸篇，更助颓波，殊为好异。又轻于改窜古书，往往失其本旨。如《六家》篇“尚书”条中，“语无可述”四字之下，“若此”二字之上，显有脱句，而改“此”字为“止”字，更臆增一“有”字。又如《列传》篇，“项王立传而以本纪为名”句，“立”字不误，而乃臆改为“宜”字。此类至多，皆失详慎。①

《总目》对有价值的史书不吝赞赏，除了直接赞赏之外，更多的时候是引用一些名人的赞赏之语。比如对《唐史论断》赞美之辞就用了后种方式：“曾巩、欧阳修所作墓志、行状，苏轼答李廌书，张敦颐后序，皆推重是书，甚至朱子亦称其议论胜《唐鉴》云。”②通过这种方式，更说明了是书的价值。

《总目》在《十七史纂古今通要》提要之中也用了这种史学批评手法：

钱曾《读书敏求记》曰：“宋以来论史家汗牛充栋，率多庞杂可议，以其不讨论之过也。此书议论颇精允，绝非宋儒隅见者可比。一览令人于古今兴亡理乱，了然胸次。朱子称《稽古录》，其言如桑麻菽粟，小儿六经了，好令读去。予于此书亦云。”其推许是书甚至。③

《总目》通过钱曾《读书敏求记》表达了对《十七史纂古今通要》的称赞之意。

对于所要进行批评的史书，《总目》也借别人之口进行。比如《读史管见》提要：

致堂本文定从子，其生也，父母欲不举，文定夫人举而子之。及贵，遭本生之丧。士论有非之者（案，寅以不持本生之服遭劾，见《宋史》本传，其自辨之书则见所撰《斐然集》中），考汉宣帝立皇考庙，晋出帝封宋王敬儒两章，专以自解。而于汉哀帝立定陶后一节，直谓为人后者不顾私亲，安而行之，犹天性也。吁，甚矣！首卷论豫让报仇，曰无所为而为善，虽《大学》之道不是过。若致堂者，其亦有所为而著书者欤？则在当时论者亦有异同者

①《总目》卷88，《史部·史评类》，《史通通释》提要，第460页。

②《总目》卷88，《史部·史评类》，《唐史论断》提要，第460页。

③《总目》卷88，《史部·史评类》，《七史纂古今通要》提要，第462页。

矣。至国朝朱直作《史论初集》,专驳是书。其间诋诃之词,虽不免于过当,然亦寅之好为高论有以激之,至于出尔反尔也。①

胡寅"遭本生之丧","不持本生之服",因此遭到非议。胡寅撰《斐然集》为其行为辩解。而其著述却"出尔反尔",比如:"于汉哀帝立定陶后一节,直谓为人后者不顾私亲,安而行之,犹天性也""首卷论豫让报仇,曰无所为而为善,虽《大学》之道不是过"。对此《总目》提出异议:"若致堂者,其亦有所为而著书者欤?"并且通过朱直《史论初集》来专驳《读史管见》。虽然"《史论初集》其间诋诃之词,虽不免于过当",但《总目》还是认为,"然亦寅之好为高论有以激之,至于出尔反尔也"。

在进行史学批评的时候,《总目》也会用其他重要史评之书来评论所录之书籍的优劣。我们来看《唐史论断》提要:

陈振孙《书录解题》称,甫以刘昫《唐书》烦冗遗略,多失体法,乃改用编年体。创始于康定元年,蒇事于嘉祐元年,勒成《唐纪》七十五卷。其间善恶分明可为龟鉴者,各系以论,凡九十二篇。甫没后,《唐纪》宣取留禁中。其从子察,尝录副本遗司马光,世亦罕见,惟《论断》独传。绍兴二十七年,尝锓版于剑州。后蜀版不存,端平乙未,黄准复刻于东阳。②

并且从陈振孙《书录解题》的论述中,我们还了解到是书的成书源流及流传。

比较得失是洪迈常用的史学批评方法。《总目》也在提要之中运用这种史学批评手段。在《唐鉴》提要中《总目》通过引用不同人对同一种书籍的不同认识,来评判史书。比如:

蔡絛《铁围山丛谈》曰:"祖禹子温,游大相国寺,诸贵珰见之,皆指目曰,此《唐鉴》之子。"盖不知祖禹为谁,独习闻有《唐鉴》也。则是书为当世所重可知矣。张端义《贵耳集》,亦记高宗与讲官言,读《资治通鉴》,知司马光有宰相度量;读《唐鉴》,知范祖禹有台谏手段。惟朱子《语录》谓其议论弱,又有不相应处。③

---

①《总目》卷89,《史部·史评类存目一》,《读史管见》提要,第464页。
②《总目》卷88,《史部·史评类》,《唐史论断》提要,第460页。
③《总目》卷88,《史部·史评类》,《唐鉴》提要,第460页。

《总目》通过比较,使读者对《唐鉴》的认识更加鲜明。

《总目》在很多方面都运用了比较的批评手法。比如将吕夏卿和吴缜进行了对比。在对比之前先对吕夏卿对自己私著之《兵志》的是否公开流传进行了叙述:

> 观晁氏别载夏卿《兵志》三卷,称得于宇文虚中季蒙。题其后曰,"夏卿修唐史,别著《兵志》三篇,自秘之。戒其子弟勿妄传。鲍钦止吏部好藏书,苦求得之。其子无为太守恭孙偶言及,因恳借钞录于吴兴之山斋"云云。然则夏卿之于《唐书》,盖别有所见,而志不得行者。①

吕夏卿对自己私著之《兵志》是否公开持保守态度,这与吴缜之做法截然两样。因此《总目》将其二者进行比较道"特其器识较深,不肯如吴缜之显攻耳",将两位作史者的不同彰显出来。而不同的作史者所产生的史著必然也存在着思想观念等方面的异同。

《读书镜》提要之中也体现出《总目》对比的思想:

> 所言亦不甚精切,特持论尚颇平正,视所著他书犹为彼善于此。至所称人主宫闱中事,臣子不可妄有攀援,亦不可过为排击,而少年喜事,形之章奏,刻之书帙,至遍于辇毂市肆之间。此在布衣交友尚不能堪,而况天子乎?此言盖为万历间争国本者而发,于明季台省之弊,可云切中。不以继儒而废其言也。②

《总目》对于作为人臣者提出要求:"人主宫闱中事,臣子不可妄有攀援,亦不可过为排击。"紧接着又退一步说:"而少年喜事,形之章奏,刻之书帙,至遍于辇毂市肆之间。"对于此种做法"布衣交友尚不能堪",同样都是人,对于此种做法贵为天子亦不能免。从另一个方面来说是书还反映了"明季台省之弊",切中时弊。

《总目》运用对比的手法使读者对作史者之优劣了然于胸。比如《学史》提要:"又论荀彧以为志似管仲,心似召忽,非扬雄之比。亦为失当。然宝平生湛深经术,持论平正,究非胡寅辈之刻深、尹起莘辈之肤浅所可拟也。"③

---

①《总目》卷88,《史部·史评类》,《唐书直笔》提要,第460页。

②《总目》卷90,《史部·史评类存目二》,《读书镜》提要,第468页。

③《总目》卷88,《史部·史评类》,《学史》提要,第462页。

《总目》在评判《史通训故》时也用了对比的手法：

> 是编因郭孔延所释，重为厘正，又以华亭张之象藏本参校刊定。卷端有维俭题识，称"除增《因习》一篇，及更定《直书》《曲笔》二篇外，共校正一千一百四十二字"。然以二本相校，惟《曲笔》篇增入一百一十九字。其《因习》《直书》二篇并与郭本相同，无增入之语，不知何以云然也。孔延注本，漏略实甚。维俭所补，引证较详。①

二者相较优缺自然明了。

《总目》在评价《史通训故补》时也用了对比的手法：

> 是书补王维俭注所未及，与浦起龙《史通通释》同时而成。而此本之出略前，故起龙亦间摭用。所称北平本者，即此书也。浦本注释较精核，而失之于好改原文，又评注夹杂，俨如坊刻古文之例，是其所短。此本注释不及起龙，而不甚改窜，犹属谨严。其圈点批语，不出时文之式，则与起龙略同。惟起龙于知几原书多所回护，即疑古惑经之类亦不以为非。此书颇有纠正，差为胜之耳。②

《总目》对两书成书之先后、因袭、义例、是否回护等方面都进行了对比论述，使读者对两书之特点有了清晰的认识。

《总目》在评价史书体例时也运用了对比的手法。比如《读史商语》提要：

> 即是编也。以十七史之文与《资治通鉴》参核，随事论断，较他家史论抱残守匮者颇殊。如论茅焦称假父二弟，谬于理而悖于事。论刘向为汉宗室，谏外家封事，不当以任用宗室为言，招争权之嫌。论后汉党锢中岑晊、刘表、胡母班皆谬负虚名。论《通鉴》帝魏，故汉献帝用魏谥；《纲目》帝蜀，则宜用蜀谥曰孝愍。论刘琰挞妻小过，至于弃市，诸葛亮不能辞责。论山简嗜酒酿乱，不应以习池为美谈。论汉昭烈帝非弃荆州，苏轼之言失考。皆为有理。其谓秦始皇在赵之时，生仅两岁，无由与燕太子丹相善。谓汉史所纪征讨斩获，动以万计，皆非实数，以汉故事破贼文书以一报十为证。谓《魏书·尔朱荣传》韩彭乃韦彭之讹，以《金石录》为证。谓《南史·何敬

①《总目》卷89，《史部·史评类存目一》，《史通训故》提要，第463页。
②《总目》卷89，《史部·史评类存目一》，《史通训故补》提要，第463页。

容传》《北史·后妃传》《崔暹传》与《齐文宣帝本纪》矛盾。谓胡寅《读史管见》误读《通鉴》宇文孝伯事。谓房琯无请亲王领军事,司空图诗注不足凭。亦皆有考据。①

《总目》认为是书"以十七史之文与《资治通鉴》参核,随事论断",因而"较他家史论抱残守匮者颇殊"。为证明此说,《总目》举例:"如论茅焦称假父二弟,谬于理而悖于事。论刘向为汉宗室,谏外家封事,不当以任用宗室为言,招争权之嫌。论后汉党锢中岑晊、刘表、胡母班皆谬负虚名。论《通鉴》帝魏,故汉献帝用魏谥;《纲目》帝蜀,则宜用蜀谥曰孝愍。论刘琰挞妻小过,至于弃市,诸葛亮不能辞责。论山简嗜酒酿乱,不应以习池为美谈。论汉昭烈帝非弃荆州,苏轼之言失考。"《总目》认为此种议论皆为有理。又议论:"秦始皇在赵之时,生仅两岁,无由与燕太子丹相善。谓汉史所纪征讨斩获,动以万计,皆非实数,以汉故事破贼文书以一报十为证。谓《魏书·尔朱荣传》韩彭乃韦彭之讹,以《金石录》为证。谓《南史·何敬容传》《北史·后妃传》《崔暹传》与《齐文宣帝本纪》矛盾。谓胡寅《读史管见》误读《通鉴》宇文孝伯事。谓房琯无请亲王领军事,司空图诗注不足凭。"认为:"皆有考据。"

《总目》运用对比的手法对《读史吟评》进行评价:

是编杂咏史事,每诗之后附以论断,略如元宋无《啽呓集》例。而词旨拙鄙,则又出无下。玩其意旨,似借讽明季之事,不为品第古人也。②

《总目》将《啽呓集》与《读史吟评》进行对比,二者优劣自然明了。

《总目》对宋、明人持有成见,认为他们空谈议论,游学无根。遇到宋、明之人物有崇尚实学的,则不忘用对比的手法来表达看法。比如《史纠》提要:"明代史论至多,大抵徒侈游谈,务翻旧案,不能核其始终。明镐名不甚著,而于诸史皆钩稽参贯,得其条理,实一一从勘验本书而来,较他家为有根据。"③《孟叔子史发》提要同样体现出《总目》的这种思想:"是书凡为史论四十篇,其文皆曲折明鬯,有苏洵、苏轼遗意,非明人以时文之笔论史者。"④

《总目》在评价《通鉴答问》论述历史事实时也用了对比的手法:

①《总目》卷90,《史部·史评类存目二》,《读史商语》提要,第467页。

②《总目》卷90,《史部·史评类存目二》,《读史吟评》提要,第469页。

③《总目》卷88,《史部·史评类》,《史纠》提要,第462页。

④《总目》卷90,《史部·史评类存目二》,《孟叔子史发》提要,第468页。

其所评骘，惟汉高白帝子事以为二家偶失刊削；孔臧元朔三年免太常一条，疑误采《孔丛子》。其余则尊崇新例，似尹起莘之《发明》；刻核古人，似胡寅之《管见》。如汉高祖过鲁祀孔子，本无可贬，乃反讥汉无真儒。文帝除盗铸之令，本不可训，乃反称仁及天下。①

对比之下《通鉴答问》论述历史事实之特点顿然显现出来。

不同的人物对同一件事的看法和要求不尽相同，《总目》对这种情况也进行了史学批评。比如《四明尊尧集》提要：

皆摘《实录》原文，而各著驳论其下，共六十五条。坐此羁管台州。其总论中所云安石退居钟山，著此讪书以授蔡卞。卞当元祐之时，增损润色，九年笔削云云。大抵主于掊击卞，故史称京、卞兄弟，最所忌恨，得祸最酷。然朱子尚病其有所避就，未能直中安石隐微云。②

同样是对《四明尊尧集》，“史称京、卞兄弟，最所忌恨”，而“朱子尚病其有所避就，未能直中安石隐”。

《总目》在评价《涉史随笔》也用了比较的手法：“其他多因时势立论，亦胡寅《读史管见》之流。而持论和平，不似寅之苛刻偏驳。”③通过对比，《涉史随笔》评论之平和跃然纸上。正如章学诚在《文史通义·史德》篇所说：“文非气不立，而气贵乎平”，若“因事生感”则会出现“气失则跌，气失则激，气失则骄”，这样会导致“害义而违道，其人犹不自知”的严重后果。虽然《总目》不曾用文字将气上升到较高的理论层次，但评价《涉史随笔》不似“寅之苛刻偏驳”，即是对《涉史随笔》“持论平和”之赞扬。

《总目》在批评《涉史随笔》强调相权宜重的时候也运用了对比的手法：

惟论申屠嘉一条，反覆明相权之宜重。然宋之宰执，实无奄竖擅权以掣其肘，与汉、唐事势截然不同。如王安石，如蔡京、章惇，如秦桧、韩侂胄、史弥远、贾似道，皆患其事权太重，故至于尽锄善类，斫丧国家。洪所云云，是徒知防宦官之弊，而不知防奸臣之弊，未免失之一偏矣。

①《总目》卷88，《史部·史评类》，《通鉴答问》提要，第461页。

②《总目》卷89，《史部·史评类存目一》，《四明尊尧集》提要，第463页。

③《总目》卷88，《史部·史评类》，《涉史随笔》提要，第461页。

《涉史随笔》强调相权宜重，却忽略了一个基本事实，就是“宋之宰执，实无奄竖擅权以掣其肘”，这与“汉、唐事势截然不同”，以至于相权过重，而“尽锄善类，斫丧国家”，此与宦官带给国家的危害不无二致，真如《总目》所评“徒知防宦官之弊，而不知防奸臣之弊”。通过对比，《涉史随笔》议论“失之一偏”的缺点便跃然纸上。

在评价书籍之义例时，《总目》也用了比较的批评手法。比如《六朝通鉴博议》提要：

> 案，焘本传载所著述无此书之名，而有《南北攻守录》三十卷，其同异无可考见。核其义例，盖亦《江东十鉴》之类，专为南宋立言者。然《十鉴》徒侈地形，饰虚词以厉战气，可谓夸张无实。此则得失兼陈，法戒具备。主于修人事以自强，视李舜臣所论较为切实。

《六朝通鉴博议》则的义例类《江东十鉴》。《江东十鉴》“徒侈地形，饰虚词以厉战气，可谓夸张无实”，而《六朝通鉴博议》则“得失兼陈，法戒具备”。二者相较，《六朝通鉴博议》之优点鲜明可见。

《总目》在赞扬一种书籍时，往往通过驳斥与之相左的重要论断来达到目的的。比如《唐鉴》提要就体现了这种批评手法：

> 惟朱子《语录》谓其议论弱，又有不相应处。然《通鉴》以武后纪年，祖禹独用沈既济之说，取武后临朝二十一年系之中宗。自谓比《春秋》“公在乾侯”之义。且曰虽得罪君子，亦所不辞。后朱子作《通鉴纲目》，书帝在房州，实仍其例。王懋竑《白田杂著》亦曰：“范淳夫《唐鉴》，言有治人无治法。朱子尝鄙其论，以为苟简。而晚年作《社仓记》，则亟称之，以为不易之论，而自述前言之误。盖其经历既多，故前后所言有不同者。读者宜详考焉，未可执一说以为定也。”然则《朱子语录》之所载，未可据以断此书矣。①

《总目》通过驳斥朱子肯定了《唐鉴》的价值。

书籍是在什么情况下产生的也是史学批评很重要的方面。《总目》对此也有论述。我们来看《唐鉴》提要：“初，治平中司马光奉诏修《通鉴》，祖禹为编修官，分掌唐史。以其所自得者，著成此书。”范祖禹之所以能撰成此书，得益于司

---

①《总目》卷88，《史部·史评类》，《唐鉴》提要，第460页。

马光奉诏修《通鉴》时，祖禹为编修官分掌唐史之故。

刘知几在进行史学批评时，把对史学者个人素养的要求也作为史学批评的重要方面。他提出才、学、识，章学诚在此基础上又增加史德和心术等内容。《总目》在史学批评上除了才、学、识、史德之外，在每篇提要之中都对作者的生平进行了考证。比如《史通》提要：

唐刘子玄撰。子玄本名知几，避明皇嫌名以字行。彭城人。弱冠擢进士第，调获嘉尉，迁凤阁舍人，兼修国史。中宗时擢太子率更令，累迁秘书监，太子左庶子，崇文馆学士，开元初官至左散骑常侍。后坐事贬安州别驾，卒于官。

对作者全面的了解是读懂其所著史书内容的关键。或许就是因为如此，《总目》才于每篇提要之中考证作者种种。

章学诚在《文德》篇提出"知人论世"的史学批评方法，即评价史书时不苛求古人、对作史者做设身处地的理解。这也是史学批评的一个重要方面。《总目》继承并发展了这种史学批评方法。比如《唐书直笔》提要：

晁氏称夏卿此书，欧、宋间有取焉。所有未符，乃欧、宋所未取者。然是丹者非素，论甘者忌辛。著述之家，各行所见，其取者未必皆是，其不取者未必皆非。①

因为人在意识形态方面的独立性，决定了不同的史家有不同的史识，当然更多的时候也体现出"英雄所见略同"的同一性上。但"横看成岭侧成峰，远近高低各不同"的多样性，才使史学界呈现出繁荣、生动、活泼的局面。见仁，见智，各有不同。《总目》对此极尽理解，正所谓"著述之家，各行所见，其取者未必皆是，其不取者未必皆非"。

而对于作史者不能实事求是地进行考证，《总目》也批评其书之作者为臆断。我们来看《水经注集释订讹》提要：

中间于地理方位，往往有不能详审而漫为臆度者。如《漳水注》，称"绛渎迳九门城南，又东南迳南宫城北"。炳巽释云："九门城今在藁城县西北

①《总目》卷88，《史部·史评类》，《唐书直笔》提要，第460页。

二十里。"而不知一在滹沱之南,一在滹沱之北,中隔新河、宁晋、束鹿、晋州,相去甚远。《水经》:"沁水过谷远县东,又南过陭氏县东。"此陭氏在潞安府屯留县西南,即北魏之寄氏,陭讹作猗。而炳巽释云:"今属平阳府。"则不知《汉志》有上党之陭氏,非即河东之猗氏。他若河水过高唐县南,道元言"河水于县,漯水注之",此下有《地理志》曰:"漯水出东武阳,今漯水上承河水于武阳县东南,西北径武阳新城东"云云。炳巽以其重见于前,删此存彼。不知下文水自城东北径东武阳县故城南,所谓自城者承武阳新城言也。使如所删,则自城直接高唐,不可通矣。此类皆为舛误。①

作史者不仅应该具有才、学、识、心术、气等方面的素质和涵养,更应该具有实事求是考证历史事实的态度。而沈炳巽考证地理方位不进行详审而出于臆断,对此《总目》在举证之后,给予了指责和批评。

相反若史书是经过作史者实事求是考证而来,则会受到《总目》的赞扬和嘉奖。我们来看《吴中水利书》提要:

宋单锷撰,锷字季隐,宜兴人。嘉祐四年进士,欧阳修知举时所取士也。得第以后,不就官,独留心于吴中水利。尝独乘小舟,往来于苏州、常州、湖州之间,经三十余年。凡一沟一渎,无不周览其源流,考究其形势。因以所阅历,著为此书。元祐六年,苏轼知杭州日,尝为状进于朝。会轼为李定、舒亶所劾,逮赴御史台鞫治,其议遂寝。明永乐中,夏原吉疏吴江水门,浚宜兴百渎,正统中,周忱修筑溧、阳二坝,皆用锷说。嘉靖中,归有光作《三吴水利录》,则称治太湖不若治松江,锷欲修五堰,开夹苎干渎以绝西来之水,使不入太湖,不知扬州薮泽,天所以潴东南之水也。水为民之害,亦为民之利。今以人力遏之,就使太湖干枯,于民岂为利哉!其说稍与锷异。盖岁月绵邈,陵谷变迁,地形今古异宜,各据所见以为论。要之旧法未可全执,亦未可全废,在随时消息之耳。《苏轼进书状》载《东坡集》五十九卷中,此书即附其后。②

《总目》首先考证了单锷做学问之用心:"得第以后,不就官,独留心于吴中水利。尝独乘小舟,往来于苏州、常州、湖州之间,经三十余年。凡一沟一渎,无不周览其源流,考究其形势。因以所阅历,著为此书。"经过作史者多年实事求是考证

①《总目》卷50,《史部·地理类二》,《水经注集释订讹》提要,第379页。

②《总目》卷69,《史部·地理类二》,《吴中水利书》提要,第380页。

的辛苦,其成绩得到了大家的认可:"元祐六年,苏轼知杭州日,尝为状进于朝。会轼为李定、舒亶所劾,逮赴御史台鞫治,其议遂寝。明永乐中,夏原吉疏吴江水门,浚宜兴百渎,正统中,周忱修筑溧、阳二坝,皆用锷说。""皆用锷说"即是明证。而也有与单锷说稍异者:"嘉靖中,归有光作《三吴水利录》,则称治太湖不若治松江,锷欲修五堰,开夹苧干渎以绝西来之水,使不入太湖,不知扬州薮泽,天所以潴东南之水也。水为民之害,亦为民之利。今以人力遏之,就使太湖干枯,于民岂为利哉!"对此《总目》分析了其原因:"盖岁月绵邈,陵谷变迁,地形今古异宜,各据所见以为论。要之旧法未可全执,亦未可全废,在随时消息之耳。"这里不仅体现出《总目》赞扬实事求是者,也体现出《总目》对作史者设身处地进行理解的历史唯物主义精神。

《孟叔子史发》议论失之偏驳、考证多疏。我们来看《孟叔子史发》提要:

> 惟其以屡举不第,发愤著书,不免失之偏驳。如《项羽论》,谓其败兵由乎天亡,非战之罪。《商鞅论》谓秦用商鞅之法,六世以至于帝;始皇不用商鞅之法,二世以至于亡。《乐毅论》,谓其非仁非智,虽毅不走赵,骑劫不代将,亦终必败。皆失之过激。《李陵论》,谓陵必报汉,汉待之寡恩,则害义尤甚。崇祯末降贼诸臣,无不以陵藉口者,岂非此类僻论有以倡之乎?至于王通、韩愈、王安石、张浚诸论,则能破门户之见;晁错、赵苞、魏征、史浩诸论,亦能持事理之平。盖瑕瑜互见之书也。前有崇祯辛未自序,述不得志而立言之意,称李卫公罢相归,著论数十首,名曰《穷愁志》。苏文忠公谪居儋耳,亦著论数十首。今所传平王、范增诸篇是也云云。案,李德裕《穷愁志》作于崖州,无罢相归之事。苏轼诸论,虽集中不著年月,亦无作于海外之明文。所引皆为舛误,知其聪明用事,考证多疏矣。①

《孟叔子史发》议论失之偏驳,如"《项羽论》,谓其败兵由乎天亡,非战之罪。《商鞅论》谓秦用商鞅之法,六世以至于帝;始皇不用商鞅之法,二世以至于亡。《乐毅论》,谓其非仁非智,虽毅不走赵,骑劫不代将,亦终必败""《李陵论》,谓陵必报汉,汉待之寡恩"等,不是"失之过激",就是"害义尤甚"。《总目》分析此种现象掩盖下的真实原因是作史者屡举不第之故。在作史者激愤的心态之下著述,难免会失之偏驳。此外,作史者作史的同时要客观公允,不能感情用事,也不可聪明用事。是书有"考证多疏"之处:"李卫公罢相归,著论数十首,名曰

①《总目》卷90,《史部·史评类存目二》,《孟叔子史发》提要,第468页。

《穷愁志》。苏文忠公谪居儋耳,亦著论数十首。"《总目》对此种现象也进行了批评:"所引皆为舛误,知其聪明用事,考证多疏矣。"

作者在撰述史书时要心平气和,不可过多带有个人感情色彩。《总目》的这种思想在《史论初集》中有明确表示:

> 是集为驳正胡寅《读史管见》而作,其中颇有持平之论。如《牛晋论》等篇,虽寅复生,不能辨。然而词气太激,动乖雅道。每诋寅为腐儒,为蒙蒙未视之狗。为双目如瞽,满腹皆痰。为但可去注《三字经》《百家姓》,不应作史论。为痴绝、呆绝、稚气、腐臭。虽寅书刻酷锻炼,使汉、唐以下无完人,实有以激万世不平之气。究之读古人书,但当平心而论是非,不必若是之毒詈也。①

《总目》认为是书"为驳正胡寅《读史管见》而作,其中颇有持平之论",并进一步举例:"如《牛晋论》等篇,虽寅复生,不能辨"。然作史者"词气太激,动乖雅道",《总目》进一步分析:"每诋寅为腐儒,为蒙蒙未视之狗。为双目如瞽,满腹皆痰。为但可去注《三字经》《百家姓》,不应作史论。为痴绝、呆绝、稚气、腐臭。"《总目》站在知人论世、对作者设身处地理解的立场上对朱直进行了批评:"虽寅书刻酷锻炼,使汉、唐以下无完人,实有以激万世不平之气。究之读古人书,但当平心而论是非,不必若是之毒詈也。"《总目》提倡作史者在撰述史书时气平之意明显开见。

自从文字诞生以后日日相续,以致史籍浩博,对此"实非一二人之耳目所能遍考"。《总目》从知人论世的态度评价了《史通训故》:

> 孔延注本,漏略实甚。维俭所补,引证较详。然黄叔琳、浦起龙续注是书,尚多所驳正。盖刘知几博极史籍,于斯事为专门。又唐以前书今不尽见,后人捃摭残剩,比附推求,实非一二人之耳目所能遍考。辗转相承,乃能赅备,固亦势所必然耳。②

"孔延注本,漏略实甚",而"维俭所补,引证较详",尽管如此"黄叔琳、浦起龙续注是书,尚多所驳正",况且"唐以前书今不尽见",所以无论从主观还是客观上来说,"捃摭残剩,比附推求,实非一二人之耳目所能遍考"。从而《总目》得出

---

①《总目》卷90,《史部·史评类存目二》,《史论初集》提要,第469页

②《总目》卷90,《史部·史评类存目一》,《唐书直笔》提要,第463页。

结论:辗转相承,乃能赅备,固亦势所必然耳。知人论世的态度赫然入目。

关于史家才、学、识方面,刘知几有自己独到的认识。我们从《旧唐书》本传可见相关内容:

> 礼部尚书郑惟忠尝问子玄曰:"自古以来,文士多而史才少,何也?"对曰:"史才须有三长,世无其人,故史才少也。三长,谓才、学、识也。夫有学而无才,亦犹有良田百顷、黄金满籝,而使愚者营生,终不能致于货殖者矣。如有才而无学,亦犹思兼匠石,巧若公输,而家无楩楠斧斤,终不果成其宫室者矣。犹须好是正直,善恶必书,使骄主贼臣所以知惧,此则为虎傅翼,善无可加,所向无敌者矣。脱苟非其才,不可叨居史任。自夏古已来,能应斯目者,罕见其人。"
>
> 时人以为知言。

刘知几从辩证的逻辑关系上论证了史家只有具备了才、学、识三长,方可成为"史才"。

《总目》把史家应具有的素养也作为史学批评的重要方面。比如《唐书直笔》提要:

> 案,曾公亮进《唐书》表所列预纂修者七人,夏卿居其第六,本传亦称夏卿学长于史,贯穿唐事,博采传记杂说数百家,折衷整比。又通谱学,创为世系诸表,于《新唐书》最有功。是其位虽出欧阳修、宋祁下,而编摩之力,实不在修、祁下也。①

《总目》肯定了吕夏卿在才、学、识方面"实不在修、祁下"。

《总目》从才、学、识方面对《旧闻证误》进行了评论:

> 凡所见私史小说,上自朝廷制度沿革,下及岁月之参差,名姓之错互,皆一一详征博引,以折衷其是非。大致如司马光之《通鉴考异》,而先列旧文,次为驳正,条分缕析,其体例则如《孔丛》之诘墨。其间决疑定舛,于史学深为有裨,非淹通一代掌故者不能为也。②

①《总目》卷88,《史部·史评类》,《涉史随笔》提要,第461页。
②《总目》卷88,《史部·史评类》,《旧闻证误》提要,第461页。

《旧闻证误》从“凡所见私史小说，上自朝廷制度沿革，下及岁月之参差，名姓之错互，皆一一详征博引，以折衷其是非”，可见其学之广，史识之深厚。其体例“大致如司马光之《通鉴考异》，而先列旧文，次为驳正，条分缕析”，又“如《孔丛》之诘墨”“其间决疑定舛”，显示出史才。对此《总目》极赞道：“于史学深为有裨，非淹通一代掌故者不能为也。”

虽说《总目》强调作史者的才、学、识，但一遇到封建正统观念，《总目》对于作史者的评价就不以此为标准了。我们来看《世史积疑》提要：

> 正德间宁王宸濠图不轨，引之同谋。事起时，以士实与举人刘养正为左右丞相。宸濠就擒，士实并伏法。事见《明史》。而正德七年正值壬申，与此书序内纪年适合。屠隆《考盘余事》又称，士实有善书名，而此本内自书序文，笔势颇雄放，亦足相证其为明李士实所撰无疑。书首有衡山及天籁阁印记，乃文征明、项元汴两家旧本。此必在当时以士实为党逆叛臣，嫌于私存其著作，故改窜纪年以掩其迹，而后来著录者遂误以为元人也。其书采摘史事，分条立说，迄于东汉之末而止。以丧心从乱之人，而妄议古今，其说盖不足深论矣。[①]

虽说此书“采摘史事，分条立说”，且“笔势颇雄放”，但因其参与宁王叛乱，因而被《总目》咒骂为：“以丧心从乱之人，而妄议古今，其说盖不足深论矣。”

《总目》诞生在专制皇权鼎盛的清朝，史学仍是皇权的附属物，《总目》的思想基调就是极力维护封建皇权。但一个事物往往会出现自相矛盾的尴尬，如刘知几主张直书，却又维护名教，使自己的思想处于矛盾之中。《总目》消灭士子议论，却又主张作史者应有独立的意识。如《涉史随笔》提要：“论韦澳一条，谓是非虽当顺乎人情，亦当断以己见。所言殊凿然有理。”[②]在一个人治的社会里，人情对一个人的一生有巨大的影响力，所以《总目》说：“谓是非虽当顺乎人情。”但更应该有自己的独立意识。《总目》对《涉史随笔》提倡人的独立意识给予高度评价。

古代有大成绩者往往有较好之家学，如司马迁有良好的家学始能成千古巨著《史记》。《总目》将家学也作为史学批评的一个重要方面来分析。比如《通鉴问疑》提要：

---

①《总目》卷 89，《史部 · 史评类存目一》，《世史积疑》提要，第 465 页。

②《总目》卷 88，《史部 · 史评类》，《涉史随笔》提要，第 461 页。

宋刘羲仲撰。羲仲,筠州人。秘书丞恕之长子,《宋史》附见恕传末。但称恕死后七年,《通鉴》成,追录其劳,官其子羲仲(案,《宋史》原本作义仲,《癸辛杂识》亦作义仲,均传写之误,今改正)为郊社斋郎,其始末则未详也。史称司马光编次《资治通鉴》,英宗命自择馆阁英才共修之。光对曰:"馆阁文学之士诚多,至于专精史学,臣得而知者惟刘恕耳。"即召为局僚,遇史事纷杂难治者,辄以诿恕。恕于魏晋以后事考证差谬,最为精详。羲仲此书即裒录恕与光往还论难之词。据书末称,"方今《春秋》尚废,况此书乎"云云。盖成于熙宁以后。邵伯温《闻见录》称,《通鉴》以《史记》前后汉属刘攽,以唐逮五代属范祖禹,以三国历九朝至隋属恕,故此书所论皆三国至南北朝事也。①

通过《总目》对刘羲仲家学的考证,可知其为刘恕之子。英宗命司马光自择馆阁英才共修《通鉴》时,司马光推荐了刘恕:"馆阁文学之士诚多,至于专精史学,臣得而知者惟刘恕耳",并且司马光在"遇史事纷杂难治者,辄以诿恕",从中都可以看出刘恕史学功底之深厚;作为其子的刘羲仲也必能受其影响。又因刘恕负责"三国历九朝至隋",因此刘羲仲撰《通鉴问疑》所论皆"三国至南北朝事"。从中可看出家学对士子影响之大,从另一个侧面也说明了子承父业。

《总目》运用具体问题具体分析的历史主义态度进行史学批评。比如《两汉笔记》提要:

其例以两《汉书》旧文为纲,而各附论断于其下。前一二卷颇染胡寅《读史管见》之习,如萧何收秦图籍,则责其不收六经,又何劝高帝勿攻项羽,归汉中,则责其出于诈术。以曹参、文帝为陷溺于邪说,而归其过于张良。于陆贾《新语》则责其不知仁义。皆故为苛论,以自矜高识。三卷以后,乃渐近情理,持论多得是非之平。其中如于张良谏封六国后,论封建必不可复,郡县不能不置。于董仲舒请限民名田,论井田必不可行。于文帝除肉刑,亦不甚以为过。尤能涤讲学家胸无一物、高谈三代之窠臼。至其论董仲舒对策,以道之大原不在天而在心,则金溪学派之宗旨。论元帝以客礼待呼韩邪,论光武帝闭关谢西域,皆极称其能忍善让,则南渡和议之饰词。所谓有为言之者,置而不论可矣。②

---

①《总目》卷88,《史部·史评类》,《唐鉴问疑》提要,第461页。
②《总目》卷88,《史部·史评类》,《两汉笔记》提要,第461页。

《总目》运用辨章学术、考镜源流的方法分析了《两汉笔记》体例仿两《汉书》旧文。在此基础上具体分析了其优劣。《总目》认为,因其“前一二卷颇染胡寅《读史管见》之习”,“自矜高识”,以致出现了“萧何收秦图籍,则责其不收六经,又何劝高帝勿攻项羽,归汉中,则责其出于诈术。以曹参、文帝为陷溺于邪说,而归其过于张良。于陆贾《新语》则责其不知仁义”等苛责古人之处。《总目》肯定其书三卷以后“渐近情理,持论多得是非之平”,并举例证明“如于张良谏封六国后,论封建必不可复,郡县不能不置。于董仲舒请限民名田,论井田必不可行。于文帝除肉刑,亦不甚以为过”,并一扫对宋人的成见,赞扬道:“尤能涤讲学家胸无一物、高谈三代之窠臼。”但对其中出现的虚夸之辞也给予了指责:“则南渡和议之饰词。”

刘知几在文字审美上是崇尚“简要”的。这从他的《史通·叙事》篇可以得到证明:“夫能略小存大,举重明轻,一言而巨细咸该,片语而洪纤靡漏,此皆用晦之道也。”他赞赏《史》《汉》以前的史书:“言虽简略,理皆要害,故能疏而不遗,俭而无阙。譬如用奇兵者,持一当百,能全克敌之功也。”他批评西晋以下直至唐初的史家:“才乏俊颖,思多昏滞,费辞既甚,叙事才周,亦犹售铁钱者,以两当一,方成货迁之价也。”刘知几运用对比的手法色彩鲜明地论述了用词简繁的区别和妙处。

《总目》也是主张用词简略而内容丰沛。比如《学史》提要:“书中取自周迄元史事,分条论列,词简意核,笔力颇遒健。”①《总目》极力赞扬是书“词简意核”之文风。

相反《总目》对于用词繁复之书籍也表示了不满。比如《翼正录》提要:“言烦词复,一书惟此一意,未免失之冗琐。与胡寅《崇正辨》得失相同。”②

《史折》提要之中同样体现出《总目》反对撰写繁复的思想:

> 国朝贺裳撰。裳字黄公,丹阳人。康熙初诸生,是书取明人评史诸书义有未当者,折衷其是。凡《史怀》《狂夫之言》《史说》《赘言》《涌幢小品》《谈史》《藏书》《史裁》《史余》《读史漫录》《札记外篇》等共十一家,谓之“后语”。又各系小序于前,凡三卷。古今论史,言人人殊,所谓彼亦一是非,此亦一是非也。裳所驳正,颇属持平。然其中可一两言决者,必连篇累牍,觉浮文妨要。至于陈继儒之浅陋,李贽之狂谬,复为之反复辨论,更徒增词费矣。卷后附《史折续编》,乃裳所自为史论。盖折衷唐、宋诸儒之说。

---

①《总目》卷88,《史部·史评类》,《学史》提要,第462页。

②《总目》卷89,《史部·史评类存目一》,《翼正录》提要,第466页。

已刊入本集内，此又以类附于史论者也。①

是书宗旨为“取明人评史诸书义有未当者，折衷其是”。然“其中可一两言决者，必连篇累牍，觉浮文妨要。至于陈继儒之浅陋，李贽之狂谬，复为之反复辨论，更徒增词费矣”。《总目》反对撰文繁复之意跃然纸上。

《总目》对于一些史书运用俗语的内在原因也进行了剖析。比如《帝鉴图说》提要“神宗方在冲龄，语取易晓，不免于俚俗”②，分析了是书用语俚俗的原因。

《总目》用史学批评的手法论述了历史写作上的习惯定式。比如《史通评释》提要之中可见：

《史通》旧刻，传世者稀。故《永乐大典》网罗繁富，而独遗是书。其后有蜀本、吴本，文句脱略，互有异同。万历中复有张氏刻本，增七百三十余字，删六十余字。复于《曲笔》《因习》二篇补其残阙，遂为完书。不知其所增益果据何本。然自是以后，皆以张本为祖矣。③

“《史通》旧刻，传世者稀”，而“《永乐大典》网罗繁富”，却“独遗是书”。“万历中复有张氏刻本，增七百三十余字”，却“不知其所增益果据何本”，可能因为万历中张氏刻本内容上完整之故，“自是以后，皆以张本为祖矣”。可见即便是史学也存有习惯定式之缺。

《总目》分析了一些史书撰写存在的习惯定式。比如《史评辨正》提要：

是书取历代史评，断其是非。每条皆先列前人之说，次申己见。卷首自序所论评史三病、四宜等说，颇为切中。然如伊尹两截人之类，仍哓哓于一字一句之间，争无关之得失。则亦未改迂儒论古之习矣。④

是书“每条皆先列前人之说，次申己见。卷首自序所论评史三病、四宜等说，颇为切中”，但“仍哓哓于一字一句之间，争无关之得失”，《总目》分析其内在原因是：未改迂儒论古之习。

①《总目》卷90，《史部·史评类存目二》，《史折》提要，第469页。
②《总目》卷90，《史部·史评类存目二》，《帝鉴图说》提要，第466页。
③《总目》卷89，《史部·史评类存目一》，《史通评释》提要，第463页。
④《总目》卷90，《史部·史评类存目二》，《史评辨正》提要，第469页。

《总目》用史学批评的手法批评作史中存在游学无根的现象。我们来看《史通评释》提要：

孔延因续为评释，杂引诸书以证之。凡每篇之末标"评曰"字者，皆维桢语；标"附评"字者，则孔延所补也。维桢所评，不出明人游谈之习，无足置论。孔延所释，较有引据，而所征故事，率不著其出典，亦颇有舛漏。故王维俭以下注《史通》者数家，皆嫌其未惬，多所纠正焉。①

《总目》分析"维桢所评，不出明人游谈之习，无足置论"，"孔延所释，较有引据，而所征故事，率不著其出典，亦颇有舛漏"，所以，"王维俭以下注《史通》者数家，皆嫌其未惬，多所纠正焉"。

《总目》对于史著之中存在的历史事实的错误给予订正。比如《通鉴博论》提要之中就体现出这种批评思想：

《明史》权本传曰："权常奉敕辑《通鉴博论》，又作《史断》一卷。"今考是书凡例云，一取《史断》为法，加诸笔削。下卷之末云，取《史断》之首章以名是书。《史断》者，宋端平三年南宫靖一所作。今尚有传本，非权作也。②

《总目》订正了《史断》的真正作者。

《总目》在作史上虽然提倡有因有创，但不满于过多地因袭。我们来看《东源读史录》提要：

是书采集史事及前人史评，衷以己意。其自跋谓于正德丁丑，取少微《通鉴节要》读之。偶有所见，辄录于楮。殊无出人议论，或似有所蹈袭。今观书中所断制，虽无大疵谬，而蹈袭之弊，诚如自序所云。③

《总目》认为"观书中所断制，虽无大疵谬"，但有蹈袭之弊端。

再来看《史评》提要："是书自春秋迄南宋，人各为评。多袭前人绪论，罕出

---

①《总目》卷89，《史部·史评类存目一》，《史通评释》提要，第463页。
②《总目》卷89，《史部·史评类存目一》，《通鉴博论》提要，第465页。
③《总目》卷89，《史部·史评类存目一》，《东源读史录》提要，第465页。

心裁。"[1]批评其"罕出心裁"。

《总目》批评立论不当之书。比如《东源读史录》提要:"且少微《通鉴节要》虽出宋人,实村塾陋本。据以立论,亦安足以言读史也。"[2]

《总目》对于只想创立新论,而议论舛误者提出了批评。比如《觉山史说》提要:

> 其讲学之书今未之见,是编其论史之书也。所论起上古迄宋末,如论伍员鞭墓之类,颇能主持名教。他如论管叔、蔡叔合于义而不知天命,诋纪信代死、为吕禄辨冤之类,则不免文士好奇,务为新论。至于论余阙死节一条,斥阙不当仕元,且以全家并命为非,是则纰缪至极。无论阙本色目人,实非南宋遗民,垣于事实为不考,即使阙之祖父果为南宋遗民,而是时元混一天下,已届百年,践土食毛,久为黎庶。垣乃于数世之后,使为宋守故臣之节,此于理不更悖乎![3]

是书所论"管叔、蔡叔合于义而不知天命,诋纪信代死、为吕禄辨冤之类,则不免文士好奇,务为新论",进一步斥责"论余阙死节一条,斥阙不当仕元,且以全家并命为非"为"纰缪至极",并且进一步分析道:"无论阙本色目人,实非南宋遗民,垣于事实为不考,即使阙之祖父果为南宋遗民,而是时元混一天下,已届百年,践土食毛,久为黎庶。垣乃于数世之后使为宋守故臣之节,此于理不更悖乎。"此中之意包含维护清朝统治之用心。

《总目》批评《读史评论》"论多臆断"之弊病:

> 是书前有雍正戊申自序,前四卷曰史评,后二卷曰史论,评则分条札记,论则因人因事,各自成篇。评多琐屑,论多臆断。如《王戎石崇论》,谓戎之得预竹林,以多财之故。嵇、阮等利其所有,引而入之,冀分余润。崇既富人,必不识丁。其《金谷园集序》,殆有寒士为之捉刀。虽有激之谈,亦颠之甚矣。[4]

《总目》对《唐纪》之议论进行分析:

---

[1]《总目》卷89,《史部·史评类存目一》,《史评》提要,第465页。

[2]《总目》卷89,《史部·史评类存目一》,《东源读史录》提要,第465页。

[3]《总目》卷90《史部·史评类存目二》,《觉山史说》提要,第466页。

[4]《总目》卷90《史部·史评类存目二》,《读史评论》提要,第470页。

是书以新、旧《唐书》皆为踳驳。其所指摘,如旧书杨朝晟一人两传。新书既立《武后本纪》,又复立传。旧书列薛怀义于外戚。新书附张易之、昌宗兄弟于《张行成传》。旧书于元和四年、麟德元年皆阙不书。穆宗即位之年,桂仲武诛杨清收安南事,六月、八月再见。《李光弼传》擒周贽事,亦再见。李光颜弟光进,从郭子仪收西京事,误入李光弼弟光进传中。代宗生时,李林甫尚未仕,而新书语涉林甫,安禄山至洛阳即不能睹物,而新书纪其至长安。祖孝孙之乐律、僧一行之算术,新书皆不入《方技传》。又谭忠之效忠王室,沈既济之议立中宗纪,申《春秋》之义,新书皆不立传。其说大抵皆当。①

《唐纪》为新、旧《唐书》纠谬,指其所误如"旧书杨朝晟一人两传。新书既立《武后本纪》,又复立传。旧书列薛怀义于外戚。新书附张易之、昌宗兄弟于《张行成传》。旧书于元和四年、麟德元年皆阙不书。穆宗即位之年,桂仲武诛杨清收安南事,六月、八月再见。《李光弼传》擒周贽事,亦再见。李光颜弟光进,从郭子仪收西京事,误入李光弼弟光进传中。代宗生时,李林甫尚未仕,而新书语涉林甫,安禄山至洛阳即不能睹物,而新书纪其至长安。祖孝孙之乐律、僧一行之算术,新书皆不入《方技传》。又谭忠之效忠王室,沈既济之议立中宗纪,申《春秋》之义,新书皆不立传",通过《总目》分析,赞扬《唐纪》议论得当。

《总目》对于不出新意之史书也进行了批评。比如《读史沓疑》提要:

国朝张彦士撰。彦士字龙弼,定陶人。顺治初岁贡生,官黄县训导。其书评论史事,自上古至元,凡四百余条,多作韵语。大约欲仿史家赞体,而体例冗杂,议论迂拘,不出乡塾儒生之见。②

是书"评论史事,自上古至元,凡四百余条,多作韵语",但"体例冗杂,议论迂拘,不出乡塾儒生之见",可谓不出新意。

《总目》批评了《论世八编》在议论上不出新意的缺陷:

是书辑前人论古之说,各区以时代。卷首有自序四篇,初序于崇祯庚辰,再序于甲申,三序于己丑,四序于己酉。己丑为顺治六年,己酉为康熙八年。其庚辰原序谓,略似竟陵钟氏《史怀》,或正史,或野史,或集,或说,

---

①《总目》卷50,《史部·别史类存目》,《唐纪》提要,第291页。

②《总目》卷90,《史部·史评类存目二》,《读史沓疑》提要,第469页。

不专一史。久之盈册，题曰《寒窗叹》。后改名为《论世八编》。自一卷至四卷为初编，论自古迄三代；五卷为二编，则专论孔子；六卷为三编，专论西汉；七、八两卷为四编，论东汉、后汉；九卷为五编，论晋至隋；十卷为六编，论唐；十一卷为七编，论北宋；十二卷为八编，论南宋至明初。大抵缀缉陈言，间有附评，亦寥寥偶见。①

是书"辑前人论古之说，各区以时代"，但《总目》批评其"大抵缀缉陈言，间有附评，亦寥寥偶见"，可见是书不出新意。

《鉴语经世编》提要中同样体现了《总目》批评史书不出新意的思想：

是编以《通鉴》卷帙浩繁，学者难以卒读，于是摘录司马光《资治通鉴》及王宗沐《宋元资治通鉴》凡有关经世者，加以案语。其议论尚皆平正，然亦不能无因谬袭误之弊。如信宋太宗烛影斧声之事，而曰烛影摇红，心田变黑。殊为失考。又谓明永乐《四书》《五经大全》为不刊之典，亦未免儒生章句之见也。②

虽说是书"有关经世者，加以案语，其议论尚皆平正"，但"不能无因谬袭误之弊"，对此《总目》进行举例：如信宋太宗烛影斧声之事，而曰烛影摇红，心田变黑。殊为失考。又谓明永乐《四书》《五经大全》为不刊之典，亦未免儒生章句之见也。

《总目》批评无甚见解，而好为高论，动辄踳驳者。如《读史商语》提要之中就体现出这种思想：

惟好为高论，动辄踳驳。如谓桑弘羊有补于国计；谓曹操所行实文王之事；谓诸葛亮不善用兵，陈寿所评为确；谓谢灵运为晋之忠臣，可比陶潜；谓李林甫在，安禄山必不敢叛；谓王叔文为忠臣，有功无罪。皆纰缪之甚。又颇不论是非，而论果报于佛法信之尤笃。谓袁宏《汉纪》不知佛法之精微广大。谓傅奕辟佛为浅陋，司马光取入《通鉴》，所见与奕相等。尤非论史之道矣。③

①《总目》卷90，《史部·史评类存目二》，《论世八编》提要，第468页。
②《总目》卷90，《史部·史评类存目二》，《鉴语经世编》提要，第469页。
③《总目》卷90，《史部·史评类存目二》，《读史商语》提要，第467页。

《总目》对《纲鉴附评》进行了批评：

是书所论，自夏帝启迄晋代为上卷，自南北朝迄明太祖即位为下卷，时代亦与相应。又似乎即明初之刘善，疑不能明也。所评多剿袭旧文，大抵不出胡寅、尹起莘之说。其自立新意者，往往纵谈害理。如谓汉高当立赵王如意为太子，诸臣争之为非。又谓即立惠帝，亦当如钩弋夫人，先杀其母。可谓不揆于理，不近于情。他如因王珪子尚公主，珪令行妇礼一事，忽牵及珪昔事建成，今事太宗，犹妇之再醮于人，而忘所醮之即戕夫者。尤节外生枝，非其本事矣。①

是书所论“自夏帝启迄晋代为上卷，自南北朝迄明太祖即位为下卷，时代亦与相应”，但“评多剿袭旧文，大抵不出胡寅、尹起莘之说”，并且“自立新意者，往往纵谈害理”，对此《总目》进一步具体论述“如谓汉高当立赵王如意为太子，诸臣争之为非。又谓即立惠帝，亦当如钩弋夫人，先杀其母”“他如因王珪子尚公主，珪令行妇礼一事，忽牵及珪昔事建成，今事太宗，犹妇之再醮于人，而忘所醮之即戕夫者”，在此基础上提出批评：可谓不揆于理，不近于情、节外生枝，非其本事矣。

《总目》对于没有什么观点立场的史书提出了批评。比如《元羽外编》提要：

凡《史论》四卷，首正统论，次杂论延陵季子、晏平仲等二十余人。又《说史隽言》十八卷，分二十四类。杂采史文，断以己说。又《晋十六国指掌》六卷，《唐藩镇指掌》六卷，皆钞撮《晋书·载记》《唐书·藩镇传》而成。《随笔》八卷，《支离漫语》四卷，评骘史事，大都穿凿附会，无所发明。其论正统，欲以汉配夏，以唐配商，以明配周，而尽黜晋与宋、元，尤为纰缪。②

同样的思想也体现在《五代史肪截》提要之中：

是书摘取欧史之文，间附己意为论断。与《班范肪截》体例略同，而持论尤多无谓。如论朱全忠、张全义赐名事，则曰可谓忠不忠而义不义矣，此亦何须复道。又论昭宗椒兰殿何后积善宫事，曰椒兰不以延嗣，积善不以

①《总目》卷90，《史部·史评类存目二》，《纲鉴附评》提要，第468页。

②《总目》卷90，《史部·史评类存目二》，《元羽外编》提要，第467页。

流庆。置其本事而旁论宫殿之名,不几时文之掉弄笔墨乎?至论冯道《兔园册》事,曰此册流传,至今遂广,不特翰苑诸公奉为秘书,而帖括家亦以为金科玉律矣。①

“是书摘取欧史之文,间附己意为论断”,《总目》认为是书“持论尤多无谓”,如“论朱全忠、张全义赐名事,则曰可谓忠不忠而义不义矣,此亦何须复道”,又如“昭宗椒兰殿何后积善宫事,曰椒兰不以延嗣,积善不以流庆”,认为其“置其本事而旁论宫殿之名,不几时文之掉弄笔墨”,对其持论无谓提出批评。

《总目》对于立说有据者也给予赞扬。比如《石溪史话》提要之中就体现出这种思想:

是编起自三皇五帝,至明福王止,所论凡百余条。或一事而以数事证之,或一代而以历代参之。立说颇见详辨,而前后时有矛盾。又如以王佐才许荀彧,而诋王导为虚声;美武后之保护贤臣,而咎岳飞之不知进退。其是非臧否,亦不能无所谬也。②

《总目》赞扬是书“或一事而以数事证之,或一代而以历代参之。立说颇见详辨”。同时也指出其谬误之处。

对于因袭有据者,《总目》也给予赞扬。我们来看《三吴水利录》提要:

明归有光撰。有光有《易经渊旨》,已著录。是书大旨以治吴中之水,宜专力于松江。松江既治,则太湖之水东下,而他水不劳余力。当时堤防废坏,涨沙几与崖平,水旱俱受其病。因采集前人水议之尤善者七篇,而自作《水利论》二篇以发明之。又以三江图附于其后。盖松江为震泽尾闾,全湖之水皆从此赴海。所谓“塞则六府均其害,通则六府同其利”者,前人已备言之。寻其湮塞之流,则张弼水议所谓“自夏原吉浚范家浜直接黄浦,浦势湍急,泄水益径。而江潮平缓,易致停淤。故黄浦之阔,渐倍于旧;吴淞狭处,仅若沟渠”。其言最为有理。有光乃概以为湖田围占之故,未免失于详究。然有光居安亭,正在松江之上。故所论形势,脉络最为明晰,其所云“宜从其湮塞而治之,不可别求其他道”者,亦确中要害。言苏松水利者,是

①《总目》卷90,《史部·史评类存目二》,《五代史昉截》提要,第469页。
②《总目》卷90,《史部·史评类存目二》,《石溪史话》提要,第470页。

书固未尝不可备考核也。[1]

明之前中国进行水利建设已有悠久的历史,因此《总目》在对此书进行分析的时候,考虑到了是书与前代的因袭关系:“因采集前人水议之尤善者七篇,而自作《水利论》二篇以发明之”“所谓‘塞则六府均其害,通则六府同其利’者,前人已备言之”“寻其湮塞之流,则张弼水议所谓‘自夏原吉浚范家浜直接黄浦,浦势湍急,泄水益径。而江潮平缓,易致停淤。故黄浦之阔,渐倍于旧;吴淞狭处,仅若沟渠’。其言最为有理”。归有光在因袭前人的基础上作《三吴水利录》。此外,《总目》还分析了有光自身所具有的优势条件:“有光居安亭,正在松江之上。”所以能够:“所论形势,脉络最为明晰,‘其所云宜从其湮塞而治之,不可别求其他道’者,亦确中要害。”从而肯定是书价值:“是书固未尝不可备考核也”。从《总目》的分析我们可以发现《总目》的思想内容:水利建设不赞同有光之以为湖田围占,而赞成疏通湮塞之流。我们通过《三吴水利录》提要可以归纳出《总目》的一些思想:当代应对前代在史学思想上有因袭、作史者之长是源于其居所、经历等,水利建设方面赞同疏通湮塞河流之策。

《总目》善于通过现象挖掘本质。比如《通鉴博论》提要:

> 下卷之末有永乐五年御制文一篇,题曰历代受命报复之验。盖官为刊行,因而附著其文。纯举报应轮回之说,最为浅陋。后有成祖自跋云,观其革命之际,报复屠戮之惨,或乱生于内,或患生于外,自相鱼肉。又云,察其历代报复之由,以明天道好还之理。观其所言,似乎尚畏天道者。而革除时屠戮之惨,乃无复人理,天下后世之耳目可以是言掩耶![2]

《通鉴博论》“纯举报应轮回之说”,“似乎尚畏天道者”,然而实际所为“革命之际,报复屠戮之惨,或乱生于内,或患生于外,自相鱼肉”,所以《总目》挖掘其本质为畏天道实际是遮人耳目。

作为目录书之提要,《总目》对所收录书籍之版本、卷数、阙存、真伪、流传等问题都进行了分析和论述。如《经幄管见》提要:“旧刻散佚,久无传本。惟《永乐大典》尚载其全文,今详为校雠,原成四卷。间有辨证,各依文附著焉。”[3]说明了所收录之本非原本,而是从《永乐大典》中辑佚出来的,并且还进行了校雠、

①《总目》卷69,《史部·地理类二》,《三吴水利录》提要,第380页。

②《总目》卷89,《史部·史评类存目一》,《通鉴博论》提要,第465页。

③《总目》卷88,《史部·史评类》,《经幄管见》提要,第461页。

辩证。

《总目》考证了《通鉴答问》之真伪：

与应麟所著他书殊不相类，其真赝盖不可知。或伯厚孙刻《玉海》时伪作此编，以附其祖于道学欤？然别无显证，无由确验其非，姑取其大旨之不诡于正可矣。①

由于"别无显证，无由确验其非"，只好存疑。

《总目》考证了《四明尊尧集》的卷数和版本等内容："是书《书录解题》著录止一卷，此本十一卷，乃后人并其原表序跋合而编之者也。"②

《总目》对《旧闻证误》之版本流传及《永乐大典》所载情况进行了批评，并对辑佚本的情况进行了交代：

自明代已无传本，故薛应旂、王宗沐等续修《通鉴》，商辂续修《纲目》，皆未见其书。今从《永乐大典》中所载，搜罗裒辑，尚得一百四十余条。谨略依时代先后，编次排纂，析为四卷。虽非心传之全帙，然就所存者观之，其资考证者已不少矣。原书于所辨诸条各注书名，《永乐大典》传写脱漏，仅存其十之三四。谨旁加搜讨，凡有可考者悉为补注，无可考者则仍其旧。心传所辨，间有脱文，今无别本可校，亦不敢意为增损焉。③

《总目》考证了《史通评释》之版本流传：

《史通》旧刻，传世者稀。故《永乐大典》网罗繁富，而独遗是书。其后有蜀本、吴本，文句脱略，互有异同。万历中复有张氏刻本，增七百三十余字，删六十余字。复于《曲笔》《因习》二篇补其残阙，遂为完书。④

《总目》考证了《历代名贤确论》之版本及作者：

亦不详作者为谁。近世所行刊本，或有题为华亭钱福所辑者，然福以

①《总目》卷88，《史部·史评类》，《通鉴答问》提要，第462页。

②《总目》卷89，《史部·史评类存目一》，《四明尊尧集》提要，第463页。

③《总目》卷88，《史部·史评类》，《旧闻证误》提要，第461页。

④《总目》卷89，《史部·史评类存目一》，《史通评释》提要，第463页。

弘治三年庚戌登第，宽序作于弘治十七年甲子，二人同时，不应不知为福作。殆后来书贾重刻，以福廷对第一，托名以行欤？所采诸家论著，皆至北宋而止。其书苌宏作苌洪，犹避宋宣祖庙讳，则理宗以前人所作也。考《宋史·艺文志》有《名贤十七史确论》一百四卷，盖即此书。惟此本较少四卷，稍为不合。或史衍四字，或刊本并为百卷，以取成数，均未可知。观其评骘人物，自三皇以迄五季，按代分系，各标列主名。其总论一代者，则称通论以别之。虽不标十七史之名，而核其始末，恰应十七史之数。其为即《宋志》之所载，益足证矣。①

《总目》考证出来《历代名贤确论》即为《名贤十七史确论》。

此外，作为目录书之提要，《总目》也将所录书籍之内容、性质给了明确的界定。如《六朝通鉴博议》提要："此书详载三国、六朝胜负攻守之迹，而系以论断。"②"三国、六朝胜负攻守之迹"是为内容；"系以论断"则界定出是书的性质为史评书籍。

《总目》对《旧闻证误》之内容、性质进行了批评：

宋李心传撰。心传有《建炎以来系年要录》，已著录。《要录》于诸书讹异多随事辨正。故此书所论北宋之事为多，不复出也。或及于南宋之事，则《要录》之所未及，此补其遗也。③

是书性质为"诸书讹异多随事辨正"，即为史评类书籍。

《总目》对书籍内容之流变也进行了分析。比如《四明尊尧集》提要：

瓘以绍圣史官专据王安石《日录》改修《神宗实录》，变乱是非，不可传信，因作是书以辨其妄。其初窜廉州时所著，名《合浦尊尧集》。但著十论，犹未直攻安石。及北归后，乃改作此书，分为八门，曰圣训、论道、献替、理财、边机、论兵、处己、寓言，始力斥王安石之诬。皆摘《实录》原文，而各著驳论其下，共六十五条。④

①《总目》卷88，《史部·史评类》，《历代名贤确论》提要，第462页。
②《总目》卷88，《史部·史评类》，《六朝通鉴博议》提要，第461页。
③《总目》卷88，《史部·史评类》，《旧闻证误》提要，第461页。
④《总目》卷89，《史部·史评类存目一》，《四明尊尧集》提要，第463页。

《总目》分析了是书"初窜廉州时所著","犹未直攻安石","及北归后","始力斥王安石之诬"。对书籍内容之流变进行了分析。

《总目》对《三国纪年》一书的性质进行了界定:"是书大旨主于右蜀而贬魏、吴,名为《纪年》,实史家论断之体。"①

三、《总目》史部史学批评之现象分析

1.《总目》提要、阁书提要与撰修官原撰提要存在诸多不同

《四库全书总目》提要、阁书提要与撰修官原撰提要存在诸多异同详略之不同处,这就意味着这些提要在史学批评上存有异同。关于诸提要之异同详略,黄爱平在《四库全书撰修研究》之有关篇章中已做了详细的论证,兹取其中几例说明之。如邵晋涵《后汉书》原撰提要:

> 《后汉书》一百二十卷,宋范蔚宗撰,唐章怀太子贤注。其志三十卷,则取诸司马彪《续汉书》,而梁刘昭为之注者也。郦道元《水经注》尝引司马彪《州郡志》,疑彪之诸志在六朝已有单行之本,故昭独为之注。杜佑《通典》述科举之制,以《后汉书》《续汉志》连类而举,则知以司马志附见范书,实始于唐人。陈振孙《书录解题》谓宋乾兴初,判国子监孙奭始建议校勘,合为一书者,考之不审也。
>
> 东汉尚气节,此书创为《独行》《党锢》《逸民》三传,表彰幽隐,搜罗殆尽。然史家多分门类,实滥觞于此。夫史以纪实,综其人之颠末,是非得失,灼然自见,多立名目奚为乎?名目既分,则士有经纬万端,不名一节者,断难以二字之品题举其全体;而其人之有隐慝与丛恶者,二字之贬,转不足以蔽其辜。宋人论史者,不量其事之虚实,而轻言褒贬,又不顾其传文之美刺,而争此一二字之名目为升降,辗转相遁,出入无凭,执简互争,腐毫莫断,胥范氏阶之厉也。然范氏所增《文苑》《列女》诸传,诸史相沿,莫能刊削,盖时风众势,日趋于文,而闺门为风教所系,当备书于简策,故有创而不废也。《儒林》考传经源流,能补前书所未备,范氏承其祖宁之绪论,深有慨于汉学之兴衰关于教化,推言始终,三致意焉,岂独贾逵、郑康成诸传为能阐其微意哉!
>
> 李贤注参用裴骃、裴松之之体,于音义则省其异同,于事实则去其骈拇,征引之广博,训释之简当,为史注之善者。刘攽《刊误》讥其末数卷援引多误,当以分曹授简,各有疏密,又急于成书,无暇复检耳。

①《总目》卷89,《史部·史评类存目一》,《三国纪年》提要,第463页。

范书为纪十、列传八十，共九十卷。《旧唐书·经籍志》作一百卷，以贤注分卷上下而言也。《旧唐书·经籍志》又有范氏《后汉书·论赞》五卷，殆以范氏文体高于六朝诸人，而爱其文辞者遂摘取其论赞别为一书欤？

司马彪志详述制度，较《史》《汉》诸志为稍变其体，后来《晋》《隋》诸志实仿其例。刘昭注尤谙悉于累朝掌故，荟萃群说，为之折衷。盖能承六朝诸儒群经义疏之学，而通之于史，以求其实用，亦可见其学之条贯矣。

我们再来看《总目》之《后汉书》提要：

《后汉书》·一百二十卷（内府刊本）《后汉书》本纪十卷、列传八十卷，宋范蔚宗撰。唐章怀太子贤注。蔚宗事迹具《宋书》本传。贤事迹具《唐书》本传。考《隋志》载范《书》九十七卷，新、旧《唐书》则作九十二卷，互有不同。惟《宋志》作九十卷，与今本合。然此书历代相传，无所亡佚。考《旧唐志》又载章怀太子注《后汉书》一百卷。今本九十卷，中分子卷者凡十。是章怀作注之时，始并为九十卷，以就成数。《唐志》析其子卷数之，故云一百。《宋志》合其子卷数之，故仍九十。其实一也。又隋、唐《志》均别有蔚宗《后汉书论赞》五卷，《宋志》始不著录。疑唐以前《论赞》与本书别行，亦宋人散入书内。然《史通·论赞》篇曰："马迁自序传后历写诸篇，各叙其意。既而班固变为诗体，号之曰《述》。蔚宗改彼《述》名，呼之以《赞》。固之总述，合在一篇，使其条贯有序。蔚宗后书，乃各附本事，书于卷末，篇目相离，断绝失序。夫每卷立论，其烦已多，而嗣论以赞，为黩弥甚。亦犹文士制碑序终而续以铭曰，释氏演法义尽而宣以偈言"云云。则唐代范书论赞已缀卷末矣。史志别出一目，所未详也。范撰是书，以志属谢瞻。范败后，瞻悉蜡以覆车，遂无传本。今本八志凡三十卷，别题梁剡令刘昭注。据陈振孙《书录解题》，乃宋乾兴初判国子监孙奭建议校勘，以昭所注司马彪《续汉书志》与范《书》合为一编。案《隋志》载司马彪《续汉书》八十三卷，《唐书》亦同。宋志惟载刘昭补注《后汉志》三十卷，而彪书不著录。是至宋仅存其《志》，故移以补《后汉书》之阙。其不曰《续汉志》而曰《后汉志》是已并入范《书》之称矣。或谓郦道元《水经注》尝引司马彪《州郡志》，疑其先已别行。又谓杜佑《通典》述科举之制，以《后汉书》《续汉志》连类而举，疑唐以前已并八《志》入范《书》，似未确也。自八《志》合并之后，诸书征引，但题《后汉书》某志。儒者或不知为司马彪书，故何焯《义门读书记》曰："八《志》，司马绍统之作。（案绍统，彪之字也。）本汉末诸儒所传，而述于晋初。刘昭注补，别有《总叙》。缘诸本或失载刘叙，故孙北海《藤阴札记》亦误出蔚宗志律历之文”云云。考洪迈《容斋随笔》，已误以八《志》为范《书》，则其误不自孙承泽始。今于此三十卷并题司马彪名，庶以祛流俗之讹焉。①

两者相较可以发现内容风格迥异。

《总目》与阁书提要在文字、体例、内容、观点等方面都有不同。我们以《名臣言行录前集》提要为例来看。文溯阁、文津阁本提要以《名臣言行录》为名：

臣等谨案：《宋名臣言行录》，朱子所辑八朝诸臣事迹，分前、后二集，凡二十四卷，其后《续集》八卷，《别集》二十六卷，又录道学诸人为《外集》十七卷，则李幼武所补编，合之凡七十五卷。晁公武《读书附志》作七十二卷者误也。朱子自序，谓读近代文集及纪传之书，多有裨于世教，于是掇取其要，聚为此书。乃编中所录，如赵普之阴险、王安石之坚僻，与韩、范诸臣并列，不免后人之疑。明杨以任谓是各胪其实，亦《春秋》劝惩之旨，非必专以取法。又解名臣之义，以为名以藏伪，有败有不败者。皆未免曲为之说。然是书所采，其人虽未必尽无可訾，而其中足为士大夫坊表者不可悉数。凡修身缮性之方，致君理国之具，无不备载，实可以昭准则而备法鉴，不容以一端之失概之也。幼武字士英，庐陵人，《宋史》无传。以《续集序》考之，则当为理宗时人矣。

我们再来看《总目·名臣言行录前集》提要：

《名臣言行录前集》十卷、《后集》十四卷、《续集》八卷、《别集》二十六卷、《外集》十七卷（浙江郑大节家藏本）。《前集》《后集》并朱子撰。《续集》《别集》《外集》李幼武所补编。幼武字士英，庐陵人。据其《续集序》文，盖理宗时所作。其始末则未详。观其《外集》所录皆道学宗派，则亦讲学家矣。赵希弁《读书附志》载此书七十二卷。今合五集计之，实七十五卷。殆传刻者误以“五”为“二”欤？朱子《自序》，谓读近代文集及纪传之书，多有裨于世教，于是掇取其要，聚为此书。乃编中所录如赵普之阴险，

①《总目》卷45，《史部·正史类一》，《后汉书》提要，第259页。

王安石之坚僻，吕惠卿之奸诈，与韩、范诸人并列，莫详其旨。明杨以任序，谓是书各胪其实，亦《春秋》劝惩之旨，非必专以取法。又解"名臣"之义，以为名以藏伪，有败有不败者。其置词颇巧。然刘安世气节凛然，争光日月，《尽言集》《元城语录》今日尚传，当日不容不见，乃不登一字，则终非后人所能喻。考吕祖谦《东莱集》，有《与汪尚书书》曰：近建宁刻一书，名《五朝名臣言行录》（案祖谦所见乃《前集》，故但称"五朝"），云是朱元晦所编，其间当考订处颇多。近亦往问元晦，未报。不知曾过目否？《晦庵集》中亦有《与祖谦书》曰："《名臣言行录》一书，亦当时草草为之。其间自知尚多谬误，编次亦无法，初不成文字。因看得为订正，示及为幸"云云。则是书瑕瑜互见，朱子原不自讳。讲学家一字一句尊若《春秋》，恐转非朱子之意矣。又叶盛《水东日记》曰：今印行《宋名臣言行录前集》《后集》《续集》《别集》《外集》，有景定辛酉浚仪赵崇硂引云，其外孙李幼武所辑。且云朱子所编止八朝之前，士英所编则南渡中兴之后四朝诸名臣也。今观《后集》一卷有李纲，二卷有吕颐浩，三卷有张浚，皆另在卷前，不在目录中。又阙残脱版甚多。颇疑其非朱子手笔，为后人所增损必多。盖朱子纂辑本意，非为广闻见，期有补于世教，而深以虚浮怪诞之说为非。今其间吕夷简非正人，而记剪髭赐药之详；余襄公正人，而有杖臀怀金之耻；苏子瞻苏木私盐等事，亦无甚关系；若此者盖不一也。李居安所谓剪截纂要，岂是之谓欤。尝见章副使绘有此书，巾箱小本。又闻叔简尚宝家有宋末庐陵钟尧俞所编《言行类编举要》十六卷前后集。尚俟借观，以祛所惑云云。则盛于此书亦颇有所疑。顾就其所录观之，宋一代之嘉言懿行，略具于斯。旁资检阅，固亦无所不可矣。幼武所补，大抵亦步亦趋，无甚出入，其所去取，不足以为重轻。以原本附骥而行，今亦姑并存之，备考核焉。①

那么，同是《四库全书》的提要为何会存有史学批评上的异同呢？对此略做分析：

首先从统治阶级对文化进行专制统治的思想意图来分析。封建政府进行文化工程由来已久，而以专制淫威干涉思想文化更是屡见不鲜。史书可见赫赫有名的秦代焚书坑儒之事，专制淫威左右社会思想文化的活动一出场便已达登峰造极之势。汉代独尊儒术，更是社会文化思想依附于封建专制的表现。

时至清代，尤其是政权趋向于稳固之际，政府进行的文化活动更是频频不

①《总目》卷57，《史部·传记类一》，《名臣言行录前集》提要，第327页。

断。尤其《四库全书》的整理和《总目》的纂修是件对当时和后世都有持久影响的事情。此书的编撰意图和价值取向是复杂和多元的，而迄今人们所知，四库禁毁书目达3000余种，数量几与选录目录相埒，足见清查范围之广之多，也足见这是一次文化清理活动。《四库提要》书首所载的乾隆历年上谕已将禁毁的对象说得很清楚。如乾隆三十七年正月初四日的上谕：

朕稽古右文，聿资治理，几余典学，日有孜孜。因思策府缥缃，载籍极博。其巨者，羽翼经训，垂范方来，固足称千秋法鉴。即在识小之徒，专门撰述，细及名物、象数，兼综条贯，各自成家，亦莫不有所发明，可为游艺养心之一助。是以御极之初，即诏中外搜访遗书，并令儒臣校勘十三经、二十一史，遍布黉宫，嘉惠后学。复开馆纂修《纲目》三编、《通鉴辑览》及《三通》诸书，凡艺林承学之士，所当户诵家弦者，即已荟萃略备。第念读书固在得其要领，而多识前言往行以畜其德，惟搜罗益广，则研讨愈精。如康熙年间所修《图书集成》全部兼收并录，极方策之大观，引用诸编，率属因类取裁，势不能悉载全文，使阅者沿流溯源，一一征其来处。今内府藏书，插架不为不富，然古今来著作之手，无虑数千百家，或逸在名山，未登柱史。正宜及时采集，汇送京师，以彰千古同文之盛。其令直省督抚会同学政等，通饬所属加意购访。除坊肆所售举业时文及民间无用之族谱、尺牍、屏幛、寿言等类，又其人本无实学，不过嫁名驰骛，编刻酬唱诗文，琐屑无当者，均无庸采取外，其历代流传旧书，内有阐明性学治法，关系世道人心者，自当首先购觅；至若发挥传注，考核典章，旁暨九流百家之言，有俾实用者，亦应备为甄择。又如历代名人洎本朝士林宿望，向有诗文专集，及近时沉潜经史，原本风雅，如顾栋高、陈祖范、任启运、沈德潜辈，亦各著成编，并非剿说卮言可比，均应概行查明。在坊肆者或量为给价，家藏者或官为装印，其有未经镌刊，只系钞本存留者，不妨缮录副本，仍将原书给还。并严饬所属，一切善为经理，毋使吏胥借端滋扰。但各省搜辑之书卷帙必多，若不加之鉴别，悉令呈送，烦复皆所不免，著该督抚等先将各书叙列目录，注系某朝某人所著，书中要旨何在，简明开载，具折奏闻，候汇齐后令廷臣检核，有堪备阅者，再开单行知取进。庶几副在石渠，用储乙览。从此四库七略益昭美备，称朕意焉。钦此！①

①《总目》卷首，圣谕，第1页。

乾隆开宗明义，冠冕堂皇地说“朕稽古右文，聿资治理。几余典学，日有孜孜。因思策府缥缃，载籍极博。其巨者羽翼经训，垂范方来，固称千秋法鉴；即在识小之徒，专门撰述，细及名物、象数，兼综条贯，各自成家，亦莫不有所发明，可为游艺养心之一助”。跟着乾隆又说从他即位起，已令儒臣校勘十三经、二十一史，并开馆纂修《资治通鉴纲目》三编、御批《通鉴辑览》及《三通》诸书。“其历代流传旧书，内有阐明性学治法，关系世道人心者，自当首先购觅；至若发挥传注，考核典章，旁暨九流百家之言，有裨实用者，亦应备为甄择”。

我们再来看乾隆四十一年十一月十七日之上谕：

前因汇辑《四库全书》，谕各省督抚遍为采访。嗣据陆续送到各种遗书，令总裁等悉心校勘，分别应刊，应钞及存目三项，以广流传。第其中有明季诸人书集，词意抵触本朝者，自当在销毁之例。节经各督抚呈进，并饬馆臣详晰检阅，朕复于进到时亲加披览，觉有不可不为区别甄核者，如钱谦益在明已居大位，又复身事本朝。而金堡屈、大均则又遁迹缁流，均以不能死节，觍颜苟活，乃托名胜国，妄肆狂狺，其人实不足齿，其书岂可复存。自应逐细查明，概行毁弃，以励臣节而正人心。若刘宗周、黄道周，立朝守正，风节凛然，其奏议慷慨极言，忠荩溢于简牍。卒之以身殉国，不愧一代完人。又如熊廷弼受任疆埸，材优干济，所上封事，语多剀切，乃为朝议所挠，致使身陷大辟。尝阅其疏内有“洒一腔之血于朝廷，付七尺之躯于边塞”二语，亲为批识云：“至此为之动心欲泪，而彼之君若不闻，明欲不亡得乎?”可见朕大公至正之心矣。又如王允成《南台奏稿》，弹劾权奸，指陈利弊，亦为无惭骨鲠。又如叶向高为当时正人，颇负重望，及再入内阁，值逆阉弄权，调停委曲，虽不能免责贤之备，然视其《纶扉奏草》请补阁臣疏，至七十上，几于痛哭流涕，一概付之不答，其朝纲丛脞，可不问而知也。以上诸人所言，若当时能采而用之，败亡未必若彼其速，是其书为明季丧乱所关，足资考镜。惟当改易违碍字句，无庸销毁。又彼时直臣如杨涟、左光斗、李应升、周宗建、缪昌期、赵南星、倪元璐等，所有书籍，并当以此类推。即有一二语伤触本朝，本属各为其主，亦止须酌改一二语，实不忍并从焚弃，致令湮没不彰。至黄道周另有《博物典汇》一书，不过当时经生家策料之类，然其中纪本朝事迹一篇，于李成梁后设谋惎害，具载本末，尤足征我朝祖宗行事正大光明，实大有造于明人，而彼转逞狡谋阴计，以怨报德。伏读《实录》，我太祖高皇帝以七大恨告天师，师直为壮神戈所指，肇建鸿基，实自古创业者所莫及，虽彼之臣子亦不能变乱黑白，曲为隐讳。存其言并可补当年纪载所未备，因命馆臣酌加节改，附载《开国方略》后，以昭征信。近复阅江苏所进应毁书籍，内有朱东观编辑崇祯年间诸臣奏疏一卷，其中多指言明季秕政，渐至瓦解而不可救，亦足取为殷鉴。虽诸疏中多有乖触字句，彼皆忠于所事，实不足罪。惟当酌改数字，存其原书，使天下后世晓然于明之所以亡与本朝之所以兴，俾我子孙永念祖宗缔造之艰难，益思兢兢业业以祈天而永命，其所裨益岂不更大。又何必亟毁其书乎？又若汇选各家诗文，内有钱谦益、屈大均所作，自当削去。其余原可留存，不必因一二匪人致累及众，或明人所刻类书，其边塞、兵防等门，所以触碍字样，固不可存。然只须削去数卷，或削去数篇，或改定字句，亦不必因一二卷帙遂废全部。他如南宋人书之斥金，明初人书之斥元，其悖于义理者，自当从改。其书均不必毁。使无碍之书，原听其照旧流行，而应禁之书，自不致仍前藏匿，方为尽善。著《四库全书》总裁等妥协查办，粘签呈览，候朕定夺，并将此通谕中外知之。钦此！①

对不合义理教诲，讥贬满族先世，危及清王朝统治地位者，概在禁毁之列，实为禁毁典籍、践踏文化之举。

清朝作为偏于一隅远远落后于中原文明的少数民族入主中原的政权，怀着“非我族类，其心必异”的猜忌开始了民族政策和国家政策。这种对汉族的压制和屠杀，在各种史籍中都有详尽的论述，此处不再赘述。

清政权在无所不用其极的民族及国家政策下趋于稳定，伴随着对待汉人压制政策的同时，渗进了更为高明的羁縻和笼络的些许策略。比如为了拉拢和消灭复明思想，满清政府修撰《明史》。黄宗羲富有强烈的民族气节，对明朝的灭亡，怀有“梦中失哭儿呼我，天未招魂鸟降筵”的悲痛心情，多次拒绝清政府的征聘，对清廷是“朝不坐，宴不与，士之分亦止不仕而已”。黄宗羲对宋朝“昔蔡京、蔡卞当国，欲绝灭史学”恨之而叹。因此，他决心“从事国史，将成一代余石之业”。所以，虽然他不愿在清政府内做官，但对修明史却情有独钟，把治史看作“经世之业”。因而，他派遣自己的学生万斯同、万言及儿子黄百家带着家藏明代史料（内有黄宗羲《明文海》480卷、《明史案》244卷和其父黄尊素所著《大事记》《三史钞》等）到北京明史馆，万斯同开始了24年修《明史稿》的生涯，且始终怀着“修故国之史报故国，愿成一代之史以报先朝”的决心。具有复明思想的人与满清政府出现了合作的契机，当然《明史》修完之后要进入社会流通，还得

①《总目》卷首，圣谕，第1页。

有一个必备的程序，就是要由清朝皇帝审稿，方可最终定稿。所以万斯同所修《明史》与清朝皇帝审定之后的《明史》大有不同。

正如《明史》的编修一样，乾隆帝撰修《总目》也有诸多目的。我们把文字狱、禁毁书籍和编纂图书联系在一起，乾隆主持如此大规模的图书修撰的最终目的便不言自明。我们来看乾隆用行政手段使史学成为其政治附庸的例子。

清代国史馆所修国史，沿用了传统的修史体例，分为本纪、传、志、表四种。其他如循吏、忠义、文苑、孝友、列女等传，其范围和定例，和以往各朝基本相同。惟贰臣传、逆臣传，是乾隆时特下谕设立的，并且别有立意。在乾隆看来，明臣降清，则是贰臣，因为他们违背了君臣纲常。我们以钱谦益为例。乾隆三十四年(1769 年)六月，皇上对大臣们说：

> 钱谦益本一有才无行之人，在前明时身跻膴仕；及本朝定鼎之初，率先投顺，洊陟列卿。大节有亏，实不足齿于人类！朕从前序沈德潜所选《国朝诗别裁集》，曾明斥钱谦益等之非，黜其诗不录；实为千古纲常名教之大关。彼时未经见其全集，尚以为其诗自在，听之可也。今阅其所著《初学集》《有学集》，荒诞悖谬；其中诋谤本朝之处，不一而足。夫钱谦益果终为明朝守死不变，即以笔墨腾谤，尚在情理之中；而伊既为本朝臣仆，岂得复以从前狂吠之语，列入集中？其意不过欲借此以掩其失节之羞，尤为可鄙可耻！钱谦益业已身死骨朽，姑免追究。但此等书籍悖理犯义，岂可听其流传！必当早为销毁。其令各督、抚将《初学》《有学集》于所属书肆及藏书之家谕令缴出。①

后来乾隆在《贰臣传》中分甲、乙两编，以钱谦益入乙编，并指出："至若钱谦益行素不端，及明祚既移，率先归命，乃敢于诗文阴行诋毁，是为进退无据，非复人类……若与洪承畴等同列《贰臣传》，不示等差，又何以昭彰瘅疟？著交国史馆总裁于应入《贰臣传》诸人，详加考核，分为甲、乙二编，而以钱谦益入《贰臣传》乙编"。②

而在其所真正主编的《四库全书》及《总目》之中史学为专制王权附庸的现象俯拾皆是。我们仅从陆费墀、陆锡熊的个人遭遇可窥一斑而知全豹。

陆费墀，乾隆三十一年(1766 年)进士，按常规来说应该很有前途。虽说《四库全书》成全了他，但也败了他。《四库全书》开馆后，陆费墀被任命为总校

---

①《清史列传·贰臣传乙》，卷 79。

②《清高宗实录》(《大清历朝实录》影印本，1931 年)卷 836，第 5 页下至第 6 页上。

官，兼司武英殿提调，主要“承办《四库全书》并《荟要》处缮录之事”。他在馆初期一切“综合稽查，颇能实心勤勉”[①]，受到奖励很快升为侍读，擢少詹事。乾隆于1787年翻阅续缮三分《全书》，发现其中竟有“妄诞不经”之语。下令复校文津等阁《全书》，又发现“舛谬丛生，应删不删，且空白未填者竟至连篇累页”[②]。自己的意志在贯彻于文化学术之时居然不畅，乾隆大发专制皇帝的淫威：令陆费墀罚赔文澜、文汇、文宗等三阁《四库全书》的面页、木匣、装订、刻字等原料并制作费用十数万两银。此后乾隆还指责陆在馆期间“惟以牟利为心”[③]。乾隆明知陆费墀“本系寒士，家无担石……谅不过千金产业耳”，还是执意令其罚赔巨额书资费，可怜陆费墀，一面诚惶诚恐凑缴罚款，一面还得战战兢兢操持文澜阁馆务。虽说在受罚之人中还有纪昀等，但惟独陆费墀受罚最重，而其在馆期间用力也勤。陆氏不免忧愤，其在勉力缴罚了三四万两银后，不到三年便于惊恐忧愤之中去世了。死后，乾隆仍未罢休，又命当地抄没其家存现银一千五百余两及变卖田产房屋等物资，继续充抵文澜阁抄书资费。正如黄爱平所言：“乾隆的苛查导致陆费墀成为其禁书政策的牺牲品，而从《四库全书》的缮写讹错来看，把责任全推到某一人身上，也是不公平的。”[④]乾隆的这种做法正是史学沦为专制王权的附庸的一个表现。

我们再来看一个人物。陆锡熊，乾隆二十六年（1761年）进士，也是由于编修《全书》而获荣。我们来看“考字画之讹误，卷帙之脱落，与他本之互异，篇第之倒置，蕲其是否不谬于圣人。又博综前代著录诸家议论之不同，以折衷于一是，总撰人之生平，撮全书之大概，凡十年书成，论者谓陆君之功为最多”[⑤]，因此而擢任侍读学士，授大理寺卿，迁都察院左副都御史。乾隆帝为了贯彻自己的封建权威，在发现《全书》有妄诞不经之处后，责陆锡熊往盛京校勘文溯阁书籍。在乾隆的压力下当陆锡熊再次前往盛京时，因天寒地冻不适应当地生活而致疾，卒于当地。

我们可以看出两个清代知名人物皆死于乾隆干涉文化思想的专制行为上。专制皇权不仅妄图掌控纂写史书的一个个个体的行为、活动，而且也努力去控制社会思想文化。

更何况《总目》的撰修并非百家争鸣式，凡例的种种限制、乾隆的种种要求

---

①《办理四库全书档案》，乾隆三十九年十一月十三日谕。

②《办理四库全书档案》，乾隆五十二年六月十三日谕。

③乾隆《御制诗五集·题文津阁》诗注，卷40。

④黄爱平：《〈四库全书〉纂修研究》，人民大学出版社，1989年，第112页。

⑤王昶《春融堂集》，卷55，《都察院左副都御史陆公锡熊墓志铭》，《续修四库全书》本。

等等，都在努力使《总目》整齐划一。这种统一思想的做法之下，出现了诸多现象包括假象，其中最根本的一点就是提要内容出现了多元化。而提要内容多元化出现的另一原因即为史馆修史之故。

2. 史馆修史

政府史馆修史具有私人修史所不具有的资金、资源、人力、设备等方面的得天独厚的条件。但成于众人之手的官修史书也存有很多不足和缺点。这也是导致提要内容多样化的原因之一。

史馆人员之史学素养很重要。首先，我们先来看国史馆修史的情况。国史馆隶属翰林院，设有庞大的编纂队伍。初步统计，一般情况下编纂人员100余人，佐职杂役200余人，光绪十四年曾达到632人①。其职官职位设置，按宣统年间分列，主要有：总裁、副总裁、清文总校、满提调、汉提调、蒙古提调、帮提调、总纂、纂修、协修、笔削员、校对、收掌、誊录、供事②。见于其他朝的还有：呈送、记名、额外记名、帮办、传头、帮传头、股头、点拨员等等③。国史馆编纂人员大致分为三部分。第一部分是总裁、副总裁，他们直接受命于皇帝，一切"应行恪遵面谕"。他们是最上层的领衔者。第二部分属于纂辑人员。"总纂、纂修、协修各任纂辑之事"，"计有一百余员之众"④。其中提调承上启下，提协调度，即是最高的行政管理人员，负有管理吏役之责，又是权威的史籍审定者。总纂、纂修、协修是国史馆编纂队伍的主体组成部分，直接的执笔人员。第三部分，校对、收掌、誊录、供事等佐杂职员，负有前期查书，后期缮校等佐助服务之责，人员众多，职掌庞杂，并且许多纂修、协修一身二任，既是编纂写作人员，又是查书校书之人。刘知几曾对史家之素养提出了要求，而面对容纳如此庞大人员队伍的国史馆，要想保证史书的质量及整齐划一也要求史馆人员具有较高的史学素养。

《四库全书》及其《总目》的整理和编辑不是在国史馆进行，而是在专门成立的直接向朝廷负责的四库馆进行的，由此可见《四库全书》及《总目》的重要性和特殊性。处于封建社会末世、清代盛世之际，官修史书之经验教训已经积累了很多，四库馆借鉴了国史馆的修史经验进行了组织。

《四库全书》及《总目》的整理和纂修对乾隆帝及清朝政权来说意义非凡，因此其负责人地位之高、机构之庞大也是空前的。四库馆的最高职务是总裁、

①《国史馆档》卷972。

②分别见《国史馆档》卷931.942.977。

③分别见《国史馆档》卷971.979。

④《国史馆档》卷1，王瑞现"奏为酌筹史馆办公经费提充编纂章程事"。

副总裁，他们大都是皇室郡王、大学士以及六部尚书、侍郎兼任，全面负责总理馆内一切事物。其下有根据工作任务而大致划分的纂修、缮书、监造三处。纂修处设总阅官，负责书籍的审阅工作；总纂官，负责“各书详检确核，撮举大纲，编纂总目”；总校官，总管全部书籍的校订工作；翰林院提调、武英殿提调官，分别负责提取两处书籍事宜；总目协勘官，协助编定总目。总的来说，纂修处是专职校理勘定纂修全部书籍，并兼司缮书处书籍的分校工作。缮书处专司全书的缮写及校勘事宜，设总校官，总理全部缮写书籍的校勘事宜；分校官，具体负责校勘一般书籍；篆隶分校官和绘图分校官，分别负责校勘某些专门书籍；督催官，掌管督责缮写校勘事宜；又翰林院、缮书处、武英殿收章官，分别负责三处书籍的收发出入。而监造处，主要经管武英殿刊刻印刷装订整理书籍事宜，有监造官专负其责。

其机构之大、人员之多，我们可以通过“乾隆四十七年（1782 年）七月十九日奉旨开列办理《四库全书》在事诸臣职名”①的名单获知：

正总裁十六人

永　瑢　永　璇　永　瑆　刘统勋　刘　纶　舒赫德　阿　桂
于敏中　英　廉　程景伊　嵇　璜　福隆安　和　珅　蔡　新
裘曰修　王际华

副总裁十人

梁国治　曹秀先　刘　墉　王　杰　彭元瑞　钱汝诚　金　简
董　诰　曹文埴　沈　初

总阅官十五人

德　保　周　煌　庄存与　汪廷玙　谢　墉　达　椿　胡高望
汪永锡　金士松　尹壮图　李　绶　窦光鼐　倪承宽　李汪度
朱　珪

总纂官三人

纪昀　陆锡熊　孙士毅

总校官一人

陆费墀

翰林院提调官二十二人

梦　吉　祝德麟　刘锡嘏　王仲愚　百　龄　张　焘　宋　铣

①《总目》卷首，职名，第 7 页。

萧际韶　德　昌　黄瀛元　曹　城　瑞　保　陈崇本　五　泰
运　昌　章宝传　冯应榴　孙永清　史梦琦　刘谨之　蒋谢庭
戴衢亨

武英殿提调官九人

陆费墀　彭绍观　查　莹　刘种之　韦谦恒　彭元玧　吴裕德
关　槐　周兴岱

总目协勘官七人

刘权之　汪如藻　程晋芳　李　潢　梁上国　任大椿　张羲年

勘校《永乐大典》纂修兼分校官三十九人

刘校之　刘跃云　陈昌图　励守谦　蓝应元　邹玉藻　王嘉曾
庄承篯　吴寿昌　刘　湄　吴　典　黄　轩　王　增　王尔烈
闵思诚　陈昌齐　孙辰东　俞大猷　平　恕　李尧栋　邹炳泰
庄通敏　黄寿龄　余　集　邵晋涵　周永年　戴　震　杨昌霖
莫瞻菉　王坦修　范　衷　许兆椿　于　鼎　王春煦　吴鼎雯
吴省兰　汪如洋　陈万青　祝　堃

校办各处送到遗书纂修官六人

邹奕孝　郑际唐　左　周　姚　鼐　翁方纲　朱　筠

黄检考证纂修官二人

王太岳　曹锡宝

天文算学纂修官兼分纂官三人

郭长发　陈际新　倪廷梅

缮书处总校官四人

王燕绪　朱　钤　何思钧　仓圣脉

缮书处分校官一百七十九人

张书勋　季学锦　钱　棨　金　榜　张秉愚　项家达　杨寿楠
裴　谦　张能照　汪学金　严　福　孙希旦　罗修源　朱　攸
邱庭漋　钱　樾　周　琼　吴锡麒　蔡廷衡　翟　槐　施培应
吴舒帷　何　循　颜崇沩　张九镡　王天禄　冯敏昌　朱　绂
闵惇大　刘汝暮　高棫生　范来宗　马启泰　戴联奎　方　炜
徐如澍　戴心亨　戴均元　孙玉庭　许　烺　沈孙琏　卢　应
钱　栻　胡　荣　程昌期　何西泰　王嘉曾　卢　遂　沈清藻
洪其绅　李奕畴　温常绶　王福清　德　生　李鼎元　张　位
萧广运　萧九成　王允中　龚大万　罗国俊　钱世锡　饶庆捷

汪杲　郭寅　王汝嘉　王钟健　冯培　李廷敬　吴蔚光
徐文干　曾廷枟　祖之望　范鏊　胡必达　陈墉　陈文枢
王受　王朝梧　蔡共武　潘绍观　蒋予蒲　冯集梧　曾燠
吴绍浣　钟文韫　俞廷抡　侍朝　张慎和　牛稔文　吕云栋
胡敏　王庆长　龚敬身　张培　李棨　汪日章　吴俊
方维甸　王璸　吴绍昱　毛上炱　盛惇崇　杜兆基　雷纯
宋镕　裘行简　李斯咏　方大川　金光悌　刘图南　李荃
胡绍基　董联觳　程炎　王学海　杨世纶　闵思毅　邱桂山
马犹龙　甄松年　沈琨　鲍之钟　王照　王中地　费振勋
沈叔埏　顾宗泰　杨揆　洪梧　江琏　孙球　徐秉敬
秦瀛　黄秉元　张敦培　潘奕隽　张曾效　石鸿翥　赵秉渊
刘英　沈凤辉　温汝适　贾铰　章煦　毛凤仪　叶荪
郭晋　窦汝翼　张埙　汪师曾　言朝标　赵怀玉　徐步云
宋枋远　吴翼成　李元春　刘源溥　陈木　周铉　卜维吉
金学诗　黄昌禔　汪锡魁　袁文邵　汪日赞　金兆燕　张曾炳
沈培　蔡镇　吴垣　常循　李岩　张志枫　刘光第
刘景岳　郭祚炽　柴模　吴树萱

篆隶分校官二人

王念孙　谢登隽

绘图分校官一人

门应兆

督催官三人

祥庆　董椿　楚维宁

翰林院收掌官二十人

安盛额　文英　富廉　舒明阿　白瑛　英玺德　荣安
明福　博良　恒敬　那善　长亮　经德　庆明
盛文　张纯贤　福智　承露　熊志契　马蓁

缮书处收掌官三人

田起莘　吴应霞　史国华

武英殿收掌官十四人

阿克敦　敷注礼　德光　广传　陆达塞　海宁　准提保
伊昌阿　海福　德明　福庆　永清　惠保　八十

监造官三人

各机构都专门负责有关事宜,乾隆通过总裁、副总裁掌控四库馆,贯彻自己的专制淫威。为了四库馆能顺利地开展工作,乾隆对参与四库馆的人员实行了奖罚制度。对做事勤勉、成绩优异者给予奖励,比如对陆锡熊等人奖赏;反之,乾隆对其处罚则也毫不留情面,不仅对钞手处罚严厉,对高级官员更是有甚,我们通过陆锡熊及陆费墀的惨死便可略知一二。

对于如此庞大的机构和人员组织,却没有专门的制度进行规范,只是规定了各机构负责的任务,虽说有相应的奖惩办法,但缺少具体的监督机制。比如乾隆帝在对陆费墀进行追究时便指责其在馆期间"惟以牟利为心"①,便可说明四库馆缺少相应的监督机制,致使问题出现后,推责于一人身上,导致出现个人悲惨遭遇,这也是封建集权政治的产物。

如此阵容庞杂的人员组织,而编修者史学素养不一,就出现了分纂官所撰提要被改修,甚至全盘否定的情况;内容浩瀚,出现了钞手对所抄内容"任意删节改窜"的现象。成于众手的国史馆所修之史书内容驳杂不一正好是修史者以及誊抄者之史学素养不一的表现。这也是《总目》提要内容不统一的原因之一。

成书之后,清朝政府对其进行了全面的校勘。史馆人员对《全书》进行全面校勘能说明两点问题:一,迫于朝廷封建势力的压力,对文化思想进行整齐划一;二,由于史馆人员史学素养的问题造成了《总目》内容上的舛误,对其进行更正。

史馆人手众多,参与者素养也参差不齐,因此除了奖罚之外,还要有一些制度对史馆人员进行约束和监督。而这方面的措施显然是不够的,这就要从清代的政治制度谈起。

3.专制皇权的弊端

从上皇帝在全国进行专制"综揽庶务,朝纲独断",至下地方官于一方专制是百姓的父母官,乡里则族长专制,族长对族人也有生杀之权,家庭则家长专制。他们形成阶梯式的层层控制的统治集团,家族受控于地方,地方受制于朝廷。再加上忠君敬上尽孝思想极其广泛地在社会上存在,并且渗透于人们的骨髓之中,成为人们日常行为规范。除了儒家的忠君敬上思想之外,再加上修身养性、积极入世思想的熏陶,整个社会便成为唯一一个人——皇帝意志运转的机器。我们来具体分析之。

皇帝集权的形成。从秦始皇统一六国开始,封建中央集权便处于一步一步

①乾隆《御制诗五集·题文津阁》诗注,卷40。

的加强和完善之中。清朝入关之前,专制皇权早已臻于登峰造极,最能保障皇帝独裁权威的许多制度、措施如奏折制、秘密建储、严禁朋党、选用亲信参与决策等均已相继推行。时至清代,皇权进一步加强,表现在军机处的设立和奏折制的实行上。军机处的设立更加便利了皇帝任用亲信,或者说专权。而对于奏折制高翔亦在《也论军机处、内阁和专制皇权——对传统说法之质疑,兼析奏折制之源起》一文中说得很明白:清代,奏折制在皇权强化中所起的作用,比其他任何机构或制度都要重要,它从信息控制的角度,使皇帝之决策摆脱了异己力量的制约,成为真正的独裁者;它通过臣僚彼此间的相互稽查,分散其势力,防止臣僚结党与皇权抗衡。因此在很大程度上可以说奏折制是极端君主专制的同义语。[①] 强硬的雍正继位初年,呈递奏折人范围大幅度扩大,一些地位低微者如知府、游击等微末官员也可密折言事,皇帝对臣僚的监督、控制达到无孔不入的程度,大小官僚不得不唯慎唯谨,处处恭顺小心,全国上下处于提心吊胆的状态。故清代,大凡对君主独裁心存异议者大多对奏折制横加挞伐,像乾隆初年,御史谢济世就上疏斥责雍正之治为“汉唐杂霸之治,而非二帝三王之治”,明确提出“密奏不可有”,“自后世有密奏之例,小人多以此谗害君子,首告者不知主名,被告者无由申诉,上下相忌,君臣相疑”,“请自今除军机外,皆用露章,不许密奏”[②]。即生动地反映了群臣对奏折制的畏惧和憎恶之情。并且清代的许多惨案也源于奏折制度。足见奏折制在皇权专制上的作用之重大。

此外,对于能够维护皇权的政治制度,清代统治者是给予赞扬的。比如朱元璋和永乐皇帝创建的以维护君主独裁为目的的明朝内阁制度,乾隆皇帝反观历史后,认为其“立纲陈纪,遗谟远,更胜唐宗”[③],予以高度赞扬。

我们再来看一些历史现象。嘉庆即位,一些臣僚如伊江阿、吴省钦、吴省兰等人对和珅仍趋承迎合,不知有皇帝,“惟知有和珅一人”[④]。这是皇帝专政的衍生物。晚明个别内阁首辅所拥有的超常权力并不独立或合法存在,在很大程度上它只是皇权腐败以及宦官势力恶性膨胀的产物[⑤],像严嵩,因“结诸阉人”,方得长期秉政,即张居正也需讨好太监冯保,方能执掌国柄,史称“居正固有才,其所以得委任,专国柄者,由保为之左右也”[⑥]。更为严重的是,内阁逐渐变为权阉把持朝政的工具,比如内阁的票拟权被宦官操纵,即“批答,宰相事也,前明中

①《清史研究》1996年第2期。

②谢济世:《国朝名臣言行录》卷13。

③参阅《南巡盛典》卷11、12,近代中国史料丛刊本。

④中国第一历史档案馆藏《嘉庆起居注》四年正月,胶片94。

⑤《乾隆御批历代通鉴辑览》卷105,上海古籍出版社,1990年。

⑥《明史》卷305,《冯保传》。

叶,司礼太监实主之”,“内阁之拟票不得不取决于内监之批红,而相权转归于寺人,于是朝廷之纪纲、贤士大夫之进退,悉颠倒于其手,伴食者承意旨之不暇。间有贤辅,卒蒿目而不能救”①,这也是皇权专制的产物。

整个古代中国的政治制度总体上来说从中央到地方都是大一统的集权统治。“普天之下,莫非王土;率土之滨,莫非王臣”,不管从哪个层面都可以诠释为,古代中国为金字塔式的统治,处于塔顶的一个人——皇帝统治了整个金字塔即整个社会,全中国都要听命于一个人。这个人能让天下人生,也能让天下人死,能让人享尽荣华富贵,也能让人活着比死了还难受。无论其下有何权利之分,最终都权归于一——皇帝,所有的事情都要按照皇帝的意志行事,于是所有的人阿谀于朝廷。

我们再来看地方官专政一方的情况。清代地方最高的职官是督抚,其管辖的属吏,除藩臬二司外,主要为道府以下的中下级官员,即从正四品至未入流,除道员而外,他们分别隶属府、州、县三级衙门中,由正印官、佐贰官和教职人员组成。我们再通过一些数字做一些分析。有人做过统计,清代官员的总数,“京省大小之职,不啻二万有奇”②,而督抚所辖的地方官约占一半有强,其中州县一级的官员约有九千余人。③ 并且州县官当属于督抚有权选用的一级官员。在封建社会读书人皆以入仕为其主要目的,若入仕屡有不第,不是精神出现崩溃便是揭竿为旗、犯上作乱。这从另一个层面也反映出督抚在读书人中的作用。

督抚有保举官员资格开始于顺治初年。满族统治者入关伊始,百废待兴,大量需要各方面的统治人才,科举考试远远无法满足其对于人才的需求。于是,“首广罗贤才”,“乃诏廷臣各举所知”,④督抚作为朝廷大臣由此取得保举官员的权力与资格。当时由于大量需要人才,所以立法过宽,比如,保人只需向朝廷递交题名、和被保人的履历,至于才品如何,社会地位与身份怎样,则无须过多考虑。从顺治初年开始,督抚便在读书人中产生举足轻重的作用。

督抚在读书人中的作用还体现在“特举”上。如顺治“十二年,以直隶保定、河间,江南江宁、淮、扬、苏、松、常、镇,浙江杭、嘉、湖、绍等三十府地方紧要,诏京外堂官、督、抚各举一人备简,不次擢用。”⑤又如,康熙四十年十月,谕令内阁移文总督郭琇、张鹏翮、桑额、华显,巡抚彭鹏、李光地、噶礼、徐潮等保举属吏,

①《明史》卷72,《职官一》。

②《清经世文编》卷17,吏政三,储方庆《铨政》。

③据《清史稿·职官志》统计。

④王庆云:《石渠余纪》卷1,纪荐举。

⑤《清史稿》卷110。

曰:“凡伊等所属道员以下、知县以上官员,有实心惠爱民生居官清廉者,虽有诖误降罚,俱不必论,著各具折开送内阁。其别省官员内有伊等所灼知者,即越省亦著列名奏闻。”[①]这种临时赋命的特举,被时人称为:“此又择人而畀以荐举之权者。”[②]这种备不时之需的做法,无形中使督抚在读书人中的影响更加重大。

伴随保举选官制度化的是保举制与官员的仕途联系得越发紧密,督抚在读书人仕途中的作用亦愈益突出。如康熙六年朝廷规定:生员、例监、吏员出身的官员,须经堂官、督抚保举,方许升京官及正印官。[③] 又如,乾隆四年议准,“在外官员,如荐举卓异一次,及督抚指缺保题升用正印官一次者,准其以保举注册,与应升京官及外任正印官人员一同较俸,照常升转,不必复行保举。”[④]也就是说,在地方上,下级官员若没有科举功名,而又想出任京官和外任正印官的,只有得到督抚的保举才可实现。佐贰杂职人员,亦只有被举卓异,或被指缺保举者,才能取得升迁正印的资格。如果是以捐赀得官的官员,于到任三年仍无人保举,就将被视为劣员,随时可能被其上级或同僚奏参开缺休致。[⑤] 足见,某些下级官僚在仕途上能否升迁很大程度上取决于督抚的保举。仅从督抚在保举选官上的重要作用,就可窥其专制于一方的特点。而清政府对督抚实行的是对朝廷负责制,所以,以督抚为首的一方官吏皆以皇帝马首是瞻。

以忠君敬上为主要内容的修身养性。自从儒家思想出台以致受到政府力量的支持而逐渐成熟并成为人们血液的组成部分,任何人都是从一出生便开始就被灌输儒家思想,从生活的点点滴滴开始进行从头到脚的“洗礼”。

《大学》提出“修身、齐家、治国平天下”,将修身放在第一位。这种修身贯彻着封建的道德思想,这种思想的核心内容就是忠君敬上。中国封建社会是家国同构的宗法社会,个人淹没在由家庭而家族,由家族而宗族,由宗族而社会,由社会而国家的一层层群体之中。在这些群体之中,最基本的单位是家庭,父亲是家庭中的家君,皇帝是国家中的国父。封建社会极其重视人伦关系,如父慈、子孝、兄友、弟恭之类,整个社会都在维护这种秩序,正如儒家所倡导的“人道亲亲”。此外,封建社会的道德有个基本的原则:“君为臣纲”“父为子纲”“夫为妻纲”。整个国家就由这些本质内容是绝对服从的“纲”贯穿和维护着。妻子对丈夫绝对服从,儿子对父亲绝对服从,在小家——家庭中对父亲和丈夫的绝

①《清圣祖实录》卷206,第11-12页。
②王庆云:《石渠余纪》卷1,纪荐举。
③《大清会典事例》卷71。
④《大清会典事例》卷71。
⑤《清史研究》1996年第3期。

对服从和忠心，放在大家——国家中就是对国君的绝对服从和忠心。这种道德成为皇帝统治国家、驾驭民众的镇山之宝。《管子》也提倡："畜之以道，养之以德。"

若臣不忠君，子不孝父，妇不从夫，则被视为大逆不道，都被称之为动乱。从《韩非子·奸劫弑臣》等篇可知，法家提倡绝对的"忠君""敬上"，而主张严厉惩处任何违背"忠""孝"的行为。这样不管是从哪个角度上来说，个体都要积极进行修身活动。

中国传统文化特别重视个人的道德修养、人格的完善，"为学"的目的就是要使自己成为一个道德上的"完人"。民众在努力进行道德修养的同时，忠君敬上思想也如影随形般地进入血液之中。

有鉴于此，在个人进行道德修养的同时，政府在选官制度上，也对有道德的人进行倾斜。如在人才配置上讲究优化组合，孟子就说过"尊贤使能"，使"贤者在位，能者在职"之类的话。① 此中"贤"包含着品德高尚之意。孔子说"见贤思齐焉"②，墨子说"列德而尚贤"③，《书·大禹谟》说"野无遗贤，万邦咸宁"，等等，"贤"这个词都包含有道德品质方面的含义。

北宋时司马光认为选官应该将才与德区别开来，即便如此，他也认为，"才者，德之资也；德者，才之帅也"，肯定了德的第一地位。司马光把人划分为"圣人""君子""小人""愚人"四类——"才德全尽"谓之"圣人"，"才德兼亡"谓之"愚人"，德胜于才谓之"君子"，才胜于德谓之"小人"。④ 由此，这位正人君子的领袖严正而决绝地提出了下述著名论断：

> 凡取人之术，苟不得圣人、君子而与之，与其得小人，不若得愚人。何则？君子挟才以为善，小人挟才以为恶。挟才以为善者，善无不至矣；挟才以为恶者，恶亦无不至矣。愚者虽欲为不善，智不能周，力不能胜，譬如乳狗搏人，人得而制之。小人智足以遂其奸，勇足以决其暴，是虎而翼者也，其危害岂不多哉！夫德者人之所严，而才者人之所爱；爱者易亲，严者易疏，是以察者多蔽于才而遗于德。自古昔以来，国之乱臣，家之败子，才有余而德不足，以至于颠覆者多矣！……故为国为家者苟能审于才德之分而

①《孟子·公孙丑》。

②《论语·里仁》。

③《墨子·尚贤》。

④俱见《资治通鉴》卷1，"周纪一"。

知所先后，又何失人之足患哉！①

我们通过司马光对人的这四种划分，可以发现任何一种人都离不开“德”这个标准，缺少了德不是小人便是愚人，而要想成为圣人或君子者则必须具备德。

历史上曹操曾列出“唯才是举”的政令，意思是只要有才能，不管有何才能均可见用。这种做法虽是源于一定的政治背景，但抛弃了被用之人的道德方面的要求，这是对传统用人之道的逆反。

由于“德”在传统社会中对封建统治者统治国家方面的巨大作用，所以受到极度青睐，进而对“德”也有极高的自我要求：

生，亦我所欲也，义，亦我所欲也；二者不可得兼，舍生而取义者也。生亦我所欲，所欲有甚于生者，故不为苟得也；死亦我所恶，所恶有甚于死者，故患有所不辟也。如使人之所欲莫甚于生，则凡可以得生者，何不用也？使人之所恶莫甚于死，则凡可以辟患者，何不为也？由是则生而有不用也；由是则可以辟患而有不为也。是故所欲有甚于生者，所恶有甚于死者。非独贤者有是心也，人皆有之，贤者能勿丧耳。

这种极高的自我要求，也是能达到极高自我修养的途径。为了具备“德”，人类的一些本能的东西，如生存和欲望等都可以舍弃，这就是说为了忠君敬上可以放弃作为人的最基本的东西。为了鼓励所有的人都去保有这种“德”，孟子在《告子上》中让德具有了普遍性：“德”，“人皆有之”，“非独贤者有是心也”，并且只要大家在必要的时候能够保持住德，便可成为贤者。

满族重视主奴差别，严格尊卑贵贱等，这些在实际政治生活中都极易转化为忠君敬上的政治教义。入关后，除了以政治压力迫使文化先进于自己的汉民接受落后的习俗和文化外，清统治者也在极力接受儒家文化，并且深谙儒家思想“修身”之本质。雍正帝曾反复强调“我满洲人等纯一笃实忠孝廉节之行”远胜于“汉人之文艺，蒙古之经典”②，强调本民族具有“忠孝廉节”之传统，甚至胜过汉人。所以，有清一代忠君敬上思想于整个封建时代是一脉相承。

控制中国几千年的积极入世思想。中国传统社会士子读书只有一个目的：入世。入世即为谋求官职，谋求官职即进入为封建帝王服务的系统之内。而在谋取功名之前的读圣人书之时，便也是在进行“修身”的工程。读书人在“修

①《资治通鉴》卷1，“周纪一”。

②《雍正实录》卷22。

身”之后，便是“齐家、治国平天下”，尤其要达到后者，则必须积极入世进取仕途才可有望实现夙愿。在看破红尘之前，一般是不会消极隐世，而是“家事国事天下事事事关心”。即便是仕途失意之后，也是“独善其身”以便待机被皇帝重新启用。比如范仲淹在失意之时仍于《岳阳楼记》之中表现出“处江湖之远则忧其君”的关心国家、时事萦绕于怀的心情。“天下兴亡，匹夫有责”一直是儒家文化的重要内容。

在整个传统社会有一个经久不衰的社会现象，就是人们渴望清官，进而美化清官，比如包拯被尊为“公”。可以说清官是人们对社会公平、正义的期望和寄托。老百姓渴求清官的内在原因：一，社会不是法治社会；二，社会的公正要靠当官的良心维系，即自身的道德修养。

封建社会的人们曾向天求救、向鬼神求救，曾幻想皇帝开明、官僚清廉，当这一切都不奏效时，便进行忍让，如此几千年便形成中华民族善于忍让、吃苦的性格。而封建中国缺少的恰恰是权力的分散，权力的过分集中使得一切惩治贪污腐败等问题变为空中楼阁。有才能而不具备操守者能对封建国家产生更大的损害，这也正是法制不健全之表现。封建社会政治制度典型的特征是人治，不是法治，且以个人道德为封建社会的核心，依靠个人的修养来维系封建法制，必然会出现问题。

清代继承封建社会的余续并发展之，封建专制政治发展到极致。但是封建政治无论如何发展，也只是对帝王负责的政治，无论权力出现怎样的分权，最终也是权归于一——归于帝王。所以终整个封建社会是不可能出现权力的真正分配的。

为了纂修《全书》——或者说为了实现乾隆帝的某些目的而以纂修大型书籍的形式进行——成立了四库馆。四库馆成立于清代，因此对四库馆的管理不外乎封建社会那一套法治制度。而封建社会在法治方面的缺点，如集权、人治等等方面的因素都会表现在四库馆之中。聪明的乾隆对此是知之甚深的，因此他在惩治陆费墀时便是以“惟以牟利为心”①为借口进行的。况且乾隆纂修《全书》在很大程度上是为了实现自己不可与臣子语的某些阴暗目的而进行的，致使《全书》的纂修者不能真正领悟编纂《全书》的意旨，因此真正能对《全书》进行监管的只有乾隆一人，而面对如此巨大的图书编辑任务，单靠乾隆一人显然是远远不够的。各种因素综合在一起造成了提要、阁书提要、分纂稿以及各提要本身存在了内容上的不同，以及所谓的舛误。

---

①乾隆《御制诗五集·题文津阁》诗注，卷40。

结 语

《总目》史部诞生在封建社会最后一个皇朝——清朝。面对着几千年的中华文明,随着考据学的日渐兴盛,史部对前代源远流长的学术文化知识进行了全面的继承、梳理、总结、整理。

清代学者注重由于时代不同而带来的有异于前代的学术变化,比如巩固完善了四分法,并且注重将学术发展反映在图书分类上,当某种学术日渐兴盛,书籍日渐增多时,《总目》史部便会据此设立新的类目,比如由于纪事本末类书籍的增多,《总目》史部为了反映学术发展,而新创"纪事本末类";《总目》史部注意对史学发展进行梳理和总结,史部撰写有大小序,总序对整个史部进行学术梳理,各类序对史学之发展进行了剖析,在提要之中对书籍之发展概况进行论述,便于读者从整体上把握学术,而它能恰当地设立类目,也是为了更好地梳理和总结学术;《总目》史部有意识地利用书籍向民众灌输和宣传封建正统思想,虽说鼓励实录做法和精神,但对史学于千古是非之褒贬,最终却系于帝王一身;此外继续贯彻"以史为鉴"的传统,并且卓有成效,比如对《明史》新设三传进行了赞扬,流贼传"足为炯鉴"的作用在清廷镇压太平天国时得到了很好的借鉴,把"诏令""奏议"合二为一,也是历史有资于治道的很好表现;运用一些传统的史学批评理论,对各种典籍进行评价,注重博采善择,对历史事实进行孜孜不倦的考证,并在考证事实的基础上进行评价。虽说清代仍推行文化专制政策,但也积极地、最大限度地去惜护古人,比如《魏书》历来有"秽史"之称,《总目》史部面对千年之聚讼,能设身处地地说,"平心而论,人非南董,岂信其一字无私",昭示了现代社会的民主和人道主义精神。

尤其值得一提的是,《总目》史部注重博采善择、考证史实,力图还原历史真相的做法,强烈地表达出一种实事求是的精神;对于史家史德的赞扬,也表现了对"秉笔直书"作风的推崇。这些无不在说明《总目》史部是在以"信史"的标准要求自己。“其文直，其事核，不虚美，不隐恶”的《史记》有“信史”之美称，是我们了解历史不可或缺的重要参考史书。《总目》史部在提要之中体现出了极强的“实录”做法，贯彻了“秉笔直书”的为史原则，对它冠以“信史”之美称，应为当之无愧。

基于此，建议出版《总目》史部的通俗读物。因《总目》史部系古籍，没有一定的古文知识，就不能够准确地理解其内容，不能理解其中之意，读者会丧失阅读兴趣，所以出版史部的通俗读物是很有必要的。曾经有人建议把《史记》分小册子出版，每册大约二三元钱即可，笔者认为此种设想也可以用在《总目》史部上。小册子形式的通俗读物，将会使《总目》史部不仅仅局限在一小部分的学者之中，而会逐渐走向更广大的社会，其指导阅读古籍方面的重大作用就会大放异彩。

参考文献

一、古籍类

[1]〔战国〕孟子.孟子.上海:上海古籍出版社,1987.

[2]〔汉〕班固.汉书.北京:中华书局,1962.

[3]〔梁〕萧子显.南齐书.北京:中华书局,1972.

[4]〔唐〕魏征.隋书.北京:中华书局,1973.

[5]〔唐〕房乔.晋书.北京:中华书局,1974.

[6]〔晋〕刘煦.旧唐书.北京:中华书局,1975.

[7]〔清〕章学诚.校雠通义.北京:古籍出版社,1956.

[8]〔唐〕刘知几.史通. 张之象,刻本.北京:中华书局,1961.

[9]〔宋〕郑樵.通志.杭州:浙江古籍出版社,1988.

[10]〔清〕章学诚.文史通义.北京:古籍出版社,1956.

[11]〔宋〕吴缜.新唐书纠谬.北京:中华书局,1998.

[12]〔清〕永瑢,纪昀.四库全书总目提要.海口:海南出版社,1999.

[13]〔清〕永瑢等.四库全书总目提要.北京:中华书局,1965.

二、著作类

[1]白寿彝.中国史学史.上海:上海人民出版社,1986.

[2]汪辟疆.目录学研究.北京:商务印书馆,1956.

[3]余嘉锡.目录学发微.北京:中华书局,1963.

[4]余嘉锡.四库提要辨证.北京:中华书局,1980.

[5]王重民.中国目录学史论丛.北京:中华书局,1984.

[6]姚明达.中国目录学史.北京:商务印书馆,1936.

[7]来新夏.古典目录学浅说.北京:中华书局,1981.

[8]彭斐章,乔好勤,陈传夫.目录学.武汉:武汉大学出版社,2003.

[9]李致忠.三目类序释评.北京:北京图书馆出版社,2002.

[10]中国第一历史档案馆.纂修四库全书档案·附录二·文渊阁记.上海:上海古籍出版社,1997.

[11]周彦文.中国目录学理论.台北:台湾学生书局,1995.

[12]武汉大学、北京大学编写组.目录学概论.北京:中华书局,1985.

[13]李万健,赖茂生.目录学论文选.北京:书目文献出版社,1985.

[14]徐召勋.学点目录学.合肥:安徽教育出版社,1983.

[15]刘纪泽.目录学概论.北京:中华书局,1979.

[16]郑鹤声.中国史部目录学.上海:商务印书馆,1933.

[17]杨家骆.四库大辞典.北京:中国图书大辞典编纂馆,1932.

[18]任松如.四库全书答问.上海:上海书店出版社,1992.

[19]司马朝军.《四库全书总目》研究.北京:社会科学文献出版社,2004.

[20]高路明.古籍目录与中国古代学术研究.苏州:江苏古籍出版社,1997.

[21]郭伯恭.四库全书纂修考.上海:上海书店出版社,1992.

[22]黄爱平.《四库全书》纂修研究.北京:中国人民大学出版社,1989.

[23]周积明.文化视野下的《四库全书总目》.南宁:广西人民出版社,1991.

[24]熊笃,许廷桂.中国古典文献学.重庆:重庆出版社,2000.

[25]李万健.中国著名目录学家传略.北京:书目文献出版社,1993.

[26]瞿林东.中国古代史学批评纵横.北京:中华书局,1994.

[27]吴泽.中国史学史论集.上海:上海人民出版社,1980.

[28]白寿彝.中国通史.上海:上海人民出版社,1989.

[29]黄爱平.论《四库全书总目》的目录学成就及其思想内容.//中国人民大学清史研究所.清史研究集:第七集.北京:光明日报出版社,1988.

[30]周积明.《四库全书总目》批评方法论.//甘肃省图书馆:四库全书研究文集.兰州:敦煌文艺出版社,2005.

[31]王记录.《四库全书总目》史学批评的特点.//甘肃省图书馆:四库全书研究文集.兰州:敦煌文艺出版社,2005.

三、论文类

[1]肖东发,陈惠杰.史部类型发展之源流——读《四库全书总目提要》史部札记之一.河南图书馆季刊,1982(12).

[2]肖东发,陈惠杰.史部目录发展之源流——读《四库全书总目提要》史部札记之二.河南图书馆季刊,1982(4).

[3]程磊.《四库全书总目》分类方法之研究.四川图书馆学报,1989(4).

[4]郭向东.文溯阁《四库全书》的成书与流传研究.西北师范大学文学院博士研究生毕业论文,2004.

[5]凌硕为.论《四库全书总目提要》的小说观.江淮论坛,2004(4).

[6]戴洁.中国古代目录学的丰碑——《四库全书总目》四部分类法简析.六盘水师范高等专科学校学报,2005(1).

[7]陈福季.再谈《四库》子目.图书馆杂志,1984(2).

[8]王承略.论《四库全书总目》类目设置之得失.山东图书馆季刊,1989(2).

[9]张锦.中国传统目录学透视及其它.津图学刊,2000(2).

[10]杨然.从《汉志·诸子略》到《四库全书总目·子部》——中国学术演进历程概观.古籍整理研究学刊,2001(5).

[11]张新民.通观与局部——论《四库全书总目》的学术批评方法.贵州师范大学学报,1995(1).

[12]王智勇.《四库全书总目》史部著录史籍不足之原因.四川大学学报,1989(1).

[13]周积明.《四库全书总目》的史学观.江汉论坛,1991(7).

[14]王晋卿.《四库全书总目》目录学思想与方法.湘潭大学学报,1994(1).

[15]周积明.《四库全书总目》研究方法论.史学理论研究,1993(3).

[16]傅荣贤.传统目录学的核心理论.图书馆,1996(6).

[17]周少川.《四库全书总目提要》论史书编纂.史学史研究,1985(1).

[18]曹淑文.《四库全书总目》史部分类借鉴.四川图书馆学报,1983(1).

[19]程磊.《四库全书总目》体例与分类法.四川图书馆学报,1989(1).

[20]王继祥.《四库全书总目提要》述评.吉林省高校图书馆通讯,1986(1).

[21]傅荣贤.《汉书·艺文志》图书分类特征论.图书馆工作与研究,1996(3).

[22]程焕文.中国目录学传统的继承与扬弃——"辨章学术,考镜源流"批判.图书馆工作与研究,1996(3).

[23]傅荣贤."辨章学术考镜源流"层次论.四川图书馆学报,1997(5).

[24]史丽君.管窥《四库全书总目》校勘的内容、方法与通电——以史部提要为中心.四川图书馆学报,2004(6).

[25]杨义勇.简评刘氏父子、郑樵、章学诚目录学思想.怀化学院学报,2002

(3).

[26]付玉梅.论《通志·校雠略》的目录学思想·河南图书馆学刊,2002(5).

[27]杨艳秋.论明焦竑的史学思想——兼评其《国史经籍志·史类》.史学月刊,2002(11).

[28]王国强.中国目录学学术批评史论纲.图书与情报,1995(2).

[29]刘岳.中国史部目录形成的历史追踪.青岛大学师范学院学报,1998(8).

[30]陈亚敏.清代目录学领域的卓越代表人物——章学诚.图书馆论坛,2006(3).

[31]凯歌.试论史部在分类目录中的形成和发展.湖南社会科学,1998(5).

[32]吴海兰.《四库全书总目》的史学思想初探.古籍整理研究学刊,2000(5).

后　记

在汪受宽师的努力下，甘肃第一批有关《四库全书》的专著即将问世。

清乾隆帝主编的《四库全书》的问世，不管出于何种目的，不管在当时产生了怎样的社会效果，时至今日，通过《四库全书》及其提要确实为我们进一步了解传统社会的政治、经济、学术、社会、文化、风俗等等方方面面的内容提供了一个平台和视角。所以，甘肃省在精心保护这部皇皇巨著的同时，也尽己所能进行了全方位的研究工作。

在汪受宽师的要求下，我也加入了专著纂写的行列。虽亦勤于心思，但终为资料所限，恐有所负，终致惶恐不已。但仍希望尽己之力，能起抛砖引玉之功效。

再次感谢汪受宽师和赵春梅师对我学业上的引导和帮助，感谢刘凤强、徐良同学对我的帮助。

郭合芹

2013 年 10 月 22 日